김승덕의
수능올킬비법

KI 신서 4053

수능 올킬 비법

1판 1쇄 발행 2012년 6월 29일
1판 5쇄 발행 2019년 3월 4일

지은이 김승덕
펴낸이 김영곤 박선영
펴낸곳 ㈜북이십일 21세기북스

콘텐츠개발본부장 박선영
마케팅본부장 이은정
마케팅1팀 나은경 박화인 **마케팅2팀** 배상현 신혜진 김윤희
마케팅3팀 한충희 김수현 최명열 **마케팅4팀** 왕인정 김보희 정유진
홍보기획팀 이혜연 최수아 박혜림 문소라 전효은 염진아 김선아 양다솔
제작팀장 이영민

출판등록 2000년 5월 6일 제10-1965호
주소 (413-120) 경기도 파주시 회동길 201(문발동)
대표전화 031-955-2100 **팩스** 031-955-2151
이메일 book21@book21.co.kr

(주)북이십일 경계를 허무는 콘텐츠 리더

21세기북스 채널에서 도서 정보와 다양한 영상자료, 이벤트를 만나세요!
장강명, 요조가 진행하는 팟캐스트 말랑한 책 수다 〈책, 이게 뭐라고〉
페이스북 facebook.com/jiinpill21   포스트 post.naver.com/21c_editors
인스타그램 instagram.com/jiinpill21   홈페이지 www.book21.com

서울대 가지 않아도 들을 수 있는 명강의! 〈서가명강〉
네이버 오디오클립, 팟빵, 팟캐스트에서 '서가명강'을 검색해보세요!

Copyright 김승덕 ⓒ 2012

ISBN 978-89-509-3809-3 13370

김승덕의
수능올킬비법

2012학년도 수학능력시험 만점!

김승덕 지음

21세기북스

수능 7개 과목 올킬!
서울대 12학번 김승덕

 기적은 크고 작은 열망이 모여 이루어진다

2011년 11월 10일 대학수학능력시험. 전쟁 같은 하루가 끝났을 때 제 마음은 덤덤했습니다. 좋은 결과를 얻었지만 기쁨보다는 안도감이 먼저 들었습니다. 지난 3년간, 길게는 19년 동안 노력한 것에 대한 보상을 받았다는 생각에 그저 감사했습니다.

하지만 그런 기쁜 마음을 겉으로 드러낼 수는 없었습니다. 수능이 끝난 날 밤 기숙사는 친구들의 웃음과 눈물이 교차하는, 가슴 시린 공간이었기 때문입니다.

한 해 약 70만 명이 수능을 치릅니다. 시험을 잘 치르는 친구가 있는가 하면, 제 실력을 제대로 발휘하지 못하는 친구도 있습니다. 누구보다 열심히 공부한 친구가 시험을 못 보기도 하고, 남들이 볼 땐 별로 열심히 하지 않았던 것 같은 친구가 대박을 터뜨리기도 합니다.

　수능뿐만이 아닙니다. 대한민국의 학생들은 해야 할 일이 너무나 많습니다. 내신, 논술, 스펙, 모의고사……. 하고 싶은 일만 해도 모자랄 나이에 우리는 정말 많은 것을 해야 합니다. 선생님과 부모님, 친척들의 기대는 어느새 압박감으로 변해 있고, 매일 얼굴을 보며 추억을 쌓아온 친구들은 경쟁자가 되어 있습니다. 수능이 다가올수록, 대입이 다가올수록 우리는 너무나 외롭습니다. 더구나 참을성 없이 바뀌는 입시제도와 평가원의 수능 출제 방침, 언론과 학원가에서 쏟아내는 보도자료들을 볼 때면 마음은 갈팡질팡 혼란스럽기만 합니다.

　저는 그렇게 암담한 미래를 걱정하며 힘들어하고 있을 친구들, 자녀 교육 때문에 혼란스러워하실 부모님들을 위해 이 책을 쓰기로 마음먹었습니다. 한낱 평범한 학생인 제가 이 글을 쓸 수 있었던 이유는 저 역시 여러분이 겪고 있는 고통을 똑같이 겪은 수험생이었기 때문입니다. 저도 성적이 떨어져 아파하기도 하고, 진로 때문에 부모님과 갈등을 겪은 적도 많았습니다. 과연 내가 하고 있는 공부 방법이 올바른 것인지, 지금은 어떤 공부를 해야 하는지, 어떻게 해야 성적이 오를지 고민도 많이 했습니다. 그래서 저는 직접 경험하고 시행착오를 겪으며 쌓아온 노하우와 공부법들을 자신 있게 소개할 수 있습니다. 어떤 학원이나 어떤 언론에서도 찾아볼 수 없는, 저만이 할 수 있는 이야기입니다.

　저는 평범한 사람입니다. 아니, 어쩌면 저의 어린 시절은 평균 이하였는지도 모르겠습니다. 제가 초등학교 6학년 때까지 세 식구가 한 방에 모여 살았습니다. 돈이 많이 드는 학원에 다니거나 비싼 과외를 받지도 못했고, 풍족한 환경에서 공부만 할 수 있었던 것도 아니었습니다. 제가 이렇게 아름답지만은 않은 과거를 밝히는 이유는, 이 글을 읽고 있는 여러분도 기적의 주인공이 될 수 있다는 것을 말하고 싶어서입니다. 돈이 없어서 사교육을 받지 못하더라도, 기초가 없어서 앞이 막막하더라도, 꿈이 있다면 할 수 있습니다.

저는 사교육 없이 혼자 공부해야 했지만, 오히려 그 과정을 통해 자기주도적 학습의 기초를 닦을 수 있었다고 생각합니다. 그것은 고등학교 때 기숙사 생활을 하면서 큰 강점으로 작용했고, 수능뿐만 아니라 내신과 스펙 등 모든 부분에서 저만의 경쟁력이 되었습니다. 그래서 저는 이 책에 자기주도적 학습, 즉 누구나 실천할 수 있는, 누구나 읽고 성적을 끌어올릴 수 있는, 실제로 목표를 이룰 수 있는 방법들을 담았습니다.

환경이 나쁘다고, 상황이 어렵다고 좌절하지 마십시오. 저는 너무나 평범한 사람이었지만 결국 해냈습니다. 진정한 꿈과 목표가 있다면, 지금 보이는 장애물들은 후일 여러분을 더욱 빛내줄 디딤돌이 될 것입니다. 좌절하지 말고 용기를 내십시오.

기적은 크고 작은 열망이 모여 이루어집니다. 그리고 이 책을 집어 든 지금, 당신은 기적의 문턱에 서 있습니다.

김승덕

2012학년도 대학수학능력시험 성적통지표

수험번호	성 명	주민등록번호	출신고교 (반 또는 졸업년도)			
6801T010B	김승덕	931111T-120H2B4	상산고등학교 (0002)			

구 분	언어영역	수리영역	외국어(영어)영역	사회탐구영역			제2외국어/한문영역
		'나'형		국사	경제	사회·문화	한문
표준점수	137	138	130	70	70	68	73
백분위	100	100	99	98	99	99	99
등 급	1	1	1	1	1	1	1

2011.11.30

한 국 교 육 과 정 평 가 원 장

【주요 용어 설명】

- **표준점수** : 원점수(정답한 문항에 부여된 배점을 합한 점수)의 분포를 영역 또는 선택과목별로 정해진 평균과
  표준편차를 갖도록 변환한 분포상에서 수험생이 획득한 원점수가 어느 위치에 해당하는가를 나타낸 점수

$$표준점수 = 20 \ (또는 \ 10) \times \left(\frac{수험생의 \ 원점수 - 수험생이 \ 속한 \ 집단의 \ 원점수 \ 평균}{수험생이 \ 속한 \ 집단의 \ 원점수 \ 표준편차} \right) + 100 \ (또는 \ 50)$$

  - 언어, 수리, 외국어(영어) 영역의 표준점수는 평균 100, 표준편차 20으로 함
  - 사회/과학/직업탐구 영역과 제2외국어/한문 영역의 표준점수는 과목당 평균 50, 표준편차 10으로 함
  - 표준점수는 소수 첫째 자리에서 반올림한 정수로 표기함

- **백분위** : 수험생이 받은 표준점수보다 낮은 표준점수를 받은 수험생 집단의 비율을 백분율로 나타낸 점수
  - 백분위는 정수로 표기된 표준점수에 근거하여 산출되며, 소수 첫째 자리에서 반올림한 정수로 표기함

- **등급** : 점수로 표기된 표준점수의 분포를 9구간으로 나누어 결정함
  - 등급 구분 점수에 놓여 있는 동점자에게는 해당되는 등급 중 상위 등급을 부여함

※ 성적통지표의 점수 표기란에는 미선택한 경우는 '-'로, 응시선택 후 결시한 경우는 '•'로 표기됨
※ 자세한 사항은 본원 홈페이지(http://www.kice.re.kr)를 참조하시기 바랍니다.

Contents

김승덕은 엄친아? 나는 평범한 사람이다!

: 자기주도의 기초를 만든 어린 시절 :

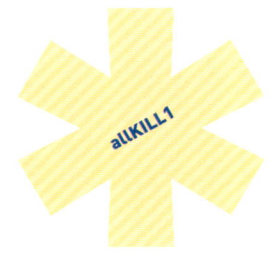
allKILL1

엄마, 나 반장하면 안 돼?
: 바쁘신 부모님, 자립심 키우기 :

내가 태어난 지 얼마 되지 않았을 무렵, 아버지의 사업 실패로 우리 집은 상당히 어려워졌다. 원래 살던 아파트에서 나와야 했고, 아버지뿐만 아니라 어머니도 일을 시작하셔야 했다. 내가 아직 어머니의 보살핌이 필요한 나이였기 때문에 우리 가족은 어머니의 일터와 붙어 있는 단칸방에 살았다. 그래서 나는 어머니의 일을 비롯해 거의 모든 집안일을 도우며 자랐다. 밤이면 세 식구가 옹기종기 모여 잤고, 모든 생활이 하나의 공간에서 이루어졌다.

하지만 나는 어렸기 때문인지, 그것을 특별한 결핍이라고 느낀 적이 없었다. 누구나 그런 집에서 사는 줄 알았기 때문에, 친구들을 집에 데려오는 것도 주저함이 없었다. 전혀 부끄럽지 않았다.

어머니는 내가 가난한 집 아이처럼 보이는 것을 무엇보다 싫어하셨다. 언제나 깨끗하고 단정한 옷과 신발을 준비해주셨고, 바쁜 와중에도 세 끼를 꼬박꼬박 차려주셨다. 오히려 사람들은 나를 부잣집에서 귀하게 자란 아이로 보았다.

우리 가족은 내가 초등학교를 졸업할 때까지 단칸방에 살았다. 부모님은 항상 일 때문에 바쁘셨기 때문에 학교에 오시는 일은 거의 없었다. 다른 어머니들이 녹색어머니회 교통 지도를 비롯해 학교에 일이 있을 때마다 찾아오는 것과는 달리 어머니는 일 년에 한두 번도 오시지 못했다. 어머니들끼리의 모임에는 갈 엄두조차 내지 못하셨다. 그러면서도 어머니는 늘 나를 걱정하셨다. 어머니가 학교에 가지 않아 선생님께 예의 없어 보이는 것은 아닐까, 어머니들의 모임에 가지 않아 정보 없이 뒤처지는 것은 아닐까 하는 걱정을 안고 사셨다.

반장도 함부로 할 수 없었다. 나는 친구들과 어울리는 것을 좋아하고 활발한 성격 덕에 반장 추천을 많이 받았다. 초등학교 때 가끔 하는 인기투표에서도 항상 1, 2등을 다투었다. 하지만 반장을 하면 들어가게 될 돈을 감당할 수 없는 형편이었기 때문에 섣불리 반장을 하겠다고 나설 수도 없었다. 그래서 내가 학기 초마다 반장을 해도 되냐고 물으면, 어머니는 나를 안쓰러운 눈빛으로 바라보셨다. 내가 반장을 하게 되면 들어갈 시간적·물질적 비용이 당시 우리 형편에는 많이 부담스러웠기 때문에, 반장을 해보고 싶다는 자식의 바람을 들어주지 못하는 게 많이 안타까우셨던 탓일 것이다.

부모님이 학교 활동에 거의 참여하지 못하셨기 때문에, 나는 다른 친구

들에 비해 더 많은 것을 스스로의 힘으로 해결해야 했다. 물론 부모님의 손길이 필요한 경우에는 도움을 받았지만, 꼭 필요하지 않은 부분에 대해서는 스스로 하는 습관을 들였다.

공부도 마찬가지였다. 책을 읽든, 영어 동화 테이프를 듣는 것이든, 부모님이 환경만 만들어주시면 그 뒤로는 내가 알아서 했다. 부모님이 과제를 대신 해주는 일도 없었다.

그렇게 나는 조금씩 자립적인 아이가 되어갔다. 서투르긴 해도 모두 스스로 해보려고 하는 패기 있는 아이가 되었다. 일을 '스스로', 그리고 '찾아서' 하는 것에 익숙해지면서 자립심이 점점 자라났고, 그런 자립심은 자기주도학습을 완성하는 데 밑거름이 되었다.

내가 내 시간을 관리하며 무엇을 해야 할지 정하고, 그 계획들을 실천하는 데 있어서 자립심은 핵심적인 요소다. 특히 학년이 올라가고 공부량이 많아질수록 자립심이 부족한 학생들은 한계를 느낄 수밖에 없다. 부모님이나 사교육에 의존했던 습관은 쉽게 떨쳐버릴 수 없기 때문이다.

자기주도학습의 시작은 그렇게 거창한 것이 아니다. 작은 일이라도 스스로 해결하려고 하는 자립심, 그것이 바로 자기주도학습의 시작이다.

공부방이 된
어머니 일터
: 스스로 공부할 수 있는 환경 :

어머니의 일터와 집이 붙어 있다는 것은 내게 꽤 불편한 일이었다. 손님이 있는 동안에는 방에서 조용히 책을 읽어야 했고, 가끔 나갔다가 모르는 사람들을 마주치면 많이 당황하기도 했다. 우리 가족이 단칸방에 살았던 것은 경제적인 이유도 있었지만, 교육적인 이유도 있었다. 어머니는 맞벌이 때문에 나를 방치하는 일은 없어야 한다고 생각하셨다. 어머니와 가까이에 있는 것이 교육에는 꼭 필요한 일이라는 것이 어머니의 지론이었다.

실제로 어머니는 일 때문에 바쁜 와중에도 등하굣길 배웅과 마중, 끼니를 꼭 챙겨주셨다. 손님이 있는 동안에는 어머니를 보기 어려웠지만, 수시로 내 생활을 돌봐줄 사람이 있다는 것은 초등학생이었던 내게 꼭 필요한 일이었다.

어머니가 일하시는 시간 동안 방은 온전히 내 차지였다. 나가서 축구를 하는 시간 외에는 주로 집에만 있었는데, 그 시간들을 온전히 자기 계발을 위해 사용할 수 있었던 것이다. 일탈이나 탈선의 유혹은 끼어들 틈이 없었다.

힘들게 일하시는 어머니를 가까이에서 보며 공부에 대한 자극도 많이 받았다. 받아쓰기 만점이라도 받은 날에는 어머니가 기뻐할 것이라는 마음에 개선장군처럼 집에 돌아왔고, 그런 작은 기쁨이 하나하나 쌓여 큰 성취로 이어졌다. 상을 받거나 좋은 성적을 거두었을 때, 그것을 기다리며 반겨줄 사람이 있다는 것은 크나큰 즐거움이었다. 특히 내가 공부하는 동안에는 그 어떤 방해도 받지 않도록 환경을 만들어주셨기 때문에, 좁은 방이었지만 공부할 때는 정말 집중해서 공부할 수 있었다. 내가 문제집을 풀면 어머니가 채점을 하셨고, 내가 과제를 하면 어머니가 검토를 해주셨다. 글짓기 대회라도 있을 때면 어머니는 엄격한 심사위원이 되셨다. 집이 일터와 붙어 있었던 덕분에 오히려 나는 더욱 세심한 보살핌을 받을 수 있었다.

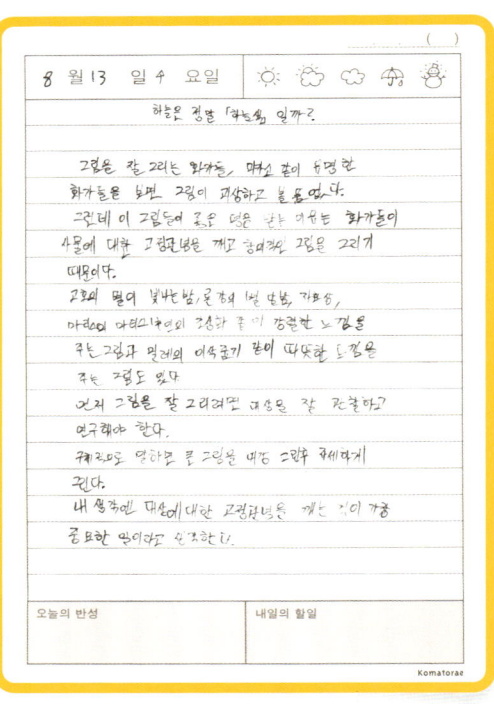

초등학교 때 쓴 일기

매일 저녁, 집으로 온
개인 수학 선생님

: 잘하는 과목, 좋아하는 과목 :

나는 어릴 적부터 아버지께 수학을 배웠다. 내가 수학을 워낙 좋아하기도 했고, 아버지가 수학의 중요성을 항상 강조하셨기 때문이기도 하다. 아버지는 퇴근하신 후나 여유 있는 주말이면 함께 책상에 앉아 수학을 가르쳐주셨다. 특히 학년이 점점 올라가고 실력이 쌓이면서부터는 수학의 심화 과정을 위주로 공부했다. 경시대회 문제같은 어려운 문제들을 실전처럼 시간을 재서 풀면, 아버지가 채점을 하시고 막히는 부분을 설명해주셨다. 새로운 내용이 있을 때는 기본서를 펴놓고 중요한 부분을 짚어가면서 어떻게 공부하는 것이 효율적인지 제시해주셨다. 공부하다 막히는 게 있으면 언제든지 여쭤볼 수 있었고, 시간 낭비 없이 효율적으로 공부하는 방법을 깨칠 수 있었다.

특히 수학 경시대회를 준비할 때는, 주말에 세 시간씩 특훈을 받았다. 초등학생 때라 자리에 한두 시간도 앉아 있기 힘들었는데, 세 시간씩 수

19

학에 매달리고 나면 몸이 녹초가 되곤 했다. 아버지는 수학에 있어서만큼은 정말 엄격하셨기 때문에 나는 게으름을 피울 수 없었다. 매일 내주시는 과제를 위해 하루에도 몇 시간씩 수학에 매달려야 했고, 아버지가 답지를 가져가셨기 때문에 한 문제를 가지고 한참을 고민하기도 했다.

고된 시간이었지만, 이것만은 자신 있게 말할 수 있다. 그러한 과정이 없었다면 지금의 나는 없었을 것이라고 말이다. 단순히 수학 교과 과정을 배웠던 것보다도, 어떻게 해야 효율적으로 공부할 수 있는지에 대해 깨닫고, 한 문제 한 문제를 스스로 풀어나갈 때의 희열을 느낄 수 있었다. 수학은 어느새 내가 가장 좋아하는 과목이 되어 있었고, 많은 경시대회와 교육청 부설 영재교육원 선발 등에서 좋은 결과를 얻는 계기가 되었다. 평소 표현에 서툰 아버지는 내가 경시대회나 중요한 수학 시험에서 좋은 결과를 가져올 때만큼은 정말 뿌듯해하셨다.

이것은 고등학교에 진학해 기숙사 생활을 하면서도 큰 도움이 되었다. 혼자서 수학 공부를 하면서도, 아버지에게 배웠던 기억을 떠올리며 어떤 부분을 어떻게 공부해야 하는지 감을 잡을 수 있었던 것이다. 특히 상산고등학교는 수학 실력이 곧 자부심이 되는 학교였기 때문에 그것은 정말 큰 자산이었다. 아버지는 내가 고등학교에 진학한 후에도 중요하거나 어려운 부분과 관련된 문제를 직접 뽑아 보내주시거나, 모의고사 혹은 수능 기출문제를 제본해서 보내주시기도 했다. 교육에 있어서 아버지는 정말 열정 넘치는 분이셨다.

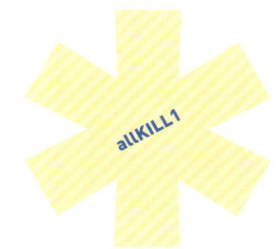

한문은 그야말로
한문을 위해서
: 공부는 그 자체가 목적이 되어야 한다 :

어릴 적부터 어머니는 내게 한문 공부를 시키셨다. 한문을 직접 쓰면서 익히는 방식이었는데, 크게 두 가지 목적이 있었다. 첫째는 필수적인 한자에 대한 교양을 쌓는 것이었고, 둘째는 한문을 쓰면서 글씨를 바로잡는 것이었다. 한자 공부는 중학교 때까지 계속 됐고, 그렇게 써나간 한문 교재가 지금도 집에 높이 쌓여 있다.

하지만 한문 공부를 하면서 한자 급수 시험은 단 한 번도 보지 않았다. 급수를 따는 것이 목적이 아니었기 때문이다. 많은 학생들이 한문 공부를 시작하면서 한자 급수 시험에 도전하지만, 어머니의 생각은 달랐다. 공부는 그 자체가 목적이 되어야지, 급수를 따는 것이 목적이 되어서는 안 된다는 것이었다.

나는 매일 한문을 썼다. 때로는 정말 지겹고, 이렇게 공부해도 나중에 다 잊는 것은 아닐까 싶어서 시간 낭비처럼 느껴질 때도 있었다. 하지만 그렇게 내공을 쌓은 덕에, 고등학교에 들어가서도 한문 때문에 애로를 느낀 적은 없었다. 내신에서도 언제나 1등급을 유지했고, 평가원 모의고사에서도 한문만큼은 단 한 문제도 틀린 적이 없었다. 급수 시험은 서울대학교 지원 증빙서류를 제출하기 위해 고등학교 3학년 때 처음으로 봤는데, 한 번에 2급을 받았다. 차근차근 쌓아 올린 실력이 부쩍 자라 있었던 것이다.

나는 지금도 웬만한 한자는 거의 막힘 없이 읽어낸다. 한자를 쓰는 것에는 더욱 자신이 있다. 공부는 그 자체가 목적이 되어야 한다는 어머니의 신조가 아니었더라면, 나는 아마 자격증에 찍힌 급수에 만족해서 안주했을지 모른다.

그런 습관은 다른 공부를 할 때도 마찬가지로 적용되었다. TEPS 시험을 볼 때도 '나는 여기서 반드시 고득점을 받아 훌륭한 스펙으로 만들겠다'는 생각으로 시험을 본 적은 없었다. 내 실력이 어느 정도인지 객관적으로 측정하고, 그 실력이 점차 나아지는 것을 확인하는 데 주안점을 두었다. 그것이 내가 정기적으로 TEPS 시험에 응시한 이유다.

정말 공부 자체가 목적이 되지 않으면 어느 가시적인 수준에 안주할 위험이 크다.

예를 들어 수상이 목표라면, 수상을 한 번 하면 앞으로 그 학문에 더욱 정진할 만한 동기가 사라져버리기 쉽다. 우물 안 개구리가 되고 마는 것이다. 공부는 언제나 그 자체가 목적이 되어야 한다.

초등학교 때 풀었던 한자 학습지

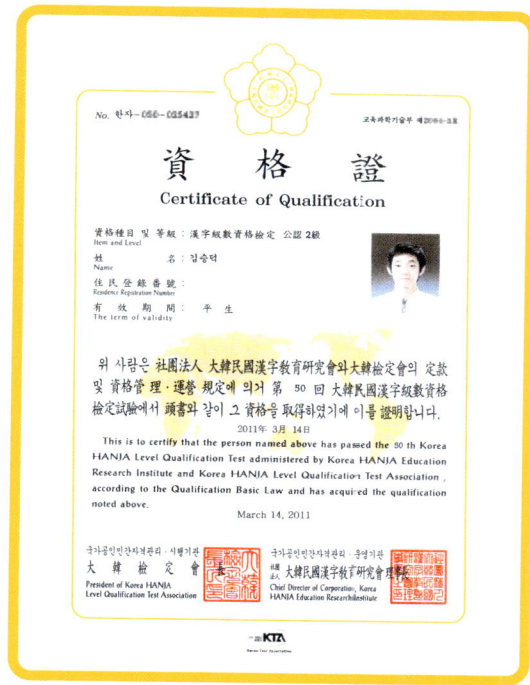

고3 때 취득한 한자 자격증

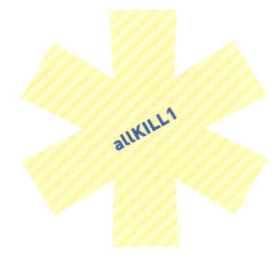

중요하지
않은 것은 없다!
: 완벽주의의 힘 :

어머니는 내가 어떤 일이든 포기하거나 대충 하는 것을 허락하지 않으셨다. 국영수 같은 주요 과목뿐만 아니라 기술가정, 미술, 음악과 같이 비중이 크지 않은 과목에도 최선을 다하도록 가르치셨다. 바느질 과제가 있으면 완벽하게 해가도록 지도하셨고, 글짓기 대회가 있으면 빠짐없이 참여하도록 했다. 특히 바느질은 어렸을 때부터 십자수를 놓으면서 배웠는데, 중고등학교에서 여학생들에게 밀리지 않으려면 세심한 것에도 능숙해야 한다는 어머니의 신념 때문이었다.

솔직히 귀찮을 때도 있었다. 다른 공부하기도 바쁜데 이런 것들까지 신경 써야 하는지 회의도 들었다. 하지만 덕분에 나는 어떤 일이든 완벽하게 끝내는 습관을 들일 수 있었다.

그런 습관은 고등학교 때 정말 바쁜 생활을 하면서 빛을 발했다. 나는 어떤 과목이든 놓치지 않고 최선을 다했고, 시험 기간에도 스스로 완벽하다는 생각이 들지 않으면 잠을 자지 않았다.

내가 세워놓은 완벽의 기준에 실력을 맞추기 위해 노력했다. 시험 기간에는 길을 걸으면서도, 급식을 기다리며 줄을 서서도, 엘리베이터를 타면서도, 침대에 누워 잠을 청할 때도 복습을 했다. 몸은 힘들었지만, 그렇게 공부했기에 시험이 끝나도 후회가 남지 않았다.

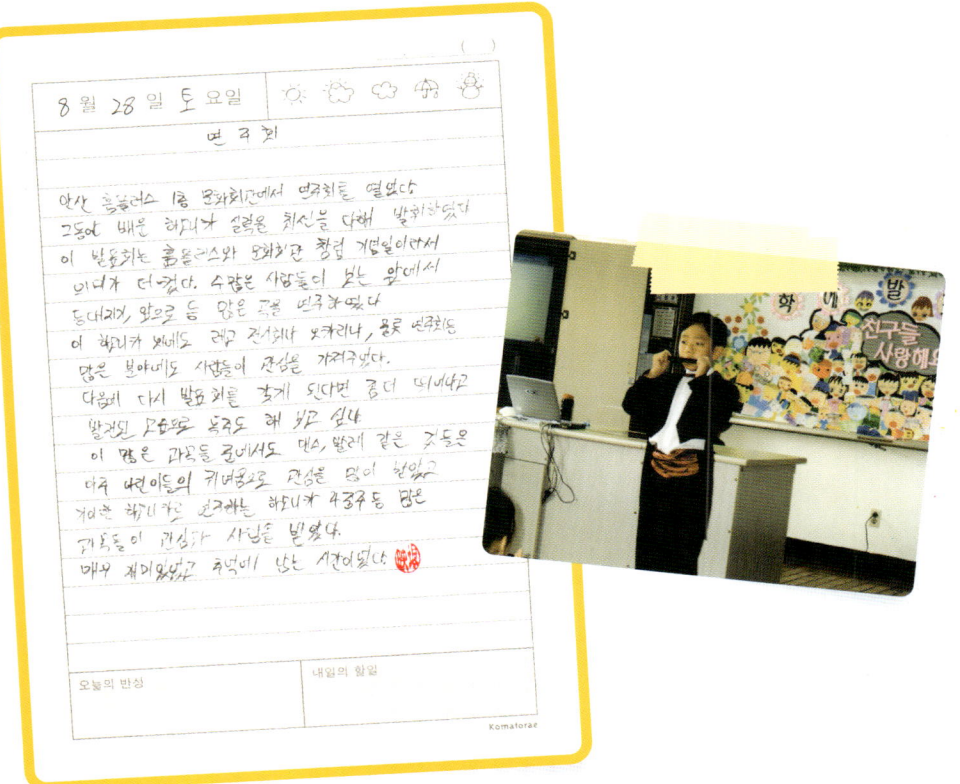

나는 지금까지 단 한 번도 어느 한 과목을 포기해본 적이 없다. 비중이 크지 않은 과목이라도 언제나 최선을 다했다. 그 결과 나는 기술가정 과목에서 전교 1등을 차지했고, 이공계열까지 합쳐서 석차를 계산하는 지구과학 과목에서도 1등을 했다. 컴퓨터과학도 1, 2학기 모두 1등급을 받았다. 친구들이 그런 과목을 뭐 하러 공부하느냐며 핀잔을 주어도, 나는 준비가 되지 않은 상태에서 시험을 보는 모습을 도저히 상상할 수 없었다.

내신 시험이든 모의고사든 수행평가든 후회가 남지 않도록 최선을 다했고, 나 자신을 채찍질하던 순간들이 모여 내신 1등이라는 결과물을 얻을 수 있었다. 수능에서 만점을 거둔 것도 완벽주의자가 되려는 노력과 연관이 있다고 생각한다. 빈틈을 찾아볼 수 없을 정도로 완벽하게 일을 끝마치려는 습관이 결국 빛을 발했던 것이다.

언제나 고민이었던
장래희망 칸

: 작은 성취가 모여 기적을 만든다 :

학기 초에 적는 장래희망 칸은 언제나 고민이었다. 부모님은 내가 안정된 직장을 얻기 원하셨다. 당시 어려웠던 집안 사정을 고려해보면 부모님께서 내가 안정된 생활을 하기 바랐던 것은 당연하다. 부모님이 원하는 내 직업은 법조인 아니면 공무원, 의사였다. 하지만 나는 정말 내가 원하는 일을 하고 싶었다. 내가 하고 싶은 일과 부모님이 원하시는 일 사이에서, 장래희망 칸에 들어갈 직업을 적는 일은 언제나 고민이었다.

내가 하고 싶은 일을 부모님께 말씀드리면, 부모님은 내가 그 일을 할 수 있을 만한 능력이 있음을 증명하라고 하셨다. 처음에는 반 1등, 나중에는 전교 1등처럼 한 단계 한 단계 밟아가면서 나의 의지와 능력을 증명하면 나중에는 무엇을 하든 인정해주겠다고 하셨다. 너무 먼 미래에 대한 이야기보다는 당장에 노력해서 이룰 수 있는 현실적인 꿈들을 제시하셨다. 고등학교에 입학해서 일 년 동안 진로를 찾기 위해 많은 도전을 했다.

27

고민 끝에 경영학과에 지원하기로 마음먹었을 때에도 나는 이것이 내가 잘할 수 있고 좋아하는 일이라는 것을 증명해야 했다. 나는 치열하게 경제학에 몰두했고, 눈에 보일 수 있는 성과를 내어 내 능력을 증명해 보였다. 그제야 나는 '부모님이 원하는 장래희망' 칸에 '다국적기업 CEO' 라고 당당히 적을 수 있었다. 고등학교 3학년이 되어서야 부모님과 나의 꿈이 일치한 것이다.

진로에 얽힌 갈등은 한 번 더 있었다. 서울대학교 경영대학과 경찰대학교 사이에서의 갈등이었다. 나는 경찰대학교 시험을 예비 수능이라고 생각하고 부담 없이 치렀지만, 부모님의 생각은 달랐다. 경찰대학교에 들어가면 부모님이 원했던 안정적인 직업을 가질 수 있기 때문이었다. 게다가 부모님 말씀대로, 내가 서울대학교 경영대학에 입학해서도 두각을 드러낼 수 있을 것이라는 확신이 없었다. 지금까지 해온 고민 중 가장 현실적인 갈등이었다.

하지만 고민 끝에 나는 경찰이라는 직업은 내가 원하는 일이 아니라는 결론을 내렸다. 장래희망에 대한 내 소신은 '내가 가장 잘하면서 가장 좋아하는 일을 찾자' 였다. 내게 그 일은 경찰과는 거리가 멀었다.

나는 또다시 나를 증명해야 했다. 대학교 선택이라는 중요한 결정을 앞두고, 나는 부모님께 내 가치를 보여야 했다. 그리고 그 유일한 기회가 수능이었다. 나는 부모님께 선언했다. 이번 수능을 통해 70만 분의 1의 사람이 되겠다고. 그리고 내가 정말 하고 싶은 일을 하겠다고.

수능에서 만점을 거두고, 서울대학교 경영대학에 들어온 지금, 나는 무척 행복하다. 무엇보다도 내가 하고 싶었던 공부를, 내가 선택해서 할 수 있다는 점이 정말 기쁘다.

장래희망은 자신이 정말 잘할 수 있는 일과 정말 좋아하는 일의 접점에서 찾는 것이 좋다. 그리고 장기적인 목표를 세웠다면, 그 목표를 이루기 위한 현실적인 목표들부터 이뤄나가야 한다. 막연히 '내 꿈은 무엇무엇이다'라고 말하기보다는, '그 꿈을 이루기 위해 나는 이것을 준비했고, 저것을 성취했다'라고 말할 수 있는 사람이 되라는 것이다. 그런 작은 성취들이 모였을 때, 그동안 꿈꿔온 기적의 문턱에 서 있는 자신을 발견할 수 있을 것이다.

allKILL1

상산고를 향한 꿈

: 첫 진로 고민, 고등학교 선택! :

왜 상산고를 택했나?

　　나는 어릴 적부터 꿈이 확실하거나 진로 계획이 뚜렷한 학생은 아니었다. 고등학교 진학 선택을 앞둔 중학교 3학년이 되어서도, 나는 내가 문과에 맞는지 이과에 맞는지, 어떤 과목에 가장 적성이 있고 어떤 진로를 선택해야 하는지에 대한 결론을 내릴 수 없었다. 주변 사람들은 내게 그냥 일반고에 진학해 좋은 내신을 받아 좋은 대학교에 진학하라고 권했다. 하지만 나는 특별한 교육 과정을 이수하면서, 특별한 재능을 지닌 사람들을 만날 수 있는 학교에서 공부하고 싶었다. 명확한 꿈은 찾기 어려웠지만 공부는 그렇게 하고 싶었다. 수학과 과학을 좋아해 과학고에 진학할까 하는 생각도 했고, 경제나 역사 같은 인문계 과목에도 적성이 맞아 외고에 진학할까 하는 생각도 했다. 하지만 그럴 때마다 어느 한쪽을 포기해야만 한다는 점이 너무 아쉬웠다. 아직 심화된 공부를 채 해보지도 못했는데, 주변의 이야기만 듣고 진로를 선택하기에는 기회비용이 너무 커 보였다. 막상 어느 한 계열을 선택해서 열심히 공부하다가 내 길이 아닌 것 같아서 돌아서게 되면, 그때는 이미 시간적으로 너무 늦어 있을 것 같다는 생각 때문이었다.

그때 발견한 것이 '상산고등학교'였다. 상산고등학교는 자립형 사립 고등학교로서 자율적이고 독립적인 교육 프로그램을 갖추고 있었다. 학교에서 자체적으로 실시하는 여러 분야의 특강, 명사 초청 강연, 양서 읽기 프로그램, 개인 연구 등의 활동을 통해 정말로 학생이 하고 싶은 일을 찾고, 그와 관련된 능력들을 계발할 수 있는 여건이 마련되어 있었다. 그래서인지 전국에서 많은 인재가 모여드는 학교이기도 했다.

정말 내 마음을 끌었던 것은, 인문계와 이공계가 학업에 전념할 수 있는 환경이 잘 갖춰져 있다는 점이었다. 외고처럼 인문계 중심이거나 과학고처럼 이공계 중심의 커리큘럼이 아니라, 어느 계열을 선택하든 그 계열에 맞는 상세하고 체계적인 교과 과정을 배울 수 있다. 그래서 계열 선택 전인 고등학교 1학년 동안, 내가 관심 있는 분야의 공부를 하면서 적성에 맞는 진로를 선택할 수 있을 것 같았다.

또한 내가 가장 좋아하는 과목이었던 수학에 중점을 두는 학교라는 점 역시 마음에 들었다(상산고등학교는 《수학의 정석》의 저자인 홍성대 씨가 세운 학교로서, 특히 수학 교육에 많은 투자를 하고 있다). 한 학년 정원인 360명 중에서 소위 말하는 'SKY'에 200명, 의대·치대·한의대에 100명가량 진학하는 진학 실적도 유망해 보였다. 고등학교 진학에 고민이 많았던 나는 상산고등학교를 알게 된 후부터 아무것도 보이지 않았다. 상산고등학교를 향한 꿈의 여정

31

은 그렇게 시작되었다.

현실의 벽 앞에서

현실은 녹록치 않았다. 부모님과 상산고등학교에 대해 처음 이야기를 나누었을 때, 우선 경제적인 문제가 발목을 잡았다. 자립형 사립 고등학교의 특성상 학비가 일반 고등학교에 비해 세 배 정도로 비싸다는 점과, 기숙사비를 부담해야 한다는 것이 큰 부담이었다. 하지만 경제적인 문제 때문에 배움을 포기해야 한다는 것이 철이 없었던 내게는 큰 충격으로 다가왔다. 단지 돈 때문에 원하는 학교에 진학하는 것을 포기해야 한다는 것이 억울했고, 또 아쉬웠다.

그때 희망을 준 것이 바로 상산고등학교의 장학 제도였다. 성적우수장학금, 근로장학금, 상산장학재단에서 자체적으로 지급하는 장학금 등 재학생의 30퍼센트가 넘는 학생들에게 장학금 혜택이 주어진다는 것이었다. 특히 성적우수장학금은 내 노력 여하에 따라 수혜 여부가 결정되기 때문에, 열심히만 하면 안 될 것이 없겠다는 생각이 들었다.

그렇게 상산고등학교로 결정을 내렸지만, 한 가지 문제가 더 남아 있었다. 상산고등학교

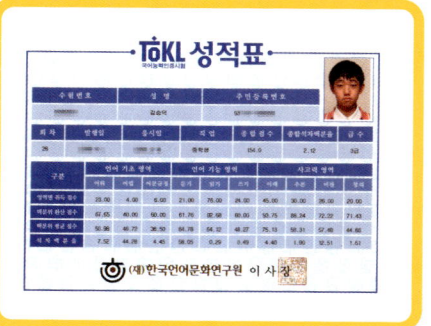

상산고등학교 지원을 위해 도전한 국어능력인증시험

에 지원하는 수많은 경쟁
자들을 물리쳐야 한다는
점이었다.

나는 구체적인 목표치
를 세우고, 하나하나 이
뤄나가기 위한 여정을 시
작했다. 우선 나는 수학
특기자전형으로 목표를
세워놓고, 수학을 중점적
으로 공부했다. 뿐만 아
니라 국어능력인증시험
과 TOEIC을 준비하면서
매일 도서관에 가서 정말
시간 가는 줄 모르고 공
부했다. 누가 시킨 것도
아니었는데 그렇게 자발

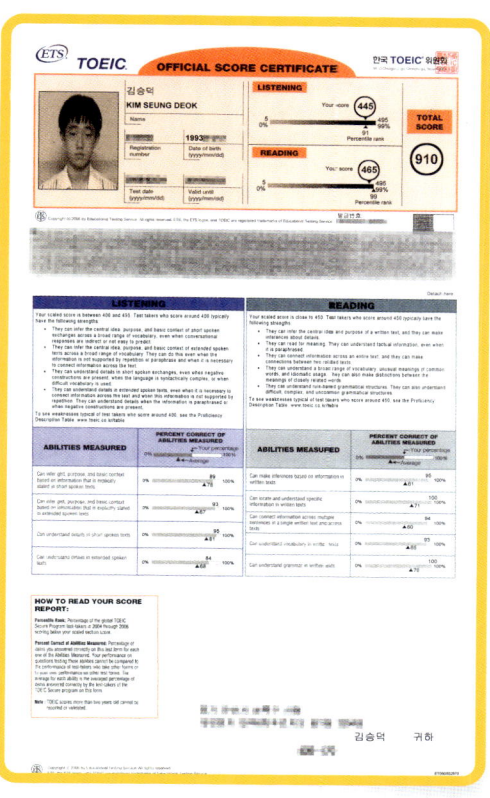

또 하나의 증빙, 토익성적표

적으로, 열성적으로 공부했던 적도 없었던 것 같다.

그리고 그런 노력은 합격이라는 선물로 보상받았다. 20대 1의 경쟁률
을 뚫고 상산고등학교에 합격했다는 전화를 받았을 때는 정말 날아갈 듯
이 기뻤다. 무언가를 정말 간절히 원하고 또 정말 열심히 노력했을 때, 그
것을 성취할 때의 희열은 겪어보지 않은 사람이라면 모를 것이다.

33

 ## 상산고등학교, 꿈이 여무는 곳

상산고등학교는 정말 기대 이상이었
다. 학교에서 자체적으로 실시하는 훌
륭한 프로그램들뿐만 아니라, 자기주
도적으로 공부할 수 있는 환경이 잘
갖추어져 있었다. 실제로 학원 등의
사교육을 받는 학생은 거의 없었는
데, 나 역시 필요성을 전혀 느끼지
못했다.

또, 수많은 훌륭한 인재들과 함께 공부할 수 있었던 것은 정말 큰 행운
이었다. 당시 경쟁률이 매우 높았던 만큼, 상산고등학교에 입학한 친구들
은 전국에서 모여든 뛰어난 인재들이었다. 나는 아직도 처음 1학년 교실
에서 생활하며 느낀 감정을 잊을 수 없다. 수학이든 영어든 어느 한 분야
에 특별한 재능을 가진 친구들이 정말 많았다. 특히 3년 동안 기숙사 생활
을 하면서 만난 친구들은 아침에 눈뜰 때부터 잠자리에 들 때까지 거의
하루 내내 함께한 친구들이었기에 더욱 소중했고, 그만큼 많이 배울 수
있었다. 공동체 생활을 하면서 혼자서는 배울 수 없는 사회생활의 여러
모습들을 직접 체험하고 느낄 수 있었던 것이다.

고등학교를 졸업한 지금도 상산고등학교를 중심으로 한 전국적인 인
적 네트워크가 탄탄히 형성되어 있다. 동문회나 대학별·단과별 모임뿐
만 아니라, 평소에 동고동락했던 친구들이 다양한 대학, 다양한 전공을
갖고 각자의 위치에 자랑스럽게 서 있다. 또한 학교 자체가 전국에서 학

생들을 선발하는 학교였기 때문에, 서울에서부터 제주도까지 전국의 어느 지역을 가든 친구들이 산재해 있다. 3년이라는 시간 동안, 무엇과도 바꿀 수 없는 소중한 인맥이 형성되었던 것이다.

이처럼 상산고등학교에서 보낸 시간들은 교과 과정을 이수하며 배운 것보다 훨씬 이상의 것들을 내게 선물해주었다. 상산고등학교로 진학을 결정한 것은 내 인생에 있어 최고의 선택이었다.

상산고등학교를 다니며 받은 장학증서

allKILL1

칭찬은 끝이고,
도전은 시작이다
: 하면 된다는 믿음! 도전이 두렵지 않다 :

　부모님은 칭찬에 인색하신 편이었다. 내가 노력을 통해 어떤 일을 성취했을 때, 그 성취를 기뻐하며 안주할 시간을 오래 허락하지 않으셨다. 시험에서 좋은 성적을 거두고 기쁜 마음에 그날 하루를 신나게 놀았다면, 그 다음 날부터는 다시 평소와 다름없이 책을 펴야 했다. '시험 끝난 지 얼마나 되었다고……' 하는 원망도 자주 했고, 그 때문에 반항도 많이 했다. 하지만 부모님은 목표를 달성한 뒤에는 곧바로 또 다른 목표를 제시하셨다. '이 정도면 충분하지'라는 생각을 할 틈이 없었다.

　모의고사에서 전교 1등을 해도, 내신에서 1등을 차지해도, 어머니는 오히려 걱정을 하셨다. 수많은 고등학교 중 하나인 상산고등학교에서 1등한 것에 안주할까봐, 전국에 있는 수많은 경쟁자들을 경계하라고 당부하셨다.

　시험을 잘 보지 못했을 때는 말할 것도 없이 호된 꾸지람을 들었다. 그래서 시험을 못 본 날이면 어김없이 어머니와 다투곤 했다. 나는 최선을 다했는데 그것을 알아주지 못하는 어머니가 미웠고, 어머니는 어머니대로 내가 최선을 다하지 않았다며 꾸짖으셨다.

당시엔 원망도 많이 했지만, 돌이켜보니 그것은 정말 소중한 가르침이었다. 내가 작은 성취에 기뻐하면서 그대로 머물렀다면, 아마 나는 그 자리에 영원히 멈춰 있었을지 모른다. 세상은 넓고, 그 안에 인재들이 정말 많다는 것을 생각하면 갈 길은 언제나 멀다. 그런데 작은 성취에 기뻐하면서 안주하는 것을 즐긴다면, 그것은 우물 안 개구리를 자처하는 꼴이 되고 만다. 사실 공부를 포함한 인생의 모든 과정은 부모님이나 다른 사람을 위한 것이 아니다. 바로 나를 위한 것이다. 부모님은 하나의 작은 성취에 만족하기보다는, 그 성취를 바탕으로 더 높은 목표를 세우고 도전할 것을 강조하셨던 것이다.

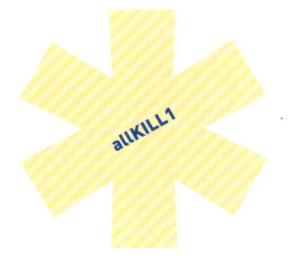

솔선수범하신
어머니

어머니는 공부에도 매우 엄격하신 분이었지만 인성 교육에 있어서는 훨씬 더 엄격하셨다. 다른 사람들, 특히 어른들을 대할 때의 예절에 대해서는 어릴 적부터 엄하게 가르치셨다. 아무리 성공해도 인성이 바르지 않으면 사회에 해악만 끼치는 사람일 뿐이라는 것이 어머니의 지론이었다. 누구에게나 부끄럽지 않은 사람이 되어야 한다고, 항상 자신을 되돌아보는 삶을 살라고 가르치셨다.

특히 어머니의 일터와 붙어 있는 방에서 생활하면서 나는 많은 낯선 사람들을 접했는데, 그 과정에서 다른 사람들에 대한 예절과 배려가 자연스레 몸에 배었다. 나는 일하시는 어머니를 매일 돕고 심부름을 다니면서, 사회 활동의 근간이 되는 예절과 도리에 대해 배웠다. 어릴 적부터 자연스레 몸에 밴 습관들은 후일 많은 사람들을 만나는 데 있어 큰 자산이 되었다.

내가 어머니의 말씀에 순종할 수밖에 없었던 것은 어머니가 내게 허점을 보이지 않기 때문이다. 어머니는 하루하루를 정말 최선을 다해 사셨기 때문에 어머니의 훈계에는 권위가 있었다. 중학교 때 내가 밤을 새워 공부를 하면, 어머니도 주무시지 않고 옆에서 책을 읽거나 함께 공부를 하셨다. 내가 고등학교 때 멀리 전주에 내려가 공부할 때도 어머니는 함께 공부를 하셨다. 그것이 무엇을 위한 것인지 당시엔 알지 못했지만, 내가 고등학교 2학년 때 어머니는 사회복지사 자격시험에 합격하셨다. 그렇지 않아도 힘든 일에 공부까지 함께 하면서 '솔선수범'의 전형을 보여주신 것이다. 내가 3학년 때는 성경을 전부 필사하셨고, 수능을 백 일 남겨두고는 매일 내게 보내는 편지 형식의 기도문을 쓰셨다. 그 백 일의 편지는 지금도 가보로 남아 있다.

어머니의 100일 기도문

내 최고의
선생님은
바로 나다!

: 자기주도학습의 기초 :

그놈의 자기주도학습!

: 자기주도학습을 하게 된 이유 :

자기주도학습은 거창한 것이 아니다. 말 그대로 나를 중심으로 하는 공부, 내가 주체가 되어 이끌어가는 공부다. 목표 설정, 학습 내용과 방법의 선택, 평가 및 피드백에 이르기까지 스스로의 계획과 결정에 의해 실천하는 것이다. 학원이나 사교육을 이용하기보다는, 그 시간을 나를 중심으로, 온전히 나를 위해 사용하는 것이다.

내가 자기주도학습을 시작하게 된 것은 집안 사정으로 학원이나 사교육의 힘을 빌리기 어려웠던 점도 있지만, 그것보다 큰 이유는 어릴 적부터 들인 습관 덕분에 학원의 필요성을 거의 느끼지 못했다는 데 있다. 대부분의 공부나 과제를 스스로의 힘으로 해결했기 때문에 특별히 사교육이 필요하지 않았던 것이다.

수업 시간에 채울 수 없는 지적 욕구를 해결하고 싶을 때는 학교에서 운영하는 방과 후 특강을 활용했다. 초등학교 때는 방과 후 컴퓨터 교실에 다니면서 워드프로세서, 파워포인트, 엑셀 수업을 듣는 등 교과 외의 다양한 분야에 대해 배웠고, 고등학교 때는 정규 교과 과정에 포함되어 있지 않은 법학을 학교 특강을 통해 배웠다.

특히 기숙사 학교의 특성상 수업이 끝난 뒤의 시간을 꾸리는 것은 내 몫이었다. 자율적으로 자습 시간을 관리하고 또 공부해야 했는데 일찍부터 자율적으로 공부해왔던 나는 시스템에 쉽게 적응할 수 있었다. 게다가 공부량이 점점 늘어나고 점차 바빠지면서 자기주도적 학습 습관은 더욱 빛을 발했다. 똑같은 시간과 똑같은 학습 범위가 주어져도, 훨씬 효율적으로 공부할 수 있었다.

자기주도학습을 습관화했을 때 가장 좋은 점은 바로 자신에게 최적화된, 자신을 위한 공부를 할 수 있다는 점이다. 실제로 많은 친구들이 주변의 말이나 흐름에 휩쓸려 자신에게 맞지 않는 공부를 억지로 하곤 하는데, 이것은 정말 안타까운 일이다. 진짜 부족한 부분을 채워야 할 시간에 그 부족한 부분에 대한 불안함을 인터넷 강의를 오랫동안 보면서 달래거나 학원을 다님으로써 안정감을 얻고자 하는 것이다. 자신이 필요로 하는 부분을 정확히 알고 그 부분을 채우려는 것은 무방하지만, '남들이 다 하니까', '안 하면 불안하니까' 라는 이유 때문에 사교육 강의를 듣고 있다면 당장 그만두는 것이 좋다.

내 시간의 주인이 되자!

: 전략적인 시간 관리 :

자기주도학습의 핵심은 바로 시간 관리다.

사람에게 주어진 시간은 모두 동일하다. 다만 똑같이 주어지는 시간을 어떻게 활용하느냐에 따라 차이가 벌어지는 것이다. 시간을 좀 더 효율적으로, 자신에게 최적화해서 사용하는 사람이 승리자가 된다. 그리고 그 시간 관리는 바로 일상생활에서부터 시작한다.

아침에 일어나서부터 잠들 때까지, 수험생이 일반적으로 사용할 수 있는 시간은 17~18시간 정도다. 하지만 이 중에 얼마나 되는 시간을 공부에 할애하고 있는가? 혹시 많은 시간을 의미 없이 흘려보내고 있지는 않은가?

실제 자신이 얼마나 공부하는지 궁금하다면 스톱워치를 사용해보는 것이 좋다. 공부를 시작할 때는 스톱워치를 켜고, 공부를 중단할 때는 스톱워치를 끄는 방식으로 순수 공부 시간을 재는 것이다. 화장실에 가는 시간, 조는 시간, 휴대전화를 만지작거리는 시간, 간식을 먹으러 가는 시간 등을 모두 제외하고, 오로지 공부에 쓴 시간만 스톱워치로 재보는 것이다. 이렇게 하면 자신이 그날 얼마나 많은 시간을 공부에 투자했는지 정확히 알 수 있다. 아마 자신이 생각했던 것보다 훨씬 적은 시간 공부를 했다는 사실에 먼저 놀랄 것이다. 책상에 오래 앉아 있어도, 실제로 공부한 시간은 의외로 적은 경우가 많다. 그만큼 아까운 시간을 허비하고 있는 것이다.

시간을 허비하지 않고 효율적으로 활용하려면, 두 가지 전략이 필요하다. 첫째는 절대적인 공부량, 즉 책을 펴고 공부할 수 있는 시간 자체를 확보하는 것이다. 밤에 자는 시간을 줄이는 것보다도, 외식하는 시간, 일과 중에 엎드려 자는 시간, 친구들과 노는 시간만 줄여도 생각보다 많은 시간을 확보할 수 있다.

이 첫 번째 전략을 성공적으로 수행하려면, '스터디 플래너'를 활용하는 것이 좋다. 플래너를 활용하면 시간대별로 어떤 일을 할지 분배할 수 있어 시간을 계획적으로 활용할 수 있다. 스스로 시간을 효율적이고 계획적으로 사용하는 습관이 몸에 배기 전까지는 플래너를 통해 시간을 낭비하는 일이 없도록 지속적으로 관리해주는 것이 좋다.

두 번째 전략은 일단 주어진 공부 시간을 최대한 효율적으로 사용하는 것이다. 책을 펴고 한 시간을 앉아 있다면, 그 시간동안의 집중력은 온전히 그 공부에 쏟는 것이다. 한 시간을 집중해서 공부한 것이 세 시간 동안 딴 짓을 하며 쉬엄쉬엄 공부한 것보다 훨씬 효율적일 수 있다. 주어진 세 시간 동안, 차라리 한 시간을 제대로 공부하고 두 시간을 노는 것이 훨씬 낫다는 것이다.

집중력을 온전히 유지하려면, 일단 집중력을 흐트러뜨리는 요소들을 제거해야 한다. 그중에서도 가장 큰 적은 바로 휴대전화다. 문자 메시지나 인터넷, 혹은 모바일 게임을 하게 되면, 시간은 순식간에 증발해버린다. 특히 스마트폰이 보편화된 요즘 SNS 활동에 빠지게 되면 그 결과는 치명적일 수 있다. 따라서 적어도 공부를 하는 중에는 휴대전화를 꺼놓거나 아예 가지고 다니지 않는 편이 좋다. 나도 휴대전화를 가지고 다니면 집중이 잘 되지 않아 아예 전화기를 기숙사에 두고 다니면서 자기 전에만 확인을 했다.

때로는 친구들도 나의 적이 될 수 있다. 특히 주말에는 친구들과 함께 여유를 즐기고 싶은 욕구가 생길 때가 많다. 하지만 시험 기간에 축구를 두세 시간씩 한다든가, 외식하러 나가서 한참 있다 돌아온다든가 하면, 그것은 정말 치명적이다. 그래서 나는 주말에 유혹에 빠지지 않기 위해 기숙사를 벗어나 학교 도서관, 때로는 걸어서 15~20분 거리에 있는 도서관까지 가서 공부했다.

이밖에도 사람마다 자신의 집중력, 혹은 시간을 빼앗는 요소들이 있을 수 있는데, 적어도 공부할 때만큼은 이런 요소들이 자신의 주변에 있지 않도록 해야 한다. 공부할 수 있는 환경을 만드는 것도 결국은 실력이다.

무조건 열심히? No!
학습 스타일 찾기
: 유형별 공부 스타일 :

　무조건 책상에 오래 앉아 있는 것이 답은 아니다. 사람마다 성향이 다른 만큼 자신에게 적합한 공부 방법 역시 많이 다를 수 있다. 몇 시간이고 책상에 앉아 끈기 있게 공부하는 스타일이 있는가 하면, 한 시간만 앉아 있어도 몸이 근질거려 더 이상 집중할 수 없는 스타일도 있다. 어느 것이 옳고 어느 것이 그르다는 절대적인 기준은 없다. 한 시간마다 자리에서 일어나는 학생이라도, 휴식 후에 더 활력을 얻어 집중력을 향상 시킬 수 있다면 그것은 훨씬 효율적인 방법이 될 수 있다.

　나도 오래 앉아 공부하는 타입은 아니었다. 특히 좋아하지 않는 과목의 경우에는 한 시간을 버티기도 힘들었다. 그럴 때는 잠깐씩 바람을 쐬거나 매점에 다녀오는 방법으로 스트레스를 풀었다.

　하지만 시험 기간이나 고등학교 3학년이 되면, 이런 식으로 쉬는 것조차 부담스러워진다. 1분 1초가 아까운 것이다. 이럴 때는 환경을 바꿔가며 공부하는 것이 좋다. 우리 학교는 조경이 참 아름다웠는데, 나는 도서관이 너무 답답할 때는 책을 들고 밖으로 나와 햇볕을 쬐며 벤치에 앉아 공부했다. 또 인적이 드문 학교 뒤뜰에 가서 공부하기도 했다. 답답한 실내에만 있다가 신선한 공기를 마시며 공부하자 스트레스도 풀리고 활력도 얻을 수 있었다.

두 번째 방법은 공부하는 과목을 바꾸는 방식이다. 만약 자신에게 어려운 과목인 영어를 40분 공부하고 지쳤다면, 다음 한 시간 동안은 좋아하는 수학을 푸는 것이다. 수학에 지치면 사회탐구 문제를 푸는 등 계속해서 과목을 바꿔가면서 공부하면 더 오래 집중력을 유지할 수 있게 된다.

중요한 것은 자신에게 맞는 공부 방법을 찾는 일이다. 자신의 특성을 파악하고, 어떤 공부 방법이 가장 적합한지 스스로 성찰하는 시간이 필요하다. 나를 가장 잘 아는 것은 바로 자기 자신임을 잊지 말자.

자기주도학습으로
수능 만점 받는 법

: 성공적인 자기주도학습 :

　그렇다면 어떻게 해야 자기주도학습을 제대로 실천할 수 있을까? 자기주도학습을 실제 생활에 적용하려면 어떻게 해야 할까?

　어렸을 때부터 자율적으로 공부하는 습관을 들이는 것이 근본적인 답이지만, 당장 발등에 불이 떨어진 수험생들에게 이런 답을 제시하는 것은 무책임한 일이다. 현실적으로 자기주도학습을 성공적으로 이끄는 방법은 어떤 것들이 있을까.

　첫째, 자신에게 학습이 필요한 부분이 무엇인지 정확히 인지한다.

　많은 과목이 있지만, 학습이 필요한 정도나 범위는 각기 다를 수밖에 없다. 각 과목에 대해서 어느 부분의 학습이 얼마나 필요한지 구체적으로 알아야 한다. 자신에 대한 이해가 자기주도학습의 출발점이 되기 때문이다. 자신의 학습 수준에 대해 최대한 정확하게 알아야 자신에게 맞는 구체적인 학습 계획도 세울 수 있다.

49

둘째, 언제 어떤 공부를 할지에 대한 구체적인 시간 계획을 짠다.

공부에는 당장 집중적으로 파고들어야 하는 부분이 있고, 장기적인 관점에서 지속적으로 꾸준히 연마해야 하는 부분도 있다. 예를 들어 사흘 뒤에 영어 시험을 본다면, 사흘 동안은 영어에 초점을 맞추고 집중적으로 공부해야 한다. 반면에 영어 성적을 올리고자 하는 학생이라면, 매일 조금씩이라도 꾸준히 영어 단어를 암기할 필요가 있다. 이처럼 각 과목마다 다른, 때로는 한 과목 안에서도 필요에 따라 달라질 수 있는 학습 시기를 효과적으로 결정할 수 있어야 한다.

셋째, 학습 목표치를 명확하게 설정한다.

기한을 정해놓고 어느 범위까지 끝내겠다든지, 이 부분이 항상 골칫거리였는데 이번에 개념을 완벽히 다지겠다든지 하는 명확한 목표를 설정해야 한다. 추상적이고 막연하게 계획을 세우면, 실천할 때 달라지는 상황에 따라 성취도가 들쭉날쭉할 수 있기 때문이다.

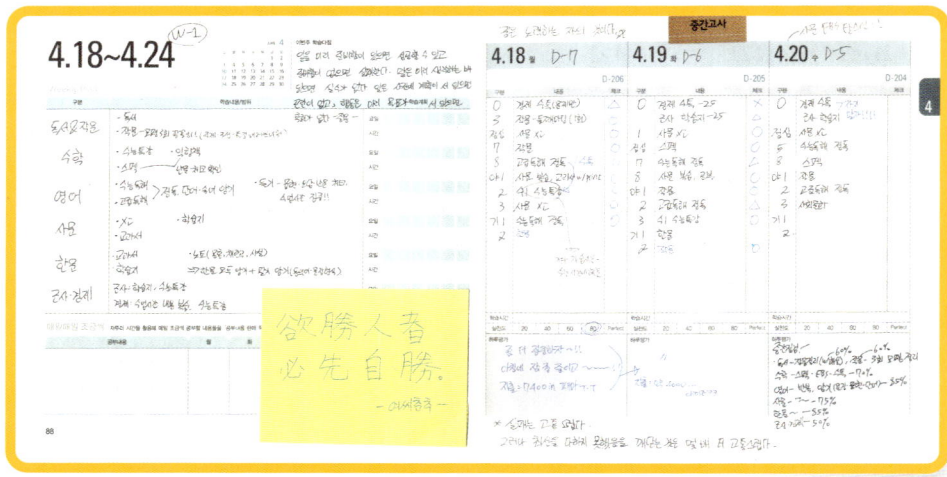

고3을 보내며 매일 적고 실천한 학습 플래너

이렇게 구체적인 목표치를 설정하는 일은 둘째 항목에서 강조한 시간 계획의 작성과 함께 이루어져야 한다. 예를 들어 '5월 27일: (1) 6월 모의고사 기출문제 실전처럼 시간 재고 풀기 (2) 채점하고 오답 및 난문 확인하기 (3) 영어 독해 과제 끝내기 (4) 수학 기출문제집 5단원 마무리하기'와 같이 구체적이고 명료한 계획을 세울 수 있어야 한다.

넷째, 학습 방법을 자율적으로 결정한다.

어떤 교재를 어떤 방식으로 사용할 것인지, 혼자서 공부할 것인지 아니면 그룹 스터디를 할 것인지, 혹은 학교 특강이나 인터넷 강의를 이용할 것인지 등 자신에게 최적화된 방식의 학습 방법을 결정한다. 예를 들어 모의고사가 끝났다면 오답노트를 작성할 것인지, 아니면 그냥 상세히 체크하고 나중에 다시 풀어볼 수 있도록 보관할 것인지, 인터넷 해설 강의를 들을 것인지, 혼자 교재를 찾아보며 체크할 것인지 등에 대해 결정하는 것이다. 자신에게 가장 적합하다고 생각되는 방법을 택하면 된다.

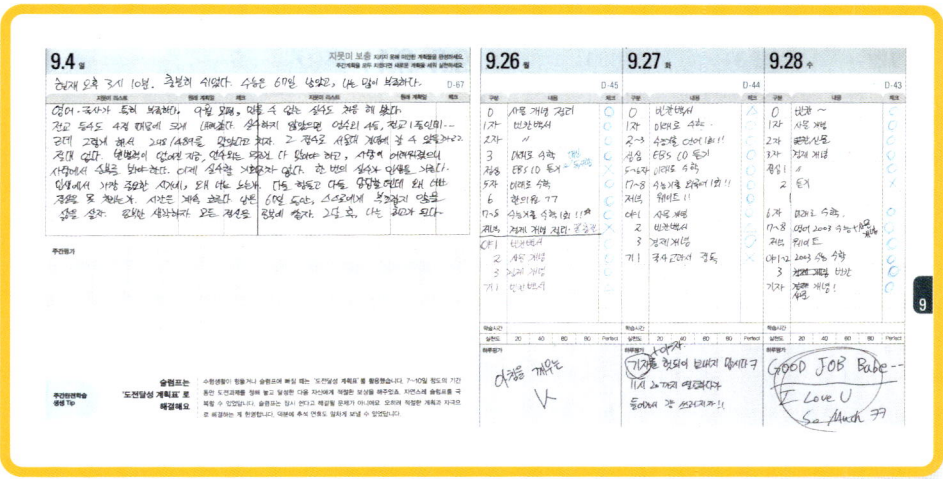

마지막 단계는 확고한 실천과 주체적인 평가다.

아무리 계획을 잘 짜놓아도 실천이 뒤따르지 않으면 아무런 의미가 없다. 꾸준한 노력과 의지가 동반될 때 비로소 자기주도학습을 통해 최대의 성과를 거둘 수 있다. 작심삼일이라 해도, 삼일마다 새로운 마음가짐을 갖고 동기부여를 하면 된다.

실천 뒤에는 주체적인 평가를 내리면서 자기반성의 시간을 갖는다. 실천하지 못한 부분이 있다면 왜 실천하지 못했는지 파악하고, 실천하지 못한 부분을 보완하기 위한 계획을 다시 짜야 한다. 예를 들어 월요일부터 토요일까지의 계획 중 실천하지 못한 부분이 있다면 적어놓고 일요일에 모두 실천한다든지 하는 보충 학습을 해야 하는 것이다.

물론 위의 단계들을 처음부터 능숙하게 하는 것은 결코 쉽지 않은 일이다. 나름대로 시행착오도 겪어보고, 일정 기간의 훈련을 거쳐야 비로소 자기주도학습의 단계들을 몸에 익힐 수 있다. 특히 학원이나 인터넷 강의 등에 익숙해져 있는 학생들은 그런 방향 전환 자체에 적응하는 데 오랜 기간이 걸릴 수도 있다. 이런 학생들은 자기 공부 시간이 차지하는 비중을 차츰차츰 늘려나가는 방식으로 계획을 짜는 것이 좋다. 처음에는 어렵겠지만, 자기주도학습을 몸에 익혀나갈수록 시간을 훨씬 효율적으로 활용할 수 있음을 느낄 수 있을 것이다.

사교육, 안 하자니 불안하고 하자니 아깝고

: 사교육 성패도 자기주도에 달렸다 :

수능에서 만점을 거두고 난 후, 내가 가장 많이 받은 질문은 '정말 학원에 다닌 적이 없는가'였다. 대답부터 하자면, 나도 학원에 다닌 적이 있다. 다만 학원이 나의 학습에서 차지하는 비중이 매우 적었을 뿐이다. 나는 중학교 때 여름방학 한 달, 겨울방학 한 달 동안 영어학원에 다녔고, 고등학교 때는 한 달간 논술학원에 다녔다. 그것이 전부다.

내 공부법에서 사교육의 비중이 적었던 이유는 비싼 학원비를 감당할 형편이 안 되는 것도 있었지만, 무엇보다 사교육의 필요를 느끼지 못했다는 데 있다. 어릴 때부터 혼자 공부하는 습관을 들여왔기 때문에 따로 학원을 다니거나 과외를 받아야 할 필요를 느끼지 못했다. 학원에 다닌 것은 도저히 혼자서 해결하기 어려운 부분을 채우기 위한 필요에 의해서였다. 영어학원에서는 회화 수업을 들었고, 논술학원에서는 논술이 무엇인지, 그리고 대입 논술 문제의 유형이나 체계에 대해서만 간략하게 배웠다. 이런 개념과 정보들은 따로 학습할 수 있는 기회가 적었기 때문이다. 학생들이 흔히 수강하는 수능 과목이나 내신과 관련된 사교육은 단 한 번도 받은 적이 없다.

학원의 필요성을 느끼지 못했던 첫 번째 이유는, 학원의 교육 방식 자체가 나에게 최적화되어 있지 않았기 때문이다. 내가 학원을 다닌다면 학원은 내가 진짜 필요로 하는 부분, 내게 정말 부족한 부분을 충분히 채워줄 수 있어야 한다. 그러나 현실적으로 학원 교육은 내게 부족한 부분만 채워주는 것이 아니라 다른 학생들이 모르는 부분도 함께 가르친다. 즉, 이미 알고 있는 내용을 또 들어야 하는 비효율적인 상황이 발생할 수 있는 것이다.

둘째, 학원이나 다른 사교육을 받을 만한 시간적 여유 자체가 없었다. 학년이 올라가고 공부량이 많아질수록 스스로 공부해야 할 시간이 절대적으로 늘어난다. 학교에서 배우는 내용 외에도 스스로 공부하면서 부족한 부분을 채워야 하는 자습 시간이 많이 필요한 것이다. 그런데 학원을 다니게 되면, 자기만의 공부를 할 수 있는 시간 자체가 많이 줄어든다. 내게는 그 시간을 투자할 만한 여유가 없었다.

물론 사교육은 본인의 필요에 의해 얼마든지 선택할 수 있는 부분이다. 자신에게 정말 부족한 부분, 보충이 필요한 부분이 있는데 스스로의 힘으로 해결하기 어렵다면 사교육의 도움을 받을 수 있다. 이 경우 학원이나 인터넷 강의는 매우 효과적인 방법이 될 수 있다. 엄선된 선생님들이 해당 분야에 대한 경쟁력 있고 생산성 있는 지식을 전달하기 때문이다. 우리 학교에서도 3학년 때는 국사 시간이 일주일에 한 시간밖에 되지 않아 부족한 부분을 채우기 위해 국사 과목의 인터넷 강의를 듣는 친구들이 많았다. 나도 친구들이 듣는 강의를 구해 내가 부족했던 몇 강좌를 들은적이 있다. 자신이 필요로 하는 부분이 있다면 그 부분을 채우기 위한 사교육 활용은 충분히 효과적일 수 있다.

다만 주의할 것은 이런 사교육 역시 자기주도학습의 원칙하에 관리해야 한다는 점이다. 예를 들어 인터넷 강의를 듣는다면 인터넷 강의를 듣는 것 자체가 공부의 끝이라고 생각해서는 안 된다. 많은 학생들이 인터넷 강의를 몇 시간 동안 연속으로 듣고 나서 열심히 공부했다고 생각하고 쉬고는 한다. 그런데 이런 방법은 인터넷 강의를 50퍼센트밖에 활용하지 못하는 것이다. 인터넷 강의를 200퍼센트 활용하려면, 강의를 듣고 나서 그 강의의 내용과 더불어 새로 배웠거나 어려웠던 부분에 대해 재정리하는 작업이 필요하다. 만약 한 시간 동안 인터넷 강의를 들었다면 최소한 30분 이상은 그 강의의 내용을 완전히 자기 것으로 소화하는 데 투자해야 한다.

인터넷 강의는 강의마다 해당 선생님이 짜놓은 커리큘럼이 있는데, 그 커리큘럼을 자신의 학습 계획 안에 포함시켜야 한다. 인터넷으로 수학 강의를 듣는 학생이라면 학교에서 배우는 수학 교과 및 내신에 투자할 시간, 인터넷 강의를 듣는 시간과 정리하는 시간, 모의고사에 대비하거나 기출문제를 푸는 등 스스로 공부할 시간을 체계적으로 나눠놓는 것이다. 이처럼 인터넷 강의도 얼마든지 자기주도적으로 활용할 수 있다. 중요한 것은 사교육을 이용하느냐의 여부보다는 시간을 자기주도적으로 얼마나 잘 관리하는지에 달려 있음을 기억해야 한다.

자기주도
학습으로
내신부터
입시까지!

: 학교 생활의 모든 것
- 내신, 모의고사, 수시, 논술 :

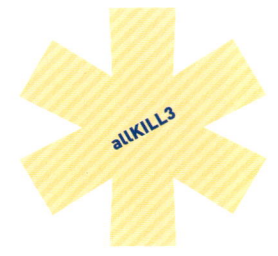

모든 공부의 바탕에는
내신이 있다
: 내신의 중요성 :

내신 공부는 수능, 논술 등 모든 공부의 기본이 된다. 내신의 중요성을 간과하고 '수능만 잘 보면 되지'라고 생각하는 경우가 많은데, 사실 내신 관리를 못하는 학생이 수능을 잘 보는 경우는 드물다.

내신 시험은 수능과 유사한 유형과 범위 내에서 출제되기 때문에 내신 공부를 하는 과정이 자연스레 수능 공부로 이어질 수 있다. 물론 내신에서는 변별력을 위해 수능에 나오는 내용보다 좀 더 지엽적인 내용을 묻는 문제가 출제되기도 하고, 훨씬 쉬운 문제가 출제되기도 한다. 그래서 많은 학생들이 이런 불규칙한 문제와 난이도를 이유로 내신 관리에서 손을 놓아버리기도 하는데, 그것은 핑계다. 더 복잡하고 어려운 문제가 나오면 준비하는 과정에서 심화 학습을 할 수 있는 것이고, 쉬운 문제가 나온다면 다 맞추면 되는 것이다. 수능 범위와 무관한 내용이 나오는 것 같아도, 그것은 앞으로의 공부를 위한 자산이 될 수 있다. 예를 들어 문학 시간에

'텍스트의 의미와 그 안에 담긴 메시지를 읽는 법'에 대해 배웠다면, 이 내용이 직접적으로 수능에 출제되지는 않을지라도 향후 문학 작품을 좀 더 수월하게 읽을 수 있는 바탕이 될 수 있는 것이다. 또한 내신 공부를 하면서 자연스레 얻게 된 배경 지식들은 언어영역의 비문학 지문이나 외국어영역의 독해 문제, 더 나아가 논술에까지 도움을 준다.

뿐만 아니라 치열하게 내신 관리를 하는 과정에서 학생들은 시간을 관리하고 효율적으로 사용하는 방법을 배우게 된다. 바쁘고 힘든 시험 기간을 거칠 때마다 시간을 쪼개 쓰고 집중하는 법을 배우면서 한층 더 성장하는 것이다.

수능이든 논술이든, 그 시작에는 내신이 있다. 지금 당장 내신부터 잡아라!

1등을 놓치지 않는
내신 관리법
: 시기별 내신 관리법 :

중학교 내신 – 모든 과목을 빠짐없이, 철저히!

중학교에 가면 초등학교 때에 비해 과목의 수와 공부해야 할 분량이 증가한다. 하지만 고등학교 때 배우는 내용에 비하면 그렇게 부담스러운 수준이 아니라는 점을 기억해야 한다. 따라서 중학교 때는 모든 과목을 충실히 공부할 수 있는 여유가 있으며, 실제로 그렇게 해야 한다. 물론 공부를 하며 국어, 수학, 영어, 사회, 과학을 제외한 기타 과목의 중요성에 대해 회의를 느끼는 학생들이 있을 수 있다. 그러나 기타 과목 역시 소홀히 해서는 안 된다.

과제나 수행평가 준비도 이때부터 철저히 해가는 연습을 해야 한다. 이런 과정을 통해서 내신 관리의 기본에 대해 배울 수 있기 때문이다. 중학교는 고등학교 과정을 준비하는 시기다. 이때 내신 관리의 기본을 익히고 많은 경험을 쌓아야 고등학교에 진학해서도 수월하게 공부할 수 있다. 모든 과목을 빼놓지 말고 열심히 하라는 것도 그 때문이다. 이때부터 시간이 없다는 핑계로 일부 과목에만 집중하게 되면, 훨씬 바빠지는 고등학교 때는 그 일부 과목들조차 제대로 관리하지 못할 수 있다.

한 가지 더 이유를 들자면, 중학교 때 다양한 분야에 대한 학습을 해놓는 것이 나중에 심화된 공부를 할 때 밑거름이 된다는 데 있다. 실제로 고등학교 때 공부를 하면서 절실히 느낀 것은, 입학 전까지 열심히 읽었던 책들이나 공부했던 내용들이 다 기초가 되었다는 점이다. 그런 기초적인 지식들이 어느새 탄탄한 디딤돌이 되어 있던 것이다.

중학교 성적표

고등학교 내신 – 선택과 집중이 성패를 좌우한다

고등학교에 가면 공부해야 할 분량이 비약적으로 증가하고, 수준 역시 높아진다. 특히 대입을 생각하고 수시 전형을 준비해야 하는 시기이기 때문에 내신의 중요성도 더욱 강조된다. 내신이 대학을 결정지을 수 있는 하나의 현실이 되어버리는 것이다. 따라서 이때는 내신 또한 전략적으로 관리해야 한다. 지역균형선발전형으로 지원하거나 학생부우수전형으로 지원하는 경우가 아니라면(이 경우에는 전 과목에서 1등급을 목표로 공부해야 한다), 선택과 집중의 묘가 필요하다.

우선 집중해야 할 것은 주당 수업 단위 수가 높은 주요 과목들이다. 언어나 수학, 영어에 관련된 주요 과목들은 최선을 다해서 관리해야 한다. 이런 과목들은 나중에 수능을 치를 때도 연계가 되기 때문이다.

두 번째로 집중할 과목은 자신이 지원하려는 학과와 관련된 과목이다. 경제학과에 지원하려는 학생이라면 경제 과목의 성적만큼은 상위권 수준으로 유지해야 한다. 지원한 전공과 관련된 내신 성적이 좋지 않으면 입학사정관들은 고개를 갸우뚱할 수밖에 없다.

그 다음으로 자신의 계열과 연관된 과목에 집중해야 한다. 대부분은 고등학교 2학년 때 진로를 정하는데, 진로를 결정한 뒤에도 의무적으로 다른 계열의 과목을 배우는 경우가 있다. 이과에서는 문과 과목을 배우고, 문과에서는 이과 과목을 배

고등학교 성적표

우는 식이다. 이때는 요령이 필요하다. 여유가 없다면 다른 계열의 과목까지 굳이 힘들여 관리할 필요는 없다는 것이다. 그 시간에 다른 주요 과목을 공부하는 것이 오히려 더 효율적인 방법이다.

특목고 내신 – 경쟁을 즐기고 놀듯 공부하자!

특목고에 진학한 학생들은 입학하자마자 엄청난 경쟁에 시달리게 된다. 자신과 비슷한, 혹은 자신보다 뛰어난 인재들과 함께 공부하면서 많은 스트레스를 받게 되는 것이다. 입학 후 적응하지 못한 일부 학생들은 자퇴를 결심하거나 전학을 가고, 우울증에 시달리기도 한다. 특히 내신 등급이 결정되는 학기 말이 되면, 많은 학생들이 패닉에 빠진다. 중학교 때까지는 자신이 최고였는데, 이제 그렇지 못한 현실을 쉽게 받아들이지 못하는 것이다.

나 역시 고등학교 때 치열한 경쟁을 거치며 스트레스를 받았다. 언제나 1등의 자리를 지켜야 한다는 강박관념이 매우 컸다. 뒤를 바짝 추격하는 많은 경쟁자들과의 싸움에서 매번 1등을 지켜야 한다는 강박은 내게 상당한 스트레스를 주었다. 친구들은 내게 '네가 대체 무슨 걱정이냐?'라고 반문했지만, 그 스트레스는 실제로 경험해본 사람만이 알 수 있다. 물론 경쟁자란 자극이 되어 더 열심히 공부하게 만드는 원동력이 되기도 한다. 하지만 그런 스트레스가 쌓이고 쌓이면, 결국 학업에 커다란 지장을 준다. 강박관념으로 인해 자신감을 잃어버리는 등 여러 부작용이 생길 수 있기 때문이다.

따라서 특목고에 진학한 학생들이라면, 마음에 여유를 갖는 것이 좋다. 특목고에 들어왔다는 사실 자체만으로도 미래의 꿈을 이뤄낼 수 있는 가능성을 입증한 것이다. 주변에 나보다 더 뛰어난 학생이 있다 해도 주눅 들 필요는 전혀 없다. 그런 친구들이 있다면, 그 친구의 모습을 통해 배울 점을 찾고 자신의 부족한 점을 개선해나가면 그뿐이다. 점수 1점 때문에 일희일비할 필요는 없다. 지나친 경쟁 때문에 스트레스를 받는다면, 그냥 즐겨라! 내 인생은 바로 나를 위한 것이다. 주변의 사람들과 자신을 굳이 비교하면서, 그리고 주변의 압박에 신경 쓰면서 자신의 인생을 불행하게 만들지 말자. 남이 아닌 나에게 초점을 맞춰보면 비로소 길이 보일 것이다. 당신은 이미 충분히 훌륭한 사람이다.

선생님이 주시는
답안지, 필기

내신 공부에서 필기의 중요성은 그야말로 절대적이다. 시험 문제의 출제자는 선생님이고, 선생님이 가르치는 부분, 강조하는 부분을 받아 적는 것이 바로 필기다. 필기에서 선생님이 강조하는 핵심적인 부분을 놓치면, 그 부분에서 출제될 시험 문제를 틀리고 시작하는 것과 다름없다. 따라서 필기만큼은 목숨을 걸고 해야 한다. 일반적으로 여학생들이 내신 등급을 더 잘 받는 이유 중 하나가 이 필기 때문이라고 생각한다. 필기의 생명은 꼼꼼함이기 때문이다.

필기의 유형에는 몇 가지가 있는데, 가장 대표적인 유형은 선생님이 칠판에 필기할 내용을 쭉 적어주는 경우다. 이때는 필기하기가 상대적으로 수월하다. 선생님이 칠판에 적어주는 내용을 공책에 그대로 옮기기만 하면 되기 때문이다. 하지만 좋은 내신 등급을 받기 위해 한 가지 더 해야 할 일이 있다. 선생님이 판서의 내용을 설명하면서 강조하는 부분이나 어려운 원리를 설명하는 부분은 반드시 덧붙여 필기를 해놓아야 한다는 점이다. 이렇게 하지 않으면, 나중에 필기를 다시 봐도 이해하지 못하는 경우가 생긴다.

두 번째는 필기할 것이 너무 많아 선생님을 따라가기 어려운 경우다. 이 경우에는 펜을 약간 가볍게 잡고, 무조건 받아 적는다는 마음으로 적는다. 깔끔함보다는 일단 모두 적는 것에 중점을 둔다. 이때 중요한 것은, 수업이 끝난 후에 그렇게 지저분해진 필기들을 깔끔하게 옮기는 작업을 해야 한다는 점이다. 필기는 나중에 시험 공부를 하면서 다시 보기 위한 것이기 때문에, 반드시 다시 정리해놓을 필요가 있다.

세 번째는 선생님이 직접 유인물을 나누어주고, 우리가 직접 빈칸을 채우는 경우다. 이때 빈칸에 들어가는 말은 핵심적인 키워드가 많으므로 관련된 설명을 주의 깊게 들을 필요가 있다. 특히 이런 유인물들은 시험 범위에 필수적으로 포함되므로 깔끔하게 정리해놓아야 한다. 주의할 것은, 학생들이 빈칸 채우기에만 급급해 다른 설명을 놓치는 경우가 많다는 점이다. 물론 빈칸이 가장 핵심적인 부분이겠지만, 빈칸에 들어갈 말은 모든 학생들이 공부한다는 것을 염두해야 한다. 변별력을 가르는 문제는 빈칸 외에, 수업 시간에 선생님이 따로 설명하거나 강조하는 부분에서 출제될 수 있음을 기억하자.

한 가지 더, 언어나 수학, 영어 같은 주요 과목의 경우, 한 학년을 가르치는 담당 선생님은 대개 두 분 이상인 경우가 많다. 각기 다른 반을 가르치시지만, 시험 문제는 모든 선생님들이 공통적으로 출제하신다. 문제는 각 선생님들마다 강조하는 부분이나 가르치는 내용이 조금씩 다르다는 데 있다. 심지어 같은 선생님이라도 각 반마다 가르치시는 내용이 상이할 수 있다. 1점 차이로 등급이 갈리는 고등학교 내신 시험을 준비하면서, 실제로 나는 '옆 반에서만 배운 내용이 출제돼 불리해지지 않을까?' 하는 고민을 달고 살았다. 그리고 실제로 이런 일이 일어난 적도 있다. 2학년 1학기 문학 시험이었다. 문학 과목은 수업 시간이 다섯 시간으로 매우 중요했는데, 이과 반에서만 배운 내용이 주관식으로 출제되었다. 게다가 전문적인 용어였기 때문에 배우지 않은 문과 반 학생들은 운이 좋은 극소수를 제외하고는 답을 쓸 수조차 없었다. 1점이 아까운 상황에서, 5점이 눈앞에서 증발해버리는 순간이었다. 그렇게 억울하게 날아간 5점 때문에 수많은 문과 반 학생들이 항의했지만 결과는 바뀌지 않았다.

그때부터 나는 결심을 했다. '이런 억울한 상황을 다시 겪지 않으려면, 내가 만반의 준비를 하는 수밖에 없다고!' 그 해결책은 다른 선생님이 가르치는 다른 반 친구의 필기를 빌리는 것이었다. 친구의 노트를 빌려서 내가 수업 시간에 배운 내용에 더해 다른 반에서만 배운 내용을 추가적으로 필기했다. 이런 노력을 기울이자 더 이상 그런 억울한 일은 겪지 않았다. 철저한 준비가 완벽을 만드는 법이다. 성실한 친구들을 잘 눈여겨봐 두었다가 시험 기간이 되면 서로 노트를 주고받는 식으로 상부상조하도록 하자. 특히 여학생들의 필기가 깔끔한 경우가 많으니 참고하여 필기 공유를 하는 것도 좋다.

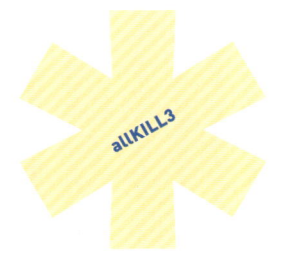

allKILL3

문제집 선택에도
순서가 있다

문제는 많이 풀어보는 것이 좋다. 다양한 유형의 문제를 접해보고, 점점 더 높은 수준의 문제를 풀어나가면서 내신 시험에 대비하는 것이다. 특히 언어나 외국어를 제외한 다른 과목들은 문제의 질 차이가 크지 않기 때문에 다량의 문제를 풀어보는 것이 도움이 된다. 그렇지만 시간적 제약이 있기 때문에 시중에 나와 있는 모든 문제집을 풀어볼 수는 없다. 문제집에도 먼저 풀어야 하는 순서가 있다.

선생님은 매년 비슷한 범위에서 문제를 만들어야 한다. 하지만 매번 새롭고 창의적인 유형의 문제를 출제할 수는 없기 때문에 시중의 문제집을 참고할 수밖에 없다. 게다가 수능을 목표로 공부하는 고등학생들을 대상으로 할 때는 학생들을 위해서라도 수능과 유사한 유형의 문제를 출제할 수밖에 없다.

문제가 그대로 나올 확률은 적지만, 문제집에 등장하는 자료나 지문이

출제될 수는 있다. 따라서 수능 · 모의
고사 기출문제집이 우선적인 풀이 대
상이 되어야 한다.

다음으로 참고해야 할 것은 선생
님이 애용하는 문제집이다. 교무실
에 갈 일이 생기면, 해당 과목 선생
님의 책장을 살펴보고 어떤 문제집

내 공부방 책장

이 꽂혀 있는지 확인하자. 그 문제집을 꼭 구입할 필요는 없지만 자신이
갖고 있는 문제집과 동일한 것이 있다면 그 문제집을 좀 더 주의해서 보
는 것이 좋다. 또한 선생님이 평소에 갖고 다니거나 풀어볼 것을 권하는
문제집이 있다면 꼭 구입해서 풀어본다. 나는 사회문화 선생님이 항상 들
고 다니는 문제집을 구입해 정독했고, 지구과학의 경우에는 문과에서는
쓰지 않지만 이과에서는 부교재로 쓰는 문제집을 구입해 풀었다(당시 지구과
학은 문과 · 이과의 공통 과목이었는데, 수능에서 지구과학을 응시하는 이과생들을 위해 선생님들
께서 부교재를 사용해 더 자세히 가르치셨다). 사소해 보이는 노력이지만, 이런 작은
노력들이 모여 정기고사에서 큰 효과를 낼 수 있다.

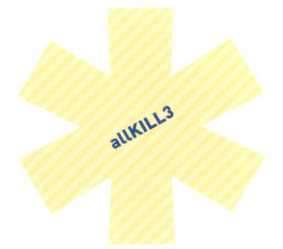

내신 기출문제를 활용하라

 ## 과년도 기출문제 이용하기

기출문제 활용은 학교 홈페이지나 선생님, 선배들을 이용해 전년도의 기출문제를 구하는 방법이다. 특히 선생님이 동일한 경우에 효과는 절대적이다. 내신 시험을 출제하는 선생님이 같다면, 아무래도 문제의 유형이나 난이도 자체가 매우 유사해질 수밖에 없기 때문이다. 나는 동아리 선배들이 전년도의 문제지를 복사해 나눠주어 매우 효율적으로 공부할 수 있었다. 특히 1학년 때는 기술가정 같은 암기과목을 공부할 때 어떻게 공부해야 할지 막막했는데, 이때 기출문제는 큰 도움이 되었다.

학교 홈페이지의 과목별 자료실이나 게시판에 들어가면, 역대 기출문제가 올려져 있는 경우가 있다. 시험 범위가 약간씩 다를 수도 있지만 문제의 형식이나 구성을 살펴보는 것만으로도 시험을 준비하는 데 큰 도움이 된다. 정보력도 다 경쟁력이 되는 것이다.

내가 풀어본 기출문제 이용하기

1학년 1학기 기말고사부터 적용할 수 있는 방법이다. 해당 과목을 출제하는 선생님이 그동안 출제한 시험지를 보고 출제 방식이나 성향 등을 분석하는 것이다. 특히 수능과 비슷한 유형으로 출제되지 않는 과목의 경우, 선생님들마다 출제 유형이 많이 다를 수 있다. 이때 지난 시험지들을 보면 수업 시간에 강조한 내용이 시험 문제에 어떻게 적용되는지, 어떤 부분을 집중적으로 공부하는 것이 좋은지, 그 선생님이 출제하는 특별한 유형이 있는지 등을 파악할 수 있다.

시험이 끝났다고 해서 시험지를 버리는 것은 절대로 금물이다. 시험지를 보관해두고 다음 시험 전에 반드시 다시 한 번 훑어보는 것이 좋다. 시험에 대한 감도 잡고 훨씬 수월하게 공부할 수 있다.

allKILL3

수업 시간은
생명이다

수업 시간은 생명이다. 신문이나 뉴스에서 좋은 성적을 거둔 학생들이 매번 인터뷰할 때마다 등장하는 말이기도 하지만, 이 말만큼은 진리다. 나는 교과서 위주로 공부하라는 말이나 예습 복습을 철저히 하라는 말보다 수업 시간만큼은 소중하게 지켜야 한다고 강조하고 싶다.

수업 시간에 다른 과목의 공부를 하거나 부족한 잠을 보충하는 학생들이 많은데, 이것은 상당히 비효율적인 일이다. 수업 시간에 배우는 내용이 시험에 출제될 확률이 높은 것은 말할 것도 없을뿐더러, 다른 과목의 공부를 한다고 해서 그 공부에 제대로 된 집중력을 발휘하기도 어렵다.

나는 고등학교 3학년 때 갑자기 다리가 심하게 아파 병원에 가느라 사회문화 수업을 한 번 빠진 적이 있다. 당시 사회문화 과목은 총 4단위로 매우 중요했고, 시험 문제에서 수업 시간에 배우는 내용이 차지하는 비중도 컸다. 특히 당시 사회문화의 내신 시험은 극악의 난이도로, 많은 학생들을 좌절에 빠트린 과목이었다. 나는 빠진 수업을 보충하기 위해 선생님께 진도가 약간 뒤지는 다른 반의 수업을 들을 수 있도록 허락을 구했고, 책상을 들고 다른 반의 수업 시간에 들어가면서 빠진 수업을 보충했다. 선생님은 교직에 몸담으시면서 나 같은 학생은 처음 본다는 말씀까지 하셨다. 하지만 그렇게 수업 시간에 열정을 다한 끝에 결국 사회문화 내신 시험에서 전교 1등을 차지할 수 있었다. 교과 평균이 50~60점대였는데, 나는 94점을 받았다. 선생님께서 말씀하시는 단 한 마디도 놓치지 않으려는 노력이 빚어낸 결과라고 자신 있게 말할 수 있다.

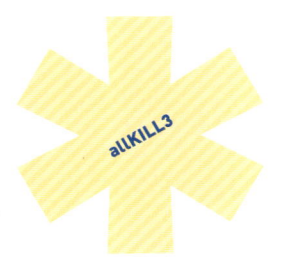

모의고사 활용법

모의고사는 최고의 교재다

고3이 되면 거의 매달 교육청이나 평가원에서 모의고사를 치른다. 모의고사를 치르는 목적은 두 가지가 있는데, 하나는 자신의 실력이 어느 정도인지 측정하고 전국에서 어느 정도 위치에 있는지 확인하는 것이고, 또 하나는 현재 어느 부분이 취약한지 확인하고 수능의 출제 경향을 짐작할 수 있다는 것이다.

하지만 많은 학생들이 모의고사의 두 번째 목적을 간과하는 경우가 많다. 시험이 끝나면 점수만 매기고 시험지를 던져버리거나, 아예 채점조차 하지 않고 성적표만 기다리는 경우가 많다. 이것은 모의고사를 10퍼센트도 채 활용하지 못하는 것이다.

모의고사는 최고의 선생님이자 최고의 교재다. 모의고사는 예비 수능과 같고, 수능에 어떤 문제가 나올지, 어떤 난이도로 출제될지 등 많은 정보들을 알려준다. 물론 모의고사를 통해 성적 향상을 거두는 것도 중요하지만, 더욱 중요한 것은 틀린 문제를 철저히 분석하고 해당 범위를 심도 있게 공부하는 것이다.

모의고사를 100퍼센트 활용할 수 있는 방법은 다음과 같다.

첫째, 틀린 문제들을 해설을 보지 않고 다시 풀어본다. 틀린 문제 중에는 몰라서 틀린 문제도 있고, 시간이 부족해서 채 답을 고르지 못한 문제도 있다. 이런 문제들을 재시험을 치른다고 생각하고 진지하게 다시 풀어보는 것이다. 맞은 문제라도 미심쩍거나 찍어서 맞았다면 반드시 다시 풀어봐야 한다.

둘째, 해설을 보면서 틀린 문제를 분석한다. 오답만큼 나의 약점을 잘 가르쳐주는 것은 없다. 오답과 해설을 함께 보면서 왜 틀렸는지, 어느 부분이 부족한지 등에 대해서 철저히 분석해야 한다. 단순히 훑고 지나가는 것이 아니라, 문제와 함께 등장한 자료, 선지 하나하나까지 완벽하게 설명할 수 있을 정도로 해야 한다. 특히 모의고사의 해설은 매우 간략하기 때문에 정답이 되는 선지에 대한 근거만 찾고 넘어가는 경우가 많은데, 학교 선생님의 풀이를 꼼꼼히 듣든 인터넷 강의 사이트의 해설 강의를 듣든 완벽히 짚고 넘어가야 한다. 가장 좋은 방법은 스스로 교과서나 자습서를 찾아가며 공부하는 것이다. 실력이 가장 크게 느는 것은 바로 오답을 분석하는 과정에서다.

셋째, 1번부터 모든 문제를 쭉 보면서 확실히 이해할 수 없었던 부분을 짚고 넘어간다. 나는 모의고사를 볼 때 문제를 풀면서 100퍼센트 알지 못하는 내용이 있는 선지나 문제에는 꼭 체크를 해두고 채점을 한 뒤에 그 부분을 꼭 짚고 넘어갔다. 이렇게 하면 모의고사에 나온 모든 개념에 대한 완전학습이 가능하다.

넷째, 모의고사를 처음부터 다시 풀어본다. 물론 이 방법은 4등급 이하의 학생들에게만 추천한다. 틀린 문제 자체가 적은 학생들은 이렇게 하는 것이 시간 낭비가 될 수 있지만, 그렇지 않은 학생들에게는 기초 개념을 갖고 다시 풀어보면서 한 번 더 다질 수 있는 좋은 기회가 된다.

또 모의고사를 복습하기에 가장 좋은 시기는 모의고사가 끝난 날 밤부터 사흘 이내다. 사흘이 지나면 거의 다 잊어버릴 뿐만 아니라, 시험을 보던 당시의 사고가 생각나지 않아 왜 오답을 선택했는지 알지 못할 수도 있다. 게다가 모의고사가 끝난 다음 사흘 동안은 마음이 들떠 있을 시기이기 때문에, 이 시기에 모의고사를 복습하면 시간 낭비를 줄일 수 있다.

특히 6월과 9월의 평가원 모의고사는 수능의 출제 경향과 난이도까지 예측할 수 있는 중요한 시험이다. 점수와 등급에 연연하기보다는, 어떤 모의고사보다도 철저히 분석하는 자세가 더욱 필요하다.

모의고사 성적 활용하기

모의고사가 끝나고 3~4주가 지나면 모의고사 성적표가 나온다. 사실 모의고사에서 몇 점을 맞았는지는 중요하지 않다. 원점수나 표준점수는 난이도에 따라 얼마든지 바뀔 수 있기 때문이다. 중요한 것은 백분위와 등급이다. 자신이 전국에서 어느 정도 위치에 있는지 한눈에 확인할 수 있기 때문이다. 특히 고등학교 3학년은 모의고사를 자주 치를 뿐만 아니라, 한 번 한 번의 시험 결과에 따라 희비가 교차한다. 이때 과목별로 성적이나 등급의 등락을 모의고사마다 그래프로 그려놓으면, 어떤 과목이 얼마나 부족한지 한눈에 확인할 수 있다.

뿐만 아니라 모의고사 성적표를 보면 어떤 탐구 과목을 선택할 것인가에 대한 정보를 얻을 수 있다. 대부분의 대학이 탐구영역에서 두 과목을

고등학교 모의고사 성적표

선택해서 반영하는 추세이고, 또 쉬운 수능이 이어질 것으로 예측되면서 어떤 과목을 선택할 것인가가 중요해졌다. 원점수가 똑같다고 해도 표준점수에서 차이가 크게 벌어질 수 있다는 뜻이다. 원점수나 표준점수의 높고 낮음을 비교하기보다는, 백분위를 비교해야 한다. 백분위가 더 높은 과목이 자신에게 더 경쟁력 있는 과목이기 때문이다.

또 모의고사 성적표는 하나의 강력한 스펙으로 작용할 수 있다. 성적이 꾸준히 상승했거나, 꾸준히 좋은 성적을 유지했거나, 어떤 과목에서 특출한 성적을 계속해서 거두었다면 입학사정관에게 자신을 강하게 어필할 수 있는 자료가 된다. 예를 들어 1학년 때 성적이 매우 좋지 않았다고 하더라도 성적을 점점 올려 결국 3학년 때 상위권에 진입했다면, 이것은 입학사정관이 매력을 느낄 만한 긍정적 신호다. '대학에 들어와서도 점점 우수한 인재가 될 재목'이라는 이미지를 주는 것이다.

다른 과목의 성적이 별로 좋지 않아도 역사 과목에 대한 성적만큼은 특별히 우수하다면, 역사 관련 학과에 지원할 때 강점이 될 수 있다. 나는 3년 동안 모의고사를 치르면서 단 한 번도 1등급을 받지 않은 과목이 없었는데, 서울대학교에 지원할 때 증빙서류 중 하나로 모의고사 성적표를 모두 제출했다. 큰 기복 없이 꾸준한 자세로 학습에 정진했다는 점을 강조한 것이다.

 ## 결과에 연연하지 마라

고등학교 3학년에게는 모의고사 하나하나가 정말 크게 다가온다. 점수나 등급이 떨어지면 가슴이 철렁하고, 시험을 잘 보면 그것만큼 기분 좋은 일도 없다. 특히 6월과 9월의 평가원 모의고사는 예비 수능과 다름없기 때문에 신경이 더 많이 쓰인다. 문제는 그렇게 모의고사의 중요성이 강조될수록 모의고사 때문에 좌절하는 학생들이 많아진다는 것이다. 나도 그랬다. 한 문제 두 문제 때문에 희비가 교차했고 심한 좌절감에 빠지기도 했다.

하지만 모의고사 결과에 연연해 좌절에 빠지는 것은 전혀 도움이 되지 못한다. 때로는 좌절이 강한 동기부여로 이어질 수도 있지만, 고3에게는 커다란 스트레스와 자신감 상실로 이어지기 쉽다. 시험을 잘 보지 못했다면, 어느 부분이 부족한지 확인하고 더욱 열심히 자신을 채찍질하는 것으로 충분하다. 모의고사에서 실패했는가? 그렇다면 그 실패를 즐겨라. 정말 중요한 것은 모의고사가 아니라 수능이다. 수능에서 저지를 뻔했던 실패들을 미리 겪었으니 얼마나 다행인가. 나도 실수라는 실수는 다 해보았지만 나중에는 오히려 감사했다. 실패하는 수많은 방법을 미리 배운 덕분에 실제 수능에서는 단 한 문제도 틀리지 않을 수 있었던 것이다. 지금 실패할 수 있음에 감사하라. 중요한 것은 이미 일어난 실패에 대해 좌절하는 것이 아니라, 똑같은 실패를 하지 않도록 노력하는 것이다.

allKILL3

먼저 주는 기회, 수시!
기회는 아는 만큼 온다
: 수시 전형 준비 :

대학 입시에서 수시 전형이 차지하는 비중이 점점 늘어나고 있다. 특히 입학사정관 전형이 각광을 받으면서 수시가 차지하는 비중은 70퍼센트 이상까지 확대될 전망이다. 물론 수시는 정시에 비해 경쟁률도 높고, 딱 떨어지는 점수가 없어 합격을 예측하기도 상대적으로 어렵다. 수능이나 논술 이외에도 해당 대학에서 요구하는 여러 요소들을 충족시켜야 하기 때문에 시간과 비용도 많이 들 수 있다.

하지만 수시의 비중은 날이 갈수록 높아지고 있기 때문에, 수시를 배제하면 선택할 수 있는 기회의 폭이 많이 줄어드는 셈이 된다.

수시 전형은 언제부터, 어떻게 준비하면 될까?

가·나·다군으로 나뉘어 일정이 명확하게 정해져 있는 정시와 달리, 수시는 대학마다 일정부터 학생 선발 방식까지, 학교마다, 학과마다 다양한 과정을 갖추고 있다. 따라서 미리 지원하고자 하는 수시 전형에 대한 정보를 확보해놓고 있지 않으면, 뒤늦게 알고 준비하느라 애를 먹을 수도 있다.

대부분의 대학은 3월, 늦어도 4월까지는 해당 학년도의 입학 전형을 발표한다. 대체로 전년도와 비슷하지만, 그래도 가끔 큰 변화가 생기는 경우가 있다. 목표하고자 하는 대학이나 학과의 입시 요강 발표 날짜를 달력에 적어놓고 입시 요강이 나오는 대로 확인하는 것이 좋다.

일단 입시 요강이 발표되면, 자신이 지원하고자 하는 학과의 여러 전형 중 하나를 선택해야 한다. 수능 점수만으로 선발하는 '수능 우수자 전형'이 있을 수도 있고, 논술 시험을 통해 선발하는 '논술 우수자 전형'이 있을 수도 있다. 아니면 '입학사정관 전형'처럼 해당 학생의 생활기록부와 추천서, 제출 서류를 보고 종합적으로 평가하는 전형도 있다. 물론 이런 요소들을 모두 고려하는 전형도 있을 수 있다.

이처럼 하나의 학과에도 다양한 전형이 있는데, 이것은 양날의 칼이다. 그만큼 입학할 수 있는 길이 다양하고 넓다는 뜻도 되지만, 그중 단 하나만 선택해야 하는 만큼 다른 길들을 포기해야 한다는 뜻도 된다. 따라서 수시 전형을 선택할 때는 여러 정보들을 고려해 신중하게 선택해야 한다. 평소에 모의고사 점수가 좋은 학생이라면 수능 우수자 전형이 유리할 것이고, 논술에 적성이 있는 학생이라면 논술 우수자 전형이 유리할 것이다. 반면에 모의고사 점수는 좋지 않지만 내신과 스펙이 우수한 학생이라면, 수능을 반영하지 않거나 적게 반영하고 서류를 종합 심사하는 전형에 지원하는 것이 유리하다. 경제적으로 어려운 가정의 자녀, 국가유공자의 자녀 등을 위한 통로도 마련되어 있으니 자신이 해당되는지 잘 살펴보도록 하자.

수시는 해당 학과의 특성에 맞는 여러 준비가 필요한 경우가 많다. 수능이나 논술만으로 선발하는 경우도 있지만, 관련 증빙서류를 제출해야 하거나 소위 말하는 '스펙'을 관리해야 하는 경우도 있기 때문이다. 이런 경우에는 되도록 이른 시기부터 차근차근 준비해나가는 것이 좋다. 손을 놓고 있다가 3학년이 되어 지원 가능 대학과 학과를 알아보고, 어떤 것을 준비해야 하는지 알아보려면 무척 당황스러울 것이다. 아무것도 준비해놓은 것이 없는데 어디서부터 시작해야할지 막막할 뿐만 아니라, 그렇지 않아도 수능 공부 때문에 바쁜 상황에서 수시를 준비할 시간적 여유 자체도 많이 부족해진다. 따라서 상대적으로 여유가 많은 1학년 때부터 시작해서 2학년 겨울방학 때까지는 스펙이나 서류에 대한 준비를 웬만큼 끝내놓아야 3학년 때 수능과 내신에 집중할 수 있다.

진로를 정하지 못해 고민하는 중이라 하더라도, 그 고민하는 과정을 자료로 남겨두면 나중에 유용한 스펙으로 활용할 수 있다. 특히 요즘은 입학사정관제가 활성화되고 있기 때문에, 그런 고민의 흔적 조차도 뚜렷한 동기가 있다면 충분히 긍정적으로 평가받을 수 있다.

진로를 일찍 정해 목표하는 학과를 정했다면, 그 학과와 관련된 자료를 쌓아나가야 한다. 우리 학교 선배 중에는 사회과학대학에 진학해 '다문화 경제사회학부'를 개설하고자 하는 꿈을 가진 선배가 있었다. 그 선배는 자기만의 명확한 꿈을 갖고 1학년 때부터 외국인 근로자들이 일하는 공장이나 다문화가정이 많이 분포하는 지역을 찾아가 봉사를 하고, 다문화가정의 문제를 다루는 세미나에 참석하는 등의 활동을 꾸준히 했다. 그런 작은 활동들이 쌓이고 쌓이자 무시할 수 없는 스펙이 되었고, 결국 그 선배의 내신이나 평소 모의고사 점수로 예측할 수 있는 대학을 훨씬 상회하는 대학에 합격할 수 있었다고 한다.

나의 이야기

나는 2학년이 되면서부터 목표를 서울대학교 경영대학으로 정했다. 이곳에 수시로 입학할 수 있는 전형은 세 가지였는데, '지역균형 선발 전형' '특기자 선발 전형' 그리고 '기회균형 선발 전형'이었다.

지역균형 선발 전형은 2011학년도까지는 고등학교 전 학년의 내신 평균 등급을 산출해 1차에서 성적순으로 선발했다. 여기에는 일반고의 독보적인 1등 학생들이 주로 지원했기 때문에 커트라인이 1.1등급도 채 되지 않을 정도로 매우 치열했다. 상산고등학교와 같은 자립형 사립고등학교나 특목고는 내신 경쟁이 매우 치열하기 때문에 내신에서 그런 등급을 받는다는 것이 불가능에 가까웠고, 나 역시 내신 1등이었음에도 불구하고 1.7등급을 맞추기도 어려웠다. 그래서 이 전형은 실제로 우리 학교를 비롯한 거의 모든 특목고에서 '없는 전형'으로 생각했다.

기회균형 선발 전형은 저소득층이나 소득 차상위계층, 국가유공자의 자녀 등을 대상으로 한 전형이었는데, 이 역시 매우 적은 인원을 선발했기 때문에 그 문이 매우 좁았다.

나는 특기자 선발 전형으로 지원할 것을 마음먹고, 2학년 때부터 준비를 시작했다. 서울대학교에 수시로 입학하려면 자기소개서와 그 안에 담긴 활동들을 증명할 수 있는 증빙서류들을 제출해야 했는데, 그 증빙서류를 마련하기 위한 준비가 필요했다. 나는 경영학과와 관련되어 쌓아야 할 소양으로 '경제학, 수학, 영어'를 꼽아 중점적으로 공부했다. 경제학은 경영학의 바탕이 되는 꼭 필요한 학문이라고 생각했고, 다국적 기업에서의 소통을 위한 외국어 능력과 함께 심화된 수준의 수학 실력 역시 필요하다고 생각했기 때문이다. 또한 생활기록부 역시 중요한 요소가 되는 만큼, 내신도 더욱 철저히 관리해야 했다. 아무리 TEPS 성적이 높다고 해도, 내신에서 영어 등급이 낮다면 그것은 입학사정관에게 인정받기 어렵기 때문이다. (이때 준비한 자세한 증빙서류의 내용은 다음 파트에서 다룬다.)

그렇게 1년 동안 열심히 세 가지 영역을 중점적으로 공부하자 3학년이 될 때쯤에는 어느 정도 성과를 얻을 수 있었다. 3학년으로서 해야 할 일은 철저한 내신 관리와 함께 수능에 집중하는 것이었다. 사실 수시도 수시지만, 가장 중요한 것은 수능이었기 때문이다. 3학년이 되기 전에 제출할 만한 서류를 정리할 수 있었던 것은 정말 다행한 일이었다.

그럼에도 불구하고 여름방학부터 수시 원서 접수일인 9월 초까지는 수시 준비로 인해 상당히 바쁜 나날을 보내야 했다. 무엇보다도 자기소개서를 쓰는 일이 가장 어려웠다. 나의 이야기를 하는 것이라 처음에는 대수롭지 않게 생각했지만, 쓰면 쓸수록 어떻게 해야 나를 좀 더 잘 알릴 수 있을지 고민이 되었다. 고치기를 수십 번 반복한 끝에야 결국 어느 정도 갖춰진 자기소개서를 얻을 수 있었다.

모든 준비가 끝났다는 안도도 잠시, 가장 큰 갈등은 수시 지원을 한 달도 채 남기지 않은 때에 일어났다. 바로 '지역균형 선발 전형' 학교장 추천을 받은 것이었다. 2011학년도까지는 1차에서 내신만으로 걸러내어 특목고 학생들이 절대 진입할 수 없었지만, 2012학년도부터는 모든 서류를 종합적으로 평가하는 방식으로 바뀌었다는 것이었다. 학교당 문과 1명, 이과 1명을 학교장 추천 방식으로 지원하게 되는 전형이었다. 사실 학교를 대표해서 지원한다는 것은 큰 영광이었다. 만약 이 전형으로 합격하게 되면, 학교 역사상 최초가 되는 일이므로 정말 영예로운 일이 될 수 있었다. 하지만 선례가 없는 만큼, 누구도 합격을 장담할 수 없다는 문제가 있었다. 단 한 번의 기회밖에 주어지지 않는 입시에서, 수시라는 소중한 기회를 걸고 모험을 할 만한 가치가 있는지 숱한 고민을 했다.

오랜 고민 끝에 내린 결론은 '해보자'는 것이었다. 설사 떨어진다 하더라도, 학교 이름을 걸고 나가는 것이기에 그 자체로 가치가 있다는 생각을 했다. 그렇지 않아도 당시 내 성적은 급격히 떨어지고 있었는데, 그럼에도 나를 믿어주신 선생님들께 감사했다. 나 자신에 대한 자신감을 서서히 잃어가고 있던 힘든 시기에, 그런 기회가 주어진 것은 큰 복이었다. 정말 열심히 해서 선생님들의 기대를 저버리지 않아야겠다는 결심도 생겼다. 자기소개서와 증빙서류에 더욱 만반의 준비를 하고, 모의고사와 내신을 비롯한 모든 시험에서 부끄럽지 않도록 최선을 다했다.

그리고 합격 통보를 받은 12월 10일, 나는 감사의 기도를 올렸다.

수능 올킬 비법

: 수능 영역별 공부법 :

I

PART4 : 수능올킬비법 : 수능 영역별 공부법 :

언어영역올킬

언어 올킬 첫걸음

: 시험의 성패를 결정하는 첫 단추 :

대입수학능력시험 언어영역에서 학생들은 총 80분간 50개의 문제를 풀어야 한다. 그중 1번부터 5번까지는 듣기 문제로 10분 정도의 시간이 소요되며, 언어영역은 듣기 외에 크게 쓰기/어휘·어법/문학(현대시, 현대소설, 고전시가, 고전소설, 시가복합, 희곡 및 시나리오)/비문학(인문, 사회, 과학, 기술, 예술, 언어)의 영역으로 구성되어 있다.

2012학년도 수능 평가원에서는 '쉬운 수능' 방침을 예고했지만 만점자 비율은 0.28퍼센트로, 목표치인 1퍼센트에 훨씬 못 미쳤다. 수능이 결코 쉽지 않았다는 이야기다. EBS 교재와의 연계율은 74퍼센트로 높은 수준이었고, 연계 방식으로는 EBS 수능 방송과 교재에서 다뤄진 지문(작품)을 활용하거나 지문의 핵심 제재나 논지 활용, 문항의 아이디어를 활용하는 방식 등을 이용했다.

언어영역은 수능에서 가장 먼저 치르는 시험인 만큼, 수험생들의 심리적인 부담감이 가장 크다. 언어영역을 어떻게 치르느냐에 따라 남은 시험들의 성패가 결정될 수 있기 때문이다. 특히 언어영역에서 시간 관리에 실패하는 학생들이 더러 있는데, 이런 경우에는 급격히 의욕이 떨어져 수리영역을 비롯한 다음 시험에 심각한 악영향을 초래할 수 있다. 따라서 언어영역을 정복하는 것은 수능을 잘 치르기 위한 첫 번째 조건이라고 해도 과언이 아니다.

많은 학생들이 언어영역의 어려움을 호소하지만, 사실 언어에는 분명히 '왕도'가 있다. 내 경험담을 토대로 다듬은 이 글을 통해 여러분을 그 왕도로 인도할 수 있기를 바란다.

언어 공통,
언어 올킬 필수 지침

Quality, 명품 문제를 풀어라

언어영역은 어떤 문제를 푸느냐가 정말 중요하다. 시중에는 수많은 문제집이 있지만, 아무 문제집이나 선택했다가는 실력이 오히려 줄 수도 있다. 나 역시 여러 문제집을 풀어보았지만, 일부 문제집의 경우에는 황당한 정답 논리 때문에 화가 날 때도 있었다. 결국 그 문제집은 반도 풀지 못하고 버리고 말았다.

작품에 대한 이해와 추론을 요구하는 언어 문제의 특성상, 정답 논리와 추론 근거가 완벽하지 못하면 좋은 문제라고 볼 수 없다. 이런 문제를 풀면 문제풀이에 대한 감이 떨어지는 등 시간 낭비만 하게 되므로 엄선된 좋은 문제를 푸는 것이 중요하다. 어떤 문제를 풀어 어떻게 대비하느냐가 가장 중요한 과목이 바로 언어인 것이다.

그렇다면 질 좋은 명품 문제들은 어디에서 구할 수 있을까?

답은 명확하다. 바로 기출문제를 이용하는 것이다. 수능 문제들은 숱한 검토를 거친, 이론의 여지가 없는 엄선된 문제들로 이루어져 있기 때문에 퀄리티가 매우 높다.

수능 기출문제를 풀 때는 정답 논리나 문제 구성 등에 유의하며 푸는 것이 좋다. 문제를 틀렸다면 왜 틀렸는지 꼭 분석하고, 맞은 문제라고 해도 완벽하게 이해하지 못했다면 반드시 짚고 넘어가야 한다. 모르는 개념이나 용어가 있다면 완전히 자신의 것으로 만들고, 정답이 아닌 선지들도 왜 정답이 아닌지 꼭 파악하고 넘어가는 것이 좋다. 이때, 바로 해설을 보기보다는, 시간이 걸리더라도 틀린 이유를 스스로 찾아보려는 노력을 기울여야 한다.

하지만 아직 수능 문제 유형에 익숙해지지 않았거나, 실력이 충분히 다져진 상태가 아니라면 무작정 수능 기출문제부터 도전하는 것에 무리가 있을 수 있다. 나는 고3 3월부터 기출문제를 풀기 시작했다. 어느 정도 실력을 갖춘 상태에서 풀면 내용을 깊고 빠르게 흡수할 수 있다. 또한 이미 풀었던 문제라도 수능 기출문제는 수능을 보기 전에 꼭 한 번 이상 봐두는 것이 좋다. 그래야 마지막으로 수능에 대한 실전 감각을 점검할 수 있기 때문이다.

수능 기출문제 다음으로는 평가원 모의고사와 교육청 모의고사 기출문제가 좋다. 주의할 것은 수능이든 모의고사든 너무 오래전의 문제를 푸는 것은 효과가 크지 않을 수 있다는 것이다. 나의 경우 모의고사는 5개년, 수능은 10개년까지 풀었는데, 추천하고 싶은 범위는 5개년까지다. 특히 교육 과정이 바뀌기 전의 문제를 풀면 배점이나 시간, 문제 유형과 난이도 등이 달라 혼란을 겪을 수도 있으니 주의하자.

　모든 기출문제를 풀었다면, 다음으로는 EBS 교재를 추천한다. 홈페이지의 Q&A 게시판이나 정오표를 통해 바로 정정할 수 있어 완벽한 학습이 가능하고, 이해가 가지 않는 부분은 인터넷 강의를 이용할 수도 있기 때문에 효율적으로 공부할 수 있다.

　결론은, 어떤 문제를 선택하느냐가 학습의 성과를 결정할 수 있다는 것이다. 여러분의 언어 실력을 '명품'으로 만들어주는 것은 바로 이런 '명품 문제'들이다.

 문제부터 읽어라

　언어 문제를 풀 때 꼭 지켜야 할 룰이 있다. 제시된 작품 혹은 지문을 읽기 전에 문제부터 읽는 일이다. 문학이나 비문학 부분은 한 작품(지문)에 3~5문제가 딸려서 출제되는데, 어떤 문제가 함께 출제되었는지 먼저 훑어보고 작품을 읽기 시작해야 한다. 그래야 작품을 읽을 때 어떤 부분에 유의해서 읽어야 하는지 알 수 있기 때문이다.

　다음과 같은 문제가 출제되었다고 하자.

 문제　㉠의 이유를 추정한 내용으로 적절하지 않은 것은?

　이때 문제를 먼저 읽어본 학생은 ㉠ 부분을 읽을 때 그 이유에 대해 추론해가며 읽을 수 있다. 하지만 미리 파악하지 않고 지문부터 읽는다면, ㉠ 부분이 왜 표시되어 있는지에 대한 정보 없이 읽어야 하기 때문에 집중이 필요한 부분에 집중할 수 없게 된다.

 문제 **(가)와 (나)의 표현상 특징에 대한 설명으로 적절하지 <u>않은</u> 것은?**

위와 같은 문제가 나왔을 때는, (가)와 (나)를 읽을 때 '표현'에 주의해서 읽을 수 있다. 똑같은 시나 똑같은 지문을 읽을 때도 선별되는 정보의 질이 달라진다는 뜻이다.

 문제 **위 글의 내용 전개 방식으로 가장 적절한 것은?**

또 위와 같은 문제를 읽었다면, 지문을 읽을 때 글이 어떠한 논리적 흐름에 따라 전개되는지에 유의해서 읽어야 한다.

이처럼 문제를 일단 접하고 나서 지문을 읽으면, '이 부분에 특히 신경 쓰면서 읽어야겠구나' '이 문제는 해당 부분을 읽고 바로 풀이에 들어가야겠구나' '이 문제는 세부적인 정보를 묻는 문제니까 원리를 설명하는 부분에 특히 주의를 기울여야겠구나' 와 같은 생각을 하면서 읽을 수 있게 된다. 문제를 보고 이런 생각을 즉각적으로 떠올리는 것은 훈련이 필요한 일이다. 앞으로 언어영역 문제를 풀 때는 이렇게 문제부터 읽으면서 훈련을 해나가도록 하자.

많은 예를 제시한 이유는 그만큼 이 룰이 중요하기 때문이다. 이 룰만큼은 선택이 아닌 필수 사항이다.

EBS 교재를 마스터하라

2012학년도 수능에서 EBS 교재 연계율은 74퍼센트였고, 출제 범위였던 EBS 교재는 총 여섯 권이었다(수능 특강 언어영역, 인터넷 수능 운문 문학, 인터넷 수능 산문 문학, 인터넷 수능 비문학, 고득점 300제, 수능 완성). 운문 문학 교재 등에서 오류가 무더기로 발견되어 수험생들에게 혼란을 주기도 했지만, 실제 모의고사나 수능에서 EBS 연계율이 매우 높았기 때문에 EBS 교재는 수능을 위해 꼭 정복해야 할 대상이다. 특히 평가원에서 EBS와의 연계율을 70퍼센트로 유지해나가기로 했기 때문에 앞으로도 EBS 교재를 공략하는 것은 필수적이다.

문학의 경우 EBS 교재에 실린 작품이 그대로 나오거나(현대시, 고전시가) 일부 내용이 변형 또는 추가되어(현대소설, 고전소설, 희곡 등) 출제된다. 특히 내용이 난해한 현대시의 경우에는 EBS와 연계되면 훨씬 용이하게 해결할 수 있다. 시의 주제나 내용 등을 대충이라도 알고 문제에 접근할 수 있기 때문이다. 다른 문학 작품 역시 눈에 익은 것이 출제되면 풀이에 상당한 이점이 있기 때문에 꼭 봐두는 것이 좋다.

EBS 교재에 실린 작품을 공부할 때는 완벽히 아는 작품이 아니라면 꼭 해설을 숙지하자. 해설에는 작품의 주제나 내용, 표현 등에 관한 내용이 정리되어 있어 이해에 상당한 도움이 되기 때문이다.

비문학의 경우 지문이 듣기로 차용되거나, 내용이 일부 변형·추가되어 출제된다. 반복 학습을 통해 모든 지문들을 숙지하는 것도 좋지만, 비문학 지문의 양이 워낙 방대해서 현실적으로 어려운 경우가 많다. 이때는 읽는 중에 특별히 복잡하거나 이해하기 어려운 지문을 선별해놓고 그 지문들만 다시 보는 것이 좋다. 특히 어려운 과학·기술 지문의 경우에는 지문이나 문제 안에 삽입된 그림들을 잘 봐두는 것이 좋다. 문제에서 다양한 방식으로 활용될 소지가 있기 때문이다.

언어의 기초! 독서의 중요성

요즘 많은 학생들이 책을 멀리하는 경향이 있다. 어릴 적부터 학원, 과외 스케줄을 쫓느라 책을 읽을 시간 자체가 부족한 것이다. 그러나 학년이 올라갈수록, 특히 고등학교에 입학한 이후에는 어릴 적부터 해온 독서의 양이 부각된다. 어려운 어휘와 긴 문장, 복잡한 구성의 지문들이 다수 출제되면서 단기간의 언어영역 공부로는 극복할 수 없는 차이가 수험생들 간에 발생하는 것이다.

독서를 통해 자연스레 얻게 되는 독해력이나 어휘력, 사고력의 차이는 아무리 많은 언어 문제를 풀어도 쉽게 뛰어넘을 수 없다. 독서를 많이 해온 학생은 언어 점수가 낮더라도 얼마든지 점수를 향상시킬 가능성이 있는 반면, 독서가 부족한 학생은 점수를 향상시킬 수 있는 폭이 상당히 제한되어 있다. 따라서 평소에 시간이 있을 때 틈틈이라도 독서를 해두는 것이 좋다.

특히 고등학교 입학 전의 학생들이라면 꼭 독서를 하도록 하자. 독서라고 해서 굳이 어려운 책이나 유명한 고전만 읽을 필요는 없다. 자신이 좋아하는 분야나 관심 있는 분야의 책들을 읽으면서 독서하는 습관을 기르는 것이 중요하다.

: 언어 올킬! 영역별 공략법 :

문학

 핵심적인 길잡이, 보기를 활용하라! (문학 공통)

문학은 참 난해하다. 특히 처음 보는 시나, 의식의 흐름 기법을 활용한 소설을 만나면 작가들이 원망스러울 지경이다. 이게 한국어가 맞나 싶기도 하고, 대체 무슨 얘기를 하려고 하는 건지 도무지 감이 잡히지 않을 때도 많다.

하지만 이런 우리에게 오아시스와 같은 존재가 있다. 바로 문제에 주어지는 '보기'다.

다음 문제를 보자.

문제 〈보기〉를 참고하여 위 글을 해석한 내용으로 적절하지 않은 것은?

(보기)

'장소애(場所愛)'는 인간의 안정된 삶을 보호하는 터전인 장소에 애착하는 심성이다. 근대 이전에는 '땅'과 '집'이 대표적인 장소애의 대상이었으나, 근대 이후 도시 사회에서는 이들이 도구적 대상이나 교환의 대상으로 변질되었다.

이 보기는 어느 현대소설과 함께 출제된 문제에 주어진 것이다. 직접적인 작품의 내용을 제시하고 있지는 않지만, 소설이 특정 장소에 대한 애착과 관련된 주제를 갖고 있을 것이라고 유추할 수 있다. 좀 더 자세히 읽어보면, '장소의 변질된 의미' 혹은 '전통과 근대적인 가치 사이의 갈등'을 주제로 작품이 전개될 것 역시 포착해낼 수 있다.

2011년 고3 9월 평가원 모의고사 언어영역 16번

 문제 〈보기〉를 참고하여 위 글을 감상한 내용으로 적절하지 않은 것은?

(보기)

전쟁 소설은 전쟁의 비극성을 다각도로 드러낸다. 전쟁의 비극성은 전쟁을 체험한 인물의 정신적 상처로 구체화된다. 특히 신체적 손상과 정신적 상처를 함께 안고 살아가는 인물은 자신의 운명을 원망하며 공동체에 잘 적응하지 못한다.

위 보기는 소설을 접해본 적이 없다 하더라도 이 소설이 전쟁 소설임을, 그리고 주제는 전쟁으로 인해 생겨난 상처에 관한 것임을 짐작할 수 있게 한다. 또한 마지막 문장에서, 신체적 상처와 정신적 상처를 함께 지닌 인물이 등장할 것임을 유추해낼 수도 있다.

이처럼 보기는 문학 문제를 풀어나갈 때 가장 든든한 응원군이다. 특히 난해한 작품일수록, 해석의 여지가 다양한 작품일수록 문제에 보기가 있을 확률이 높다. 작품에 대한 이해를 돕는 친절한 보기를 활용하는 것은 문학 정복의 지름길이다.

 ## 개념어들을 숙지하라 (문학 공통)

문학 분야에서 출제되는 문제들을 보면, 특수한 용어들이 자주 등장한다. 감각적 이미지, 시적 긴장감, 계절적(시간적) 배경, 대구, 어조의 변화, 시점의 변화……. 이런 용어들을 '개념어' 라고 하는데, 이런 중요한 개념어들은 반드시 정확한 뜻과 활용되는 방식에 대해 알고 있어야 한다. 개념어를 제대로 모르면 작품을 이해했다고 하더라도 다음과 같이 출제되는 문제들을 풀기 어렵기 때문이다.

2012학년도 수능 언어영역 33번

문제 (가)와 (나)의 표현상 특징에 대한 설명으로 적절하지 않은 것은?

① (가), (나) 모두 감각적 이미지를 빈번히 사용하여 시상을 전개하고 있다.

② (가)는 (나)와 달리 의성어의 변화로 화자의 심리를 표현하고 있다.

③ (가)는 (나)와 달리 연을 구분하지 않고 성찰적 어조를 드러내고 있다.

④ (나)는 (가)와 달리 새로운 소재가 추가될 때마다 어조에 변화를 주고 있다.

⑤ (나)는 (가)에 비해 대구와 부드러운 어감의 표현을 효과적으로 사용하고 있다.

개념어 학습은 문제를 풀면서 선지에서 모르는 용어나 표현이 나왔을 때 짚고 넘어가는 것에서부터 시작한다. 예를 들어 위와 같은 문제를 보고 '감각적 이미지'나 '성찰적 어조'의 뜻을 모르겠다면, 개념어 사전에서 찾아보거나 선생님께 여쭤보자. 개념어의 뜻을 찾아본 후에, 이 개념어가 사용된 다른 작품들을 읽어보며 익히는 것도 좋다. 따로 시간을 내어 개념어를 익히기보다는, 이렇게 문제를 풀다가 모르는 것이 나올 때마다 익히는 것이 실제로 적용되는 예를 볼 수 있어 더욱 효과적이다.

나 만 의 노 하 우

이런 개념어에 관한 질문은 EBS Q&A 게시판을 활용하면 효과적인 답변을 얻을 수 있다. 전국 고등학교에서 학생들을 직접 가르치시는 우수한 선생님들께서 알차고 신속하게 답변을 해주시기 때문이다. 예를 들어 나는 '입체적'이라는 개념어에 대해 설명해달라고 글을 올렸는데, 1분 40여 초 만에 다음과 같은 상세한 답변을 얻을 수 있었다.

> '입체적'이란 시간의 구성을 다양하게 하는 것을 의미합니다. 시간의 흐름에 따라 사건을 전개하는 것을 '평면적 구성'이라고 한다면 '과거의 사건'과 현재의 사건을 함께 병렬적으로 배치하면 입체감이 높아집니다. 독자의 머릿속에는 과거와 현재가 동시에 진행되거나 일부 겹쳐지는 것이죠. 즉, 요약하자면 이야기의 구조가 복합적으로 얽혀 있는 구성을 생각하시면 됩니다.

상황, 정서, 표현 (현대시)

언어영역에서 가장 어려운 부분을 꼽으라면, 나는 현대시 부분을 꼽겠다. 모의고사를 볼 때, 언어영역에서 틀리는 부분은 항상 현대시 부분이었다. 특히 처음 보는 시나 난해한 시가 나올 때면 많이 당황하곤 했다. 안 그래도 현대시는 앞부분에 배치되어 있는 경우가 대부분이기 때문에, 현대시 문항을 제대로 풀지 못하고 넘어가게 되면 나머지 부분을 풀 때도 신경이 쓰여서 심리적인 에너지 소모가 클 수밖에 없다. 모든 시를 완벽하게 공부할 수는 없는 것이 현실이기 때문에, 나는 어떤 시가 나오든 시를 해석할 수 있는 능력이 필요했다.

우리가 글을 쓴 작가가 아닌 이상 시의 완벽한 의미를 이해하는 것은 어렵고 또 불필요하다. 필요한 것은 시와 함께 출제되는 문제를 풀 수 있을 정도의 이해력을 갖추는 것이다. 그러기 위해서는 시에서 세 가지 정도의 정보만 파악하면 된다.

첫 번째 정보는 '상황'이다. 어떤 시든 시 안에는 그 시만의 상황이 있다. 그 상황을 파악하는 것이 급선무다.

다음은 '정서'를 파악하는 것이다. 정서가 잘 드러나지 않는 시도 일부 있지만, 대부분의 시에는 화자의 정서가 담겨 있다. 그것이 그리움인지 안타까움인지 설렘인지 두려움인지 파악해야 한다. 이런 정서는 어휘 하나, 어미 하나에 의해서도 결정될 수 있기 때문에 세심한 주의가 필요하다.

마지막은 '표현'이다. 시의 특별한 형식, 대구나 역설 등 사용된 기법, 구성이나 짜임새 등에 대해서 인지할 수 있어야 한다. 특히 표현을 묻는 문제는 두세 작품을 묶어서 출제하는 경우가 많기 때문에 충분한 연습을 해둘 필요가 있다.

문제를 푸는 것에도 순서가 있다 (현대시/시가복합)

문제에도 푸는 순서가 있다. 현대시나 시가복합 분야는 특히 그렇다. 현대시나 시가복합 부분은 보통 두세 편의 시를 묶어 4~6문제 정도로 출제되고, 문제의 유형은 대체로 비슷하다. 다음은 2012학년도 대입수학능력시험 언어영역의 현대시 문제들이다.

2012학년도 수능 언어영역 31~36번

 31. (가)~(다)의 공통점으로 가장 적절한 것은?
32. (가)~(다)의 시어를 비교하여 이해한 내용으로 가장 적절한 것은?
33. (가)와 (나)의 표현상 특징에 대한 설명으로 적절하지 <u>않은</u> 것은?
34. 〈보기〉의 '하이데거'의 관점에서 (가)를 감상한 내용으로 가장 적절한 것은?
35. (나)의 구조에 대한 설명으로 적절하지 <u>않은</u> 것은?
36. (다)의 ㉠~㉤ 중 함축하는 의미가 동일한 것끼리 바르게 묶은 것은?

일반적으로 많은 수험생들은 순서대로 문제를 푼다. 나도 그랬다. 문제를 푸는 데 효과적인 순서가 따로 있다는 것을 깨닫게 된 건 고등학교 3학년이 되어서였다. 물론 주어진 순서대로 문제를 풀어도 문제를 푸는 데 큰 지장은 없다. 그러나 출제된 작품들 자체가 난해하거나 어려운 경우, 첫 문제부터 순서대로 푸는 것은 득보다 실이 많다. 작품이 어렵지 않더라도 시간을 낭비하게 될 수 있다.

예를 들어 위의 문제들 중 31번부터 풀고자 하면 모든 작품을 읽고 나서야 풀이가 가능하다. 작품에 대한 이해도가 상당히 낮은 상태에서 풀이에 들어가게 되므로 문제를 제대로 풀 수 없을뿐더러 시간도 상당히 소요

된다. 특히 모르는 어려운 시가 나왔을 경우, 공통점을 묻는 첫 번째 문제를 제대로 푸는 것은 불가능에 가깝다.

그렇다면 어떻게 풀어야 시 부분을 '제대로' 풀 수 있을까?

가장 처음으로 풀어야 할 문제는 바로 34, 35, 36번처럼 하나의 작품에 대해서만 물어보는 문제다. (물론 가장 우선할 것은 문제 자체와 더불어 문제와 함께 소개된 보기를 읽는 것이다. 이 부분은 앞에서 자세히 다루었으니 생략하겠다.) 이런 문제들은 해당되는 작품만 읽고 바로 푸는 것이 좋다. 각각의 선지들은 작품에 대한 정보를 일부 반영하고 있기 때문에 선지를 읽고 문제를 푸는 과정에서 해당 작품에 대한 이해도가 자연스레 높아진다. 이렇게 한 문제 내지 두 문제를 풀고 나면, 해당 작품들에 대한 이해가 처음 읽었을 때보다 상당히 높아진다.

상황에 따라 순서를 변경하는 센스도 필요하다. 예를 들어 보기가 삽입된 문제는 풀기에 상대적으로 용이하지만, 34번처럼 높은 난이도가 예상된다면 예외적으로 그 순서를 마지막으로 미뤄도 좋다.

두 번째 단계는 33번과 같이 두 작품에 대해 동시에 물어보는 문제를 푸는 일이다. 33번을 풀었다면 세 작품을 다루는 32번으로 넘어가고, 공통점을 묻는 31번 문제는 가장 마지막에 푼다.

이런 순서로 풀면 문제를 푸는 데 필요한 이해도가 낮은 단계의 문제부터 높은 단계의 문제까지 단계적으로 풀 수 있다. 산을 정상부터 오를 수 없듯이, 밑에서부터 차근차근 올라가는 것이라고 보면 된다.

시어의 의미를 파악하라 (현대시/고전시가/시가복합)

시에서 쓰이는 용어는 우리가 일반적으로 쓰는 용어들과 달리 '함축적 의미'를 갖고 있다. '날개'라는 용어를 생각해 보자. 일상생활에서는 새의 날개, 비행기의 날개와 같이 사용되지만, 시에서는 자유, 비상, 해방 등 함축적이고 상징적인 의미를 갖게 된다. 물론 시에 나오는 모든 말이 특별한 의미를 담고 있는 것은 아니지만, 핵심적인 의미를 담고 있는 시어의 의미를 파악하지 못하면 작품 해석은 그만큼 어려워진다.

예를 들어보자.

해일처럼 굽이치는 백색의 산들,
제설차 한 대 올 리 없는
깊은 백색의 골짜기를 메우며
굵은 눈발은 휘몰아치고,
쪼그마한 숯덩이만 한 게 짧은 날개를 파닥이며……
굴뚝새가 눈보라 속으로 날아간다.

길 잃은 등산객들 있을 듯
외딴 두메 마을 길 끊어놓을 듯
은하수가 펑펑 쏟아져 날아오듯 덤벼드는 눈,
다투어 몰려오는 힘찬 눈보라의 군단
눈보라가 내리는 백색의 계엄령

쪼그마한 숯덩이만 한 게 짧은 날개를 파닥이며……
날아온다 꺼칠한 굴뚝새가
서둘러 뒷간에 몸을 감춘다.
그 어디에 부리부리한 솔개라도 도사리고 있다는 것일까.
길 잃고 굶주리는 산짐승들 있을 듯

눈더미의 무게로 소나무 가지들이 부러질 듯

다투어 몰려오는 힘찬 눈보라의 군단,

때죽나무와 때 끓이는 외딴집 굴뚝에

해일처럼 굽이치는 백색의 산과 골짜기에

눈보라가 내리는

백색의 계엄령

〈대설주의보〉, 최승호 저

2010년 고3 6월 평가원 모의고사 출제작

이 시는 최승호 시인의 〈대설주의보〉라는 작품인데, 파란색으로 표시한 단어들은 모두 특별한 함축적 의미를 갖고 있다.

1연의 '굴뚝새'는 억압적 현실에서 생명을 위협받는 연약하고 순수한 존재를 말한다. 2연에서 '눈보라의 군단'은 은유를 통해 눈보라의 무서운 위력을, '백색의 계엄령'이라는 말은 계엄령이라는 관념을 백색의 이미지로 전이시켜 역시 눈보라의 힘을 형상화하고 있다. 이 두 단어를 당시 시대 상황과 연결 지으면 '억압적이고 무서운 독재 권력' 정도로 해석할 수 있다.

3연의 '솔개' 역시 연약한 생명체를 위협하는 대상으로 독재 권력을 뜻하고, 마지막 연의 '산짐승들'이나 '소나무 가지들'은 1연의 '굴뚝새'처럼 연약하고 순수한 생명체들을 의미한다. 각 시어들이 단순한 자연물이나 자연 현상이 아니라, 암울한 현실 상황을 상징적으로 표현하는 수단으로서 기능하고 있는 것이다.

이처럼 시를 읽을 때는 시어의 의미에 대해 주의를 기울이며 읽어야 한다. 사실 핵심적인 시어 하나의 의미만 제대로 파악해도 작품에 대한 이해가 훨씬 수월해지는 경우가 많다. 모든 시에 대해 공부해두면 좋겠지만, 실제 시험에 어떤 시가 출제될지도 모르는 데다 양도 방대해서 현실적으로 실천하기 쉽지 않다. 따라서 어떤 시가 나오든 시어의 의미에 대해 대충은 감을 잡을 수 있는 능력을 길러야 한다. 그래야 다음과 같은 문제가 나왔을 때 당황하지 않고 대처할 수 있다.

2012학년도 수능 언어영역 36번

문제   (다)의 ㉠~㉤ 중 함축하는 의미가 동일한 것끼리 바르게 묶은 것은?

① ㉠, ㉢   ② ㉠, ㉣

③ ㉡, ㉤   ④ ㉢, ㉤

⑤ ㉣, ㉤

시어의 의미를 잡아내는 능력은 훈련을 통해 계발이 가능하다. 방법은 간단하다.

우선 시문학(현대시, 고전시가, 시가복합 포함)을 다룬 문제집 한 권과,《현대시의 모든 것》《고전시가의 모든 것》처럼 많은 작품을 수록해놓고 해설을 함께 실은 해설집 한 권을 준비한다. 일단 문제집을 풀면서 시를 독해하는 능력을 기르고, 답안지에 있는 해설을 반드시 숙지한다. 이렇게 시어의 의미를 익혀가다 보면 자연스레 시어들에 대한 감각이 생긴다. 사실 시어에 담긴 함축적 의미도 결국 그 시어에 원래 담겨 있는 이미지를 바탕으로 생성된 것이기 때문에 익숙해지면 어렵지 않게 유추해낼 수 있다. '눈'이라는 시어가 시를 읽지 않아도 '차가움, 냉혹함' 혹은 '포근함, 순결함'과 같은 이미지를 띠는 것을 예로 들 수 있다.

두 번째로 해설집은 해당 작품에 대해 좀 더 알아보고 싶을 때, 혹은 시험에 빈출되는 작품일 때 유용하다. 이런 해설집은 각 시어의 의미와 주제, 표현까지 상세하게 다루고 있어 시를 공부할 때 옆에 두면 상당히 편리하다. 이런 해설집은 내신 시험에도 매우 효과적으로 활용할 수 있기 때문에, 꼭 하나 갖고 있을 것을 추천한다.

 ## 익숙해지면 쉽다! 정해진 출제 작품(고전시가/고전소설)

학생들이 고전문학을 어려워하는 이유는 고전문학의 어투가 익숙하지 않기 때문이다. 수백 년 전부터 전해 내려오는 글이다 보니 현대어와 다를 수밖에 없고, 어휘 역시 낯선 것이 많다.

하지만 난해한 고전 작품도 훈련을 통해 익숙해질 수 있다. 가장 효과적인 훈련 방법은 빈출되는 작품들을 완벽하게 마스터하는 것이다. 일단 이 작품들을 완벽히 숙지하면 새롭게 나오는 고전 작품 역시 큰 어려움 없이 해결할 수 있다. 빈출 작품들을 익히면서 얻은 해석의 노하우를 활용할 수 있기 때문이다.

고전 문학의 영역별로 빈출되는 작품은 다음과 같다.

- **고대가요** : 공무도하가, 황조가, 구지가
- **향가** : 제망매가, 찬기파랑가
- **고려가요** : 청산별곡, 서경별곡, 가시리, 동동
- **시조** : 정형화된 평시조와 사설시조

이 밖에도 많은 작품들이 있지만, 위에 소개한 작품들은 필수적으로 알아두어야 할 작품들이다. 한역된 글을 보면서 정리해보고, 나중에는 한역을 보지 않고 해석해보는 식으로 연습해서 완벽히 이해할 수 있는 수준까지 공부를 해둬야 한다.

이렇게 훈련해두면 처음 보는 작품이 나와도 대강의 주제나 상황, 정서 정도는 쉽게 파악할 수 있다. 사실 고전 작품은 한 문장, 한 단어를 정확히 해석하지 않아도 작품의 주제와 상황을 파악하면 대부분의 문제를 해결할 수 있다. 빈출 작품들을 공부해야 하는 이유는 이와 같은 주제와 상황을 보는 안목을 기르기 위해서다. 일단 고전을 보는 눈이 생기면 고전문학은 언어영역을 통틀어 가장 쉬운 부분이 될 것이다.

 ## 인물과 갈등만 파악해도 상황 종료(고전소설)

고전소설의 대표적인 특징은 다음과 같다.

1. 주제나 작품의 구성이 거의 일정하다.
2. 비현실적이고 전기적인 요소가 많다.
3. 인물이 다수 등장하며 갈등도 많이 발생하지만, 인물과 갈등의 유형 역시 일정하다.

1번과 2번의 경우는 고전소설 작품을 많이 접해보는 과정에서 자연스레 익숙해질 수 있다. 다만 3번의 경우, 고전소설을 읽으며 가장 주의를 기울여야 하는 부분이다.

고전소설에서는 주제나 내용이 특별히 어려운 부분이 없기 때문에, 출제자가 변별력 있는 문제를 내려면 이 부분에서 출제할 수밖에 없다. 다수 등장하는 인물들의 특성이나 복잡한 갈등 구도를 정확히 파악할 수 있는지에 대해 물어보는 것이다. 실제로 고전소설 작품들을 살펴보면 현대소설에 비해 많은 수의 인물이 등장하는 것을 알 수 있다. 그들은 주로 군신 관계 혹은 가족 관계로 이어져 있고, 크고 작은 갈등들이 그들 사이를 관통하고 있다.

그래서 고전소설을 읽을 때는 인물이 나올 때마다 특정한 표시를 해가며 읽을 것을 권한다. 문제에서 인물에 대해 세부적인 정보를 물어볼 경우, 답이 확실하지 않으면 바로 지문으로 돌아가 관련 부분을 검토해야 하기 때문이다. 또한 인물들 간의 갈등 구도를 분명히 하기 위해 선한 쪽 인물은 동그라미 표시를, 악한 쪽 인물은 세모 표시를 해두는 것도 좋다. 이렇게 하면 어떤 세력과 어떤 세력이 서로 대립하고 있는지 한눈에 알 수 있다.

인물, 시점, 배경 (현대소설)

현대소설 작품을 읽을 때는 다음 세 가지에 주의를 기울이며 읽어야 한다. 첫째는 인물이다. 소설 속에 등장하는 주인공과 반동인물의 성격이나 말, 행동에 주의를 기울여야 한다. 인물이 어떤 성격을 갖고 있는지, 어떤 심리 상태에 놓여 있는지, 어떤 상황에 처해 있는지 등에 대한 정보를 파악하며 읽는 것이다.

둘째는 소설의 시점이다. 소설의 시점에는 대체로 1인칭 주인공 시점, 1인칭 관찰자 시점, 3인칭 관찰자 시점, 전지적 작가 시점 등이 있는데, 시점에 따라 소설의 전개 방식이나 구성이 결정되는 경우가 많다. 따라서 소설을 읽을 때는 해당 소설이 어떤 시점으로 쓰였는지 파악하며 읽는 것이 좋다.

셋째는 배경이다. 역사적 배경이나 계절적 배경, 시간적 배경, 공간적 배경 등 특수한 배경을 갖고 있는 소설들이 있는데, 이런 소설들의 경우에는 배경이 작품의 분위기나 주제에 상당한 영향력을 행사한다. 예를 들어 소설의 시대적 배경이 일제 강점기라면, 소설의 내용 역시 친일이나 항일, 혹은 극심한 빈곤의 문제를 다룰 확률이 높다. 일제 강점기라는 역사적 격동기가 소설 속 인물들에게 큰 영향을 미칠 수밖에 없는 것이다.

현대소설 작품을 읽을 때 이렇게 인물, 시점, 배경이라는 세 가지 요소에 대해 제대로 파악할 수만 있다면, 문제를 푸는 것은 전혀 어렵지 않다.

: 언어 올킬! 영역별 공략법 :

비문학

정확한 독해 + 충분한 실전 연습 (비문학 공통)

비문학 지문은 우리가 평소에 접하는 글에 비해 많이 딱딱하고 설명적이다. 게다가 전달하는 정보의 양도 많고, 속도감 있게 문제를 풀어야 하기 때문에 정확한 독해를 위한 많은 연습이 필요하다. 연습을 통해서 문제를 푸는 데 필요한 정보를 찾아내고, 정확하게 해석할 수 있는 능력을 배양해야 한다.

비문학 지문은 크게 '인문, 사회, 과학, 기술, 예술, 언어' 여섯 가지로 분류할 수 있다. 각각의 분야는 다루는 주제에 현격한 차이가 있고, 문제의 유형이나 구성도 조금씩 달라서 분야별로 골고루 연습할 필요가 있다. 인문 지문을 무난하게 풀 수 있다고 해도 과학 지문이 출제되면 난항을 겪을 수 있다는 뜻이다.

그래서 비문학 지문 연습을 할 때도 한 분야에 치우치지 않게 골고루 공부하는 것이 중요하다. 부족한 부분에 더 많은 시간을 투자해 익히는 것도 중요하지만, 그렇다고 어느 한 부분을 완전히 손에서 놓는다면 그 부분에 대한 감이 떨어질 수 있기 때문이다. 나는 고2 겨울방학 때 기출문제를 본격적으로 풀기 시작하면서 《미래로》라는 기출문제집을 풀었는데, 한 분야에 치우치지 않도록 매일 분야별로 한두 지문씩을 풀었다. 이렇게 기출문제집 한 권을 끝내고 나자 실력이 많이 향상된 것을 체감할 수 있었다.

실전 연습을 충분히 해야 하는 또 하나의 이유는 시간 제약 때문이다. 길고 복잡한 비문학 지문에서 시간을 많이 뺏기면 80분이란 시간은 순식간에 지나가 버린다. 특히 비문학은 한번 꼬이면 반복해서 해당되는 지문을 읽어야 하기 때문에 소요되는 시간이 많아져 큰 타격을 받을 수 있다. 따라서 충분한 연습을 통해 시간을 배분하는 방법이나 자신만의 전략을 세워놓는 것이 좋다.

과학기술 지문 정복하기

비문학 지문 중에서 학생들이 가장 어려워하는 영역을 꼽으라면 과학기술 지문일 것이다. 과학기술 지문은 자연 현상 혹은 기계의 원리를 다루는 경우가 많아 상대적으로 복잡하고, 습득해야 하는 정보의 양도 많다.

특히 세부적인 정보에 대해 묻는 문제(22번 문제)나 보기 혹은 그림을 제시하고 원리를 정확히 이해했는지 묻는 문제(48번 문제)의 경우 상당한 변별력을 갖고 있다.

2012학년도 수능 언어영역 22번

 사람의 청각 체계에 대한 설명으로 옳은 것은?

① 두 귀에 소리가 도달하는 순서와 시간 차이를 감지했다면 생소한 소리라도 음원까지의 거리를 알아낼 수 있다.

② 이어폰을 통해 두 귀에 크기와 주파수 분포가 같은 소리를 동시에 들려주면 수평 방향의 공간감이 느껴진다.

③ 소리가 울리는 실내라면 소리나 귀까지 도달하는 시간이 다양해져서 음원의 방향을 더 잘 찾아낼 수 있다.

④ 귓바퀴의 굴곡을 없애도록 만드는 보형물을 두 귀에 붙이면 음원의 수평 방향을 지각할 수 없다.

⑤ 소리의 주파수에 따라 음원의 수평 방향 지각에서 소리 그늘을 활용하는 정도가 달라진다.

2011년 고3 9월 평가원 모의고사 언어영역 48번

 〈보기〉는 디지털 피아노의 작동 원리를 도식화한 것이다. ⓐ~ⓔ에 해당하는 것으로 옳지 않은 것은?

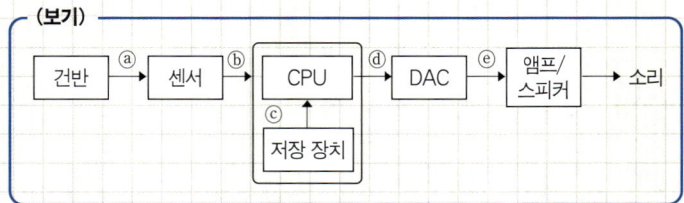

① ⓐ: 건반의 눌림과 움직이는 속도　　　② ⓑ: 샘플링된 소리의 측정값

③ ⓒ: 해당 건반의 소리 데이터　　　　　④ ⓓ: 처리된 소리 데이터

⑤ ⓔ: 변환된 아날로그 신호

이처럼 난이도가 높은 과학기술 지문을 공략하기 위한 첫 번째 방법은 도움이 되는 그림이나 보기를 참조하는 것이다. 그림은 지문 안에 실려 있을 수도 있고, 48번 문제처럼 문제와 함께 제시될 수도 있다.

이런 그림은 복잡한 문단을 읽을 때 특히 유용한데, 원리나 기술을 제시하는 핵심 문단은 글로만 읽어서는 이해하기 쉽지 않기 때문이다. 특히 생전 처음 보는 어려운 과학 용어들이 등장하게 되면, 습득할 수 있는 정보의 질도 상당히 낮아질 수밖에 없다. 이때 그림을 함께 보면서 이해하면 흡수할 수 있는 정보의 양이 크게 늘어난다. 특히 원리나 순서를 설명하는 부분에서는 원리의 한 부분이 끝날 때마다 그림의 한 부분과 연결시켜서 보면 유용하다. 그림은 문제를 내기 위해서만 제시되는 것이 아니라 큰 힌트가 될 수도 있기 때문이다.

두 번째 방법은 '핵심 문단'에 대한 완벽한 이해다. 핵심 문단이란 과학기술 지문 중에서 기계의 작동 원리나 자연 현상이 일어나는 과정 등을 설명한 부분으로, 정보의 양이 가장 많은 문단이다. 가장 많은 정보를 담고 있어서 가장 난해한 부분이기도 하다. 따라서 이 핵심 문단에 대한 이해도가 수험생들 간의 차이를 만들어내는 경우가 많다.

나는 비문학 지문을 읽을 때 중요한 부분이 나올 때마다 밑줄을 그었고, 핵심적인 용어가 나올 때마다 동그라미 등으로 표시했는데, 나중에 정보를 다시 찾아볼 때 큰 도움이 되었다. 또한 원리나 과정을 소개하는 문단이라면 과정마다 ①~/②~/③~ 등으로 순서를 나누어 표시하는 것도 좋다. 앞에서 설명한 '그림과 보기의 활용', 그리고 약간의 필기 스킬을 이용하면 훨씬 수월하게 이해할 수 있을 것이다.

allKILL4

: 언어 올킬! 영역별 공략법 :

듣기/쓰기/어휘·어법

방심은 금물, 한 단어도 놓치지 마라(듣기)

듣기는 언어영역에서 가장 쉬운 부분이다. 집중해서 제대로만 들으면, 틀릴 만한 문제는 하나도 없다. 하나의 듣기 지문에 두 문제를 풀어야 하는 4~5번을 제외하면, 특별히 어렵다 할 만한 부분도 없다.

하지만 방심한 탓에 한 단어라도 놓치면, 그것은 바로 오답으로 연결될 수 있다. 예를 들어 'A 수치가 높다'라는 내용을 'A 수치가 낮다'라고 듣거나 '높다'라는 단어를 놓치면 바로 오답으로 직결될 수 있다. 요즘은 비문학 지문을 듣기 스크립트로 활용해 출제하는 경우가 많아서 들어야 하는 정보의 양이 늘어나 더욱 주의가 필요하다.

듣기 문제를 풀 때는 항상 펜을 손에 쥐고 선지를 훑으며 읽어야 한다. 선지 내용의 정오를 파악하며 해당되는 부분이 나올 때마다 바로 체크하고, 간단한 메모를 하며 듣는다. 특히 4~5번 지문을 들을 때는 한 번에 두 문제를 풀기에 벅찰 수 있으므로, 미리 문제와 선지를 읽어놓아야 한다.

 ## 기출문제와 EBS로 충분하다!(쓰기/어휘 · 어법)

듣기와 마찬가지로 쓰기 영역과 어휘 · 어법 영역 역시 큰 부담을 느끼지는 않는다. 문학이나 비문학 영역에 비해 차지하는 비중이 적고, 3점짜리 어법 문제가 아니라면 난이도도 낮은 편이기 때문이다.

쓰기 영역을 훈련하기 위해서는 많은 문제를 접해보는 것이 중요하다. 기출문제를 많이 풀어보면서 정답을 추론해가는 논리 구조에 익숙해질 필요가 있다.

쓰기 문제는 주어진 자료를 바탕으로 선지의 정오를 판단하는 문제가 대부분이어서 자료를 해석하고 활용하는 방법에 익숙해져야 한다. 기출문제를 권하는 이유는 권위 있고 검증된 문제일수록 정답 논리가 논리적이고 적절하기 때문이다. 기출문제를 다 풀었다면, 출제 범위 내 EBS 교재에 수록된 문제들을 풀면서 감을 유지해나가면 된다.

어휘 부분은 별도의 훈련이 필요하지 않다. 일상생활에서 사용하는 언어의 감각대로만 풀어도 정답을 고를 수 있는 경우가 대부분이기 때문이다. 문제를 풀다가 헷갈리는 부분이 나왔을 때만 해설을 보면서 익히면 그것으로 충분하다. 다만 사자성어의 경우는 빈출되는 용어들을 많이 알아두는 것이 좋다.

언어 올킬 마지막 발자국

: 쉽지 않지만 결코 어렵지 않은 언어영역 :

    문학에서 생전 처음 보는 시나 소설을 만나면 무슨 말인지 혼란스럽다. 작가들은 무슨 글을 이렇게 써서 나를 피곤하게 하는지 원망도 든다. 비문학은 또 어떤가. 공대생들이나 배울 것 같은 어려운 기술 지문, 분명히 우리말이긴 한데 외국어처럼 어려운 언어 지문에 골치가 아프다. 때로는 쓰기 문제 때문에 헷갈리기도 하고, 어법 문제 때문에 발목이 잡히기도 한다.

    나도 그럴 때가 있었다. 모의고사만 치른다고 하면 언어영역이 가장 걱정되던 시절이 있었다. 가장 먼저 치르는 언어영역의 특성상 그 성패가 다음 시험에도 영향을 미칠 수 있기 때문에 가장 긴장되는 영역이었다.

    하지만 꾸준한 훈련을 통해 2학년 2학기 이후로는 언어영역에 거의 어려움을 겪지 않게 되었고, 3학년 때는 실전 연습까지 병행하면서 언어는 가장 안정적인 효자 과목으로 자리 잡았다.

언어영역은 이해와 추론을 본질로 하는 과목이지만 암기와 실전 연습, 심지어 지문을 읽는 소소한 방법까지도 풀이의 많은 부분을 차지한다. 시를 공부할 때도 문제를 풀기 위해 반드시 외워야 하는 부분이 있고, 소설을 읽을 때도 특정한 기준에 따라 분석해가며 풀면 훨씬 수월하게 풀이할 수 있다.

수험생들은 차근히 작품을 이해하며, 취미로 독서를 하듯 편안한 마음으로 언어영역에 접근할 수는 없다. 1점이라도 더 얻기 위해 80분간의 치열한 '전투'를 벌여야 하는 것이다.

나는 실제 전장에서 수없는 시험을 치러가며 얻은 솔직한 노하우들을 써 내려갔다. 숱한 시행착오들을 겪으며 얻은 피와 살 같은 교훈을 책에 담았지만, 그 지침들을 선택하는 것은 바로 여러분의 몫이다. 자신에게 맞는 것은 선택해서 잘 활용하되, 맞지 않는 것은 과감히 버려도 좋다. 다만 강조하고 싶은 것은, 내가 소개한 모든 방법들은 반드시 꾸준한 노력을 전제하고 있다는 점이다. 나는 여러분의 노력을 훨씬 더 빛나게 해줄 방법들을 소개할 뿐이다. 언어, 쉽지 않지만 결코 어렵지 않은 영역이다. 여러분의 노력과 의지에 나의 노하우들이 더해져 값진 열매를 거두기를 간절히 기원한다.

Ⅱ

수리영역올킬

수리 올킬 첫걸음
: 가장 중요하고 가장 시급한 수리 :

대학수학능력시험 2교시 수리영역. 수험생들은 100분 동안 30개의 수학 문제를 풀어야 한다.

평가원의 출제 방침은 다음과 같다.

기본적인 수학적 사고력을 측정하기 위한 쉬운 문제와 중간 정도 난이도를 가진 문제를 주축으로 구성하고, 변별력 확보를 위해 고차적인 사고력을 요하는 문항을 일부 출제한다. EBS 연계율은 70퍼센트다.

2012학년도부터 수능 제도가 바뀌면서, 문과의 경우 〈수학1〉과 〈미적분과 통계 기본〉의 두 과목을, 이과의 경우 〈수학1〉 〈수학2〉 〈적분과 통계〉 〈기하와 벡터〉의 네 과목을 응시하게 되었다. 예년보다 학습 범위가 두 배 정도 늘어나 부담이 가중된 셈이다. 게다가 수리영역에 가중치를 부여하는 대학이 점점 늘어나면서 수리영역의 중요성은 계속 강조되고 있다. 수능에서 수학이 차지하는 비중이 커질수록 수험생의 부담은 증가할 수밖에 없다. 벼락치기 한다고 실력이 느는 과목도 아닌데다가, 범위까지 대폭 늘어나 더 혼란스럽기만 할 뿐이다.

또, 평가원에서 '쉬운 수능' 방침을 이어갈 것을 발표하면서, 한두 개의 실수가 상위권 학생들의 등급과 대학을 바꿔버릴 수 있게 되었고, 중위권·하위권 학생들 역시 표준점수 1점에 수십에서 수백 명이 몰리는 엄청난 경쟁을 감당해야 한다.

여러분과 같은 길을 걸어온 한 명의 수험생으로서, 초등학교 때부터 고3 때까지 공부하며 쌓은 경험과 노하우를 담았다. 부족한 글이지만 여러 학생들의 수학 공부 계획과 방법, 그리고 실행에 있어서 좋은 길잡이가 되었으면 하는 바람이다.

1점으로 '대학'을 바꾸는 수리영역

수리가 중요한 이유는 두 가지다.

첫째, 상위권으로 분류되는 주요 대학들의 경우 수리 반영 비율이 매우 높다. 자연계열(이과)의 경우, 서울대·연세대·고려대·성균관대·서강대·한양대 등 대부분의 상위권 대학이 수리에 높은 가중치를 두고 있다. 특히, 서울대·연세대·성균관대·서강대·한양대 등은 수리에 약 30퍼센트씩 가중치를 두는데, 언어·외국어 등 다른 영역의 가중치가 대개 20퍼센트에 불과한 것을 고려하면 이것은 상당히 큰 의미를 갖는다.

예를 들어 A라는 학생이 B라는 학생보다 언어 점수가 10점 낮고, 수리 점수가 10점 높다고 가정해보자. 단순 점수의 총합은 같지만 반영 비율을 적용해 계산해보면 A의 10점이 B의 10점보다 1.5배나 더 큰 가치를 갖는다. 표준점수 1점마다 수십에서 수백 명이 몰려 있는 상위권 대학의 경쟁률을 고려해보면 상당히 큰 수치다. 다른 영역의 점수가 아무리 높다 하더라도 수리 점수가 낮으면 '대학'이 바뀔 수도 있는 것이다.

반대로 다른 영역은 조금 못 봤지만 수리 점수가 높으면 큰 경쟁력을 갖는다. 수리영역은 다른 영역과 달리 변별력 있는 문제들의 배점이 4점으로 매우 크다. 그렇지 않아도 높은 배점에 반영 비율까지 높기 때문에 수리 한 문제로 당락이 갈리는 경우는 실제로 수두룩하다.

인문계열(문과)의 경우도 다르지 않다. 서울대는 인문계열 역시 수리영역에 가장 큰 가중치를 두고 있으며, 연세대·고려대·성균관대 등 상위권 대학뿐만 아니라 다른 대학의 상위 학과(경제, 경영 등) 역시 모두 높은 수리 성적을 요구한다.

2012 정시 대학별 수학능력시험 가중치

| 학교 | 계열 | 언어 | 수리 | | 외국어 | 탐구사회 | 과학 |
			가형	나형			
서울대학교	인문계열	100	-	125	100	75	-
	자연계열	100	125	-	100	-	75
연세대학교	자연계열	20	30	-	20	-	30
성균관대학교	자연계열	20	30	-	20	-	30
서강대학교	경제경영	25	30	30	15	-	-
	자연계열	20	30	-	27.5	-	22.5
한양대학교	자연계열	20	30	-	30	-	20

둘째, 수리영역은 수능에서 가장 변별력 있는 과목이다. 이과의 경우, 대부분이 수리 가형을 선택한다. 수리 가형은 상당한 난이도를 자랑하는데, 수능이 쉽든 어렵든 항상 절대적인 영향력을 갖는다. 상대적으로 쉬운 수능이었다는 평가를 받는 이번 수능에서도 수리 가형은 이과에서 대

학 지원의 행보를 결정짓는 과목이었고, 상당한 난이도를 자랑했던 2011학년도 수능 역시 수리 가형은 70점대의 1등급 컷을 보여주며 상위권으로 갈수록 커다란 표준점수 차이를 보여주었다.

인문계열(문과)의 수리 나형도 영향력이 상당히 크다. 상대적으로 문과에는 수리에 자신이 없거나, 수리를 반영하지 않는 대학에 지원하려는 학생들이 많다. 그래서 상위권과 하위권의 격차가 극명한 편인데, 이번 수능부터는 미적분과 통계 기본 과목이 추가되면서 변별력이 더욱 강해졌다.

이처럼 수리영역은 중위권과 하위권 학생에게는 열심히 공부하면 자신의 위치를 크게 높일 수 있는 도약의 기회이고, 상위권 학생에게는 다른 경쟁자들과 자신의 차이를 증명할 수 있는 변별의 기회가 되는 과목이다.

수리영역 올킬
기초 다지기

 수리는 암기가 아니라 이해다!

　수리는 기초가 정말 중요하다. '정말'이라는 수식어를 200개는 붙이고 싶다. 덧셈을 못하는 사람이 곱셈을 배우는 경우를 생각해보자. 곱셈의 원리, 즉 기초가 덧셈인데 덧셈을 모르고 곱셈을 배운다면 그것은 단순한 암기에 의존한 학습이 될 뿐이다. 구구단은 외울 수 있을지언정 세 자리 수 이상의 곱셈은 엄두도 못 낼 것이다.

　수학1에는 은행에서 복리 이자를 이용해 상환금을 계산하는 문제가 나온다. 이때 원금과 이자의 합계나 상환금을 구하는 과정에서 원리를 이해하지 못하고 공식만 외워서 답을 구하려 한다면, 복잡하고 긴 문제 때문에 풀이가 꼬여버리는 경우가 잦다. 실례를 들어 설명해보면, 금년 초에 연이율 r로 A원을 빌리고 금년 말부터 n년 동안 매년 말 갚아야 할 상환금 a를 구하는 공식은 다음과 같다.

$$a = \frac{Ar(1+r)^n}{(1+r)^n - 1} \quad (a = 상환금, A = 원금, r = 이자율, n = 기간)$$

얼핏 보면 단순해 보여도 공식을 적용하기 위해서는 충분한 이해가 필요하다. 원금과 이자율만 체크하고서 단순 공식 암기로 문제를 푼다면, 기간을 잘못 계산해서 실수하는 경우가 많다. 기간을 12개월로 잡아야 하는데, 문제를 잘못 이해해 11개월 또는 13개월로 계산할 수 있는 것이다. 또 복리 문제는 등비급수나 무한등비급수 부분과 결합해 복잡하게 출제될 수 있다. 이런 경우 위의 공식을 무턱대고 사용하는 것은 오답을 초래할 뿐이다. 이때는 첫째 달, 둘째 달부터 하나씩 계산해나가면서 규칙을 찾아 등비급수를 적용해야 한다. 하지만 이 문제의 원리를 이해하지 못한다면 그러한 응용을 할 수 없다. 복리와 등비급수의 원리를 이해하고 있으면 간단하게 해결할 수 있는 문제가 더없이 불가사의한 문제로 변해버리고 마는 것이다.

이처럼 기초가 탄탄히 잡혀 있지 않으면 더 배우고 싶어도 배울 수가 없다. 설사 배운다 하더라도, 수학은 수많은 공식을 외워야 하는 암기 과목이 되어버리고 말 것이다.

선행학습 vs 심화학습

 ## 기초가 없는 선행학습은 '독'

수학은 순차적인 과정과 진도가 짜여 있는 과목이다. 그래서 흔히 수학을 잘하는 방법으로 선행학습을 택한다. 정해진 순서가 있으니 과정을 앞당겨 익히면 다음 단계로 넘어가기가 더 수월해질 것이라 믿기 때문이다. 앞으로의 교육 과정을 미리 습득함으로써 현재의 공부에 도움을 줄 수 있고, 학교에서 새로 배우는 내용을 쉽게 이해할 수 있어 내신에도 도움이 될 수 있기 때문에 선행학습에는 분명 이점이 있다.

하지만 당부하고 싶은 모든 선행학습은 나이 대에 맞는 기초를 쌓은 후에 진행되어야 한다는 것이다. 일부 학부모들은 자녀들이 앞서나갔으면 하는 마음에 현재의 교육 과정도 충분히 소화하지 못한 상태에서 무조건적인 선행학습을 시키기도 한다. 먼저 시작하지 않으면 뒤처질지도 모른다는 불안감 때문이다.

그러나 기초가 없는 상태에서의 선행학습은 독이다. 현재 배우고 있는 내용을 완전히 자기 것으로 만들지 못한 상태에서 무리한 선행을 시도하면, 지금 배우는 것과 선행한 것 모두 소화할 수 없게 될 뿐 아니라, 수능에서 4점짜리 고난도 문제를 만나면 맥없이 무너지고 만다.

수학 교육 과정의 단원 배치 순서에는 다 이유가 있다. 앞에서 배운 개념이 뒤에서 나오는 개념을 이해하는 데 활용되거나 문제에서 응용되는 경우가 잦기 때문이다. 그런데 앞에서 배우는 단원을 완벽하게 소화하지 못한 상태에서 뒤의 단원을 배우려면 시간과 에너지만 더 소비될 뿐이다. 올바른 수학 공부를 위해 가장 우선해야 할 것은 현재 배우는 교육 과정에 대한 이해다. 현재 배우는 교육 과정(예를 들어 지금 고1이라면 학교에서 지금 배우는 내용, 즉 고등수학)에 대한 이해도가 상당한 수준일 때에만 다음 단계로 넘어갈 수 있다는 뜻이다.

완벽한 심화학습이 갖춰진 후에야 선행학습은 의미를 가질 수 있다.

선행학습의 매력

현재의 교육 과정을 탄탄히 끝냈다면 이제 선행학습을 할 차례다. 어차피 학교에서 다시 배울 내용이기 때문에 선행학습은 완전히 마스터해야겠다는 생각보다는 앞으로 배울 내용을 미리 살펴보고 기초를 다진다는 생각으로 접근하는 것이 좋다. 처음 접하는 생소한 개념들이 있어 어려울 수도 있지만, 그것이 선행학습의 매력이다. 새로운 것을 하나하나 배워나가는 데 묘미가 있는 것이다.

이해가 가지 않는 부분은 《수학의 정석》 등 개념서를 이용해 정리하고, 처음부터 어려운 심화문제를 접하기보다는 기본 문제나 유형별 문제들을 풀며 개념을 익혀나가는 것이 좋다.

 ## 효과적인 선행학습의 시기

선행학습을 하기에 가장 좋은 시기는 방학이다. 방학 때는 중간고사나 기말고사, 모의고사의 압박이 덜하기 때문에 상대적으로 여유가 있다. 이 때 수학을 집중적으로 공략하면 선행학습과 심화학습의 두 마리 토끼를 모두 잡을 수 있다.

선행학습은 교과 과정이 크게 달라질 때 하는 것이 효과가 크다. 예를 들어 '초등학교→중학교' '중학교→고등학교(고등수학)' '고등수학→수학 1' '수학1→수학2/미적분과 통계 기본' '수학2→적분과 통계/기하와 벡터' 처럼 배우는 내용의 범위나 수준이 크게 달라질 때 하는 것이 좋다. 새로운 내용을 아무런 대비도 없이 처음 마주하게 되면 당황할 수밖에 없다. 만약 지금 초6, 중3, 고1 등 내년부터 새로운 내용을 배워야 하는 학생이라면 선행학습을 통해 기본 개념 정도는 익히고 가는 것이 좋다.

나는 항상 6개월에서 1년 정도 선행학습을 했었고, 이 선행학습이 큰 도움이 되었다. 나이가 어릴수록 선행학습이 쉬운데, 그 이유는 학습 범위 자체가 좁기 때문이다. 초등학생 때는 1~2년 정도의 범위를 선행했고, 중학교 때는 1년 정도씩 앞선 공부를 했다. 중3 때는 공통수학을 기초 수준으로 끝내고 고등학교에 입학했다. 고등학교 때는 6개월에서 1년 정도 선행학습을 해나갔다. 그래서 2학년 때까지 수학1과 미적분과 통계 기본을 마스터할 수 있었다.

 ## 수학을 잘하는 이들의 공통점

6개월에서 1년의 선행학습 시기를 유지하면서 주변의 친구들 때문에 압박감을 느낀 적도 많았다. 중학교 3학년 때 수학2까지 끝냈다는 친구들도 많았고, 미적분을 공부한다는 친구들도 있었다. 그런 친구들을 볼 때면 '과연 내가 하고 있는 공부 방법이 옳은가?'라는 회의가 들 때도 있었지만, 결과를 놓고 보았을 때 결국은 내가 옳았다고 이제는 답할 수 있을 것 같다. 무작정 앞서 뛰어나가다가 무언가를 잊고 다시 돌아와 헤매는 것보다는 처음에는 조금 뒤처지는 것 같더라도 한 단계 한 단계 차근차근 밟아나가는 것이 좋다. 결국 중요한 것은 수능이기 때문이다.

일부 정말 수학을 잘하고 좋아하는 친구들, 특히 과학고에 진학하려는 학생들은 실제로 2~3년 이상의 진도를 미리 버우기도 한다. 과학고 학생들은 수능과 무관한 학생들이 많아서 수능을 목표로 공부하는 수험생들과 비교하기는 어렵지만, 그 경우에도 '심화학습 > 선행학습' 공식은 성립한다고 믿는다. 수학을 잘하는 학생들의 공통점은 바로 기초 심화학습을 충실히 하고 선행학습으로 넘어간다는 것이다.

기본 개념서부터
마스터하자!

그렇다면 기초는 어떻게 쌓아야 할까? 가장 먼저 해야 할 일은 기본 개념서를 마스터하는 일이다. 기본 개념서는 교과 과정에서 배우는 내용을 상세하게 풀어 설명하고 있는 책을 말한다.

내가 실제로 활용했고 추천하고 싶은 개념서로는 《수학의 정석》과 《수학의 바이블》이 있다. 이 두 교재는 개념을 상세히 설명하고 있는데, 단순히 공식만 제시하는 것이 아니라 그런 공식이 왜 성립하는지 설명하고, 증명하는 내용까지 담고 있다.

예를 들어 행렬 단원에서는 단순히 'AB≠BA' 만 제시하는 것이 아니라,

$$A = \begin{pmatrix} 1 & 2 \\ 3 & 4 \end{pmatrix}, B = \begin{pmatrix} 1 & 0 \\ 0 & 0 \end{pmatrix} \text{일 때 } AB = \begin{pmatrix} 1 & 0 \\ 3 & 0 \end{pmatrix}, BA = \begin{pmatrix} 1 & 2 \\ 0 & 0 \end{pmatrix}$$

와 같은 반례를 보여주면서 '항상 성립하지는 않는다' 라는 결론을 유도해나간다.

또 거듭제곱근의 성질을 설명하면서 ' $(\sqrt[n]{a})^m = \sqrt[n]{a^m}$ '만 제시하는 것이 아니라

이 등식은 $(\sqrt[n]{a})^m$이 a^m의 n제곱근임을 보이면 됩니다.
$((\sqrt[n]{a})^m)^n = (\sqrt[n]{a})^{mn} \; (\because m, n$이 자연수일 때 $(a^m)^n = a^{mn})$
$= ((\sqrt[n]{a})^n)^m = a^m \; (\because (\sqrt[n]{a})^n = a), \; \therefore (\sqrt[n]{a})^m$은 n제곱근 a^m

과 같은 증명을 함께 제시해 쉽게 이해할 수 있도록 구성되어 있다. 이런 상세한 설명은 원리에 대한 이해도를 높이고, 혼자서도 충분히 기초를 닦을 수 있도록 한다.

나는 《수학의 정석 : 실력편》을 주로 보았고, 이해가 잘 가지 않을 때는 《수학의 바이블》을 참고했다. 정석과 바이블은 개념도 상세히 설명해주지만 제시하고 있는 예제나 유제, 연습문제의 질이 상당히 좋다. 예제들을 하나씩 풀어가면서 다양한 유형을 접해볼 수 있고, 뒤의 연습문제와 심화문제에서는 고난도 문제들도 만나볼 수 있다.

《수학의 정석》은 어떤 문제집과 비교해도 손색없을 만큼 훌륭한 문제들을 갖추고 있고, 《수학의 바이블》에 비해 문제의 양도 훨씬 많다. 하지만 글이 딱딱해 보기에 불편하고, 특히 실력편의 경우에는 고난도 문제가 많아 금방 싫증을 느끼기 쉽다는 단점이 있다. 반면 《수학의 바이블》은 문제의 양은 부족하지만 설명이 좀 더 친절하고, 페이지 구성도 보기 편하게 되어 있어 효과적이다.

따라서 수학 실력이 어느 정도 있는 상위권 학생들은 《수학의 정석 : 실력편》을, 상위권은 아니지만 끈기가 있고 의지가 강한 학생은 《수학의

정석 : 기본편》을, 수학에 흥미가 별로 없거나 끈기가 부족한 학생들은 《수학의 바이블》을 추천하고 싶다.

　기본 개념서는 다른 문제집에 비해 끝까지 보는 데 시간도 오래 걸리고, 책의 글씨가 빽빽해 답답할 수도 있다. 하지만 기초를 쌓는 데는 이보다 좋은 교재가 없다. 특히 증명이나 진위를 판별하라는 문제도 그냥 넘어가지 말고 도전해보자. 복잡하더라도 이런 문제를 해결하는 과정에서 기초를 다질 수 있고, 수학적 사고력도 기를 수 있다. 하지만 《수학의 정석 : 실력편》의 '심화문제'는 상당한 고난도 문제로 이루어져 있으므로, 시간이 너무 오래 걸린다고 판단되면 해설만 숙지하고 넘어가는 센스도 필요하다.

수리영역 올킬 비법

: 실력별 추천 공부법 :

사람이라면 누구나 개인차가 있게 마련이고, 수학 공부도 마찬가지다. 수학에 대한 흥미도 다르고 실력도 다르다. 그렇기 때문에 수학에 대한 이해도나 강점과 약점, 특성 등 그 사람에게 맞는 공부 방법 역시 다를 수밖에 없다. 자신에게 가장 적합한 공부 방법을 찾아 실천하는 것이 가장 좋지만, 어떤 공부 방법이 좋은지 객관적으로 판단하기는 어렵다. 정말 좋다고 생각했던 공부법이 실제로는 비효율적인 방법일 수도 있고, 나에게 맞지 않을 것 같았던 공부법이 오히려 자신에게 가장 필요한 방법일 수도 있다. 실력에 알맞은 공부법을 찾는 것이 무엇보다 중요하다. 수리영역 실력에 따라 자신을 최상위권, 상위권, 중하위권으로 나누고 그에 맞는 공부법을 찾아야 한다.

이 책에는 공부 방법마다 최상위권 · 상위권 · 중하위권별로 추천하는 그룹을 나누었다. 자신의 실력에 맞는 공부법만 빠르게 습득하는 것도 좋겠지만, 여유가 된다면 처음부터 끝까지 읽어볼 것을 추천한다. 자신에게 해당되지 않더라도 꼭 필요한 말이나 팁이 될 수 있기 때문이다.

그렇다면 이제 본격적으로 수리영역 올킬 비법을 파헤쳐보자!

중하위권 추천
나만의 맞춤형 문제집을 찾아라!

중하위권은 문제집 선택이 가장 중요하다. 어떤 문제집을 푸느냐에 따라 실력이 크게 향상될 수도 있고, 반대로 중간에 포기하게 될 수도 있기 때문이다. 혹자는 노력과 의지만 있다면 어떤 문제집이든 상관없다고 말할지도 모른다. 하지만 그것은 철인에게나 해당되는 이야기다. 실제로 어떤 문제집을 푸느냐는 수학 학습에 대한 의지와 흥미에 절대적인 영향을 미친다. 자신에게 맞는 교재를 선택하지 않으면 수학에 대한 흥미뿐만 아니라 학습 의지까지도 상실할 수 있기 때문이다.

만약 수학에 흥미가 없다면 두껍고 어려운 책은 절대 금물이다. 《수학의 정석》같이 난이도가 높고 두꺼운 책을 보려다간 흥미를 완전히 잃을 수 있다. 수학을 천천히 시작하는 단계라면 《EBS 수능 특강》《개념원리》《SSEN》처럼 어느 정도 이론도 있고, 쉬운 문제 위주로 구성된 문제집을 선택하자. 요즘은 《SSEN》처럼 수준별 3단계로 구성된 문제집이 많은데, 처음에는 1~2단계까지만 푸는 것을 목표로 하고 공부하는 게 좋다. 2단계에 올라가서 어려운 문제를 만난다면 너무 오래 고민하지 말고 그냥 넘어가자. 이렇게 하면 수학에 대한 스트레스도 줄어들고 실력도 자연히 늘게 된다.

문제의 범위에는 절대 구애받지 말자. 행렬을 풀고 싶다면 행렬을, 미분을 공부하고 싶다면 미분을 공부하자. 개념이 잡히지 않은 상태라면 처음부터 차례로 공부하는 것이 좋지만, 어느 정도 개념을 학습한 상태라면 공부하고 싶은 부분부터 공부해도 좋다. 좋아하는 것을 찾아서 하다 보면 나중에는 그 흥미가 다른 범위로 이어질 수 있다.

나 만 의 노 하 우

중하위권은 가장 애매한 위치에 있다. 남들보다 조금만 열심히 해도 성적이 금방 오르는 반면에, 조금만 해이해지면 성적은 곧바로 내려간다. 이 말은 곧 중하위권은 공부 방법과 노력 여하에 따라 성적이 올라갈 가능성이 가장 크다는 뜻도 된다. 앞으로의 노력 여하에 따라 상위권이 될 수도, 최하위권이 될 수도 있다는 뜻이다.

중하위권 추천
꾸준한 시간 투자가 승리한다! 절대적 공부량

하위권에서 중위권으로, 중위권에서 상위권으로 올라서기 위해서는 '절대적 공부량'이 필요하다. 몇 가지 스킬과 요령으로 점수를 일시적으로 올릴 수는 있겠지만, 수능은 그렇게 녹록한 시험이 아니다. 특히 수리 영역은 다른 암기 과목처럼 벼락치기를 한다고 해서 실력이 느는 과목이 아니기 때문에 중하위권에게는 특히 절대적 공부량이 중요하다.

하루에 최소한 세 시간은 수학에 매달려야 한다. 지루할 수도 있지만 앞에서 제시한 대로 상대적으로 쉬운 문제집을 선택하고, 흥미가 가는 부분부터 공부하면 지루함을 덜 수 있다. 그렇다고 세 시간을 쉬지 않고 공부하라는 이야기는 아니다. 한 번 할 때 30분에서 한 시간씩 해서 세 시간을 채우면 된다.

음악을 들으면서 해도 좋다. 음악에 너무 빠져서 문제 푸는 것을 잊어버려서는 안 되겠지만, 어느 정도 수학에 대한 지루함을 덜 수도 있다. 만약 혼자서 공부할 자신이 없으면 인터넷 강의를 활용하는 것도 좋은 방법이다.

절대적 공부량을 위해 3~5시간 동안 선택한 문제집을 풀거나 인터넷 강의를 들으면 되는데, 이때 꼭 지켜야 할 것이 세 가지 있다.

첫째, 단원 앞부분에 있는 이론을 꼼꼼히 읽고 숙지해야 한다. 얼마 안되는 양이기 때문에 쉽게 소화할 수 있으니 꼭 꼼꼼히 읽고 넘어가자. 혹시 이해가 가지 않는 부분이 있다면 《수학의 정석》 같은 개념서에서 해당 부분을 찾아 꼭 한 번은 짚고 넘어가야 한다.

둘째, 틀린 문제는 반드시 해설을 보며 체크하자. 사실 실력은 틀린 문제를 되짚어가며 공부하는 과정에서 많이 는다. 귀찮더라도 틀린 문제만큼은 꼭 확인하자.

셋째, 인터넷 강의에 올인하지 말자. 좋은 인터넷 강의를 들어도 자기만의 공부 시간이 뒷받침되지 않으면 아무 의미가 없다. 배운 내용을 꼭 다시 확인하고 자기 것으로 만들어야 한다.

상위권 추천

쉬운 수능이라도 '고난도 문제'는 꼭 나온다!

상위권은 무엇보다 고난도 문제에 대한 대비가 필요하다. 교육부와 평가원에서는 만점자가 1퍼센트가 되도록 '쉬운 수능'을 출제하겠다고 이야기하고 있다. 하지만 학생들을 변별하기 위해서는 고난도 문제가 출제될 수밖에 없다. 따라서 상위권 학생들은 이러한 상위권 변별을 위한 고난도 문제에 대비해야만 한다. 어려운 4점짜리 문제를 맞히느냐 못 맞히느냐의 싸움인 것이다.

이번 수능에서 최강의 변별력을 보여준 수리 가·나형 공통 30번 문제를 살펴보자.

2012학년도 수능 수리영역 30번

문제 자연수 a, b에 대하여 곡선 $y=a^{x+1}$ 과 곡선 $y=b^x$이 직선 $x=t(t \geqq 1)$와 만나는 점을 각각 P, Q라 하자. 다음 조건을 만족시키는 a, b의 모든 순서쌍 (a, b)의 개수를 구하시오. 예를 들어, $a=4$, $b=5$는 다음 조건을 만족시킨다.

> (가) $2 \leqq a \leqq 10$, $2 \leqq b \leqq 10$
> (나) $t \geqq 1$인 어떤 실수 t에 대하여 $\overline{PQ} \leqq 10$이다.

쉬운 수능을 예고했던 평가원의 방침대로(특히 수리 나형의 경우) 29번까지는 상위권을 가를 만한 변별력 있는 문제가 거의 없었다. 하지만 바로 이 30번 문제가 상당한 난이도로 출제됨으로써 결국 상위권을 갈라놓았다.

여기에서는 a와 b의 대소비교를 통해 구간을 나누는 것이 핵심인데, a와 b의 대소 관계에 따라 그래프의 모양이 달라진다는 것을 모르면 생각해낼 수 없는 아이디어다. 구간을 나누지 않고 무턱대고 풀다가 a>b일 때와 a=b일 때의 경우를 미처 고려하지 못해 답을 38 또는 37, 36이라고 적는 경우가 다반사였던 것이다. 이처럼 '쉬운 수능'이라도 고차원적인 사고력을 요구하는 문제는 반드시 나온다. 상위권을 판가름하는 것은 바로 이런 고난도 문제임을 명심하고 대비해야 한다.

상위권 추천

Variety is Priority, 다양한 문제를 접하라!

변별력 있는 문제에서 경쟁력을 확보하는 방법으로, 어떤 문제가 나와도 당황하지 않고 풀 수 있는 역량을 갖추기 위해서는 다양한 문제를 접해야 한다. 이번 수능 30번 문제가 어려웠던 이유는 평소 접하기 힘든 유형이었기 때문이다. 지수함수의 그래프 문제는 많았지만, 조건에 따라 범위를 나누어가며 부등식을 계산해야 하는 문제는 거의 없었다. 이처럼 요즘의 고난도 문제는 대부분 여러 단원이 복합적으로 응용되어 출제된다. 어느 한 영역이라도 부족하면 풀이가 힘들어질 수 있다. 그래서 '다양함'은 중요할 수밖에 없다.

《수학의 정석》과 같은 기본 개념서의 예제와 유제는 유형별로 파트가 나누어져 있어서 기초적인 여러 유형을 접해보기에 유용하니 꼭 풀어보는 것이 좋다. 또 EBS 교재를 비롯한 여러 문제집을 풀어보면서 새로운 유형이나 복잡하고 어려운 유형의 문제를 발견하면, 반드시 체크해두고 반복해 풀면서 완전히 자신의 것으로 만들어야 한다. 한 번 풀고 넘어갔다 하더라도 이러한 유형의 문제는 나중에 풀 때 다시 헷갈리거나 틀릴 가능성이 높기 때문이다.

두 번의 실패는 없다! 필승 오답 분석

그동안 풀었던 수능이나 모의고사 기출문제, 문제집 등을 훑어보면서 자신에게 부족한 부분은 꼭 체크해보자. 오답들을 잘 분석해보면 자신의 취약점을 발견할 수 있다. 특히 상위권 학생들은 이런 약점들을 반드시

보완해야 한다. 새로운 고난도 유형의 문제라 해도 결국은 기존의 문제 유형을 응용하거나 단원 간의 복합을 통해 종합적 사고력을 요구하는 문제가 대부분이다. 그리고 기존의 까다로운 유형의 문제들은 언제든지 다시 변형돼 출제될 가능성이 많기 때문에 전에 틀렸던 문제는 다시 틀리지 않도록 반드시 대비해야 한다.

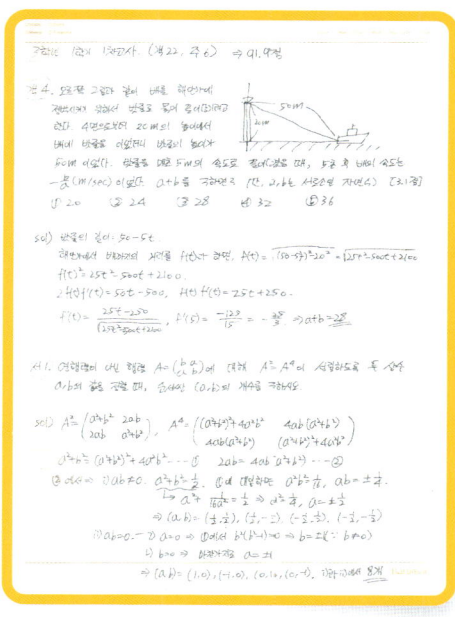

꾸준히 만들어온 오답노트

오전 10시 30분, 뇌가 숫자를 기억하게 하라!

수학에 자신 있는 학생들일수록 방심하기 쉽다. 수능이라는 시험이 주는 긴장감 속에서 30문제를 단 한 치의 오차도 없이 푸는 것은 결코 쉬운 일이 아니기 때문에 단 한 문제로 결판이 나는 최상위권 간의 싸움에서 방심은 절대 금물이다.

아무리 준비를 잘했어도 수능에서 실력 발휘를 제대로 못하는 학생들이 있다. 모의고사에서 항상 만점을 받다가 수능에서는 만점을 받지 못할 수 있으며, 이런 일은 비일비재하게 일어난다.

모의고사 만점이 수능 만점으로 이어지려면 항상 '감'을 유지해야 한다. 감이 떨어지면 평소에 쉽게 풀던 문제도 잘 풀리지 않거나 막히는 경우가 잦다. 실제로 수능 직전에는 탐구 과목, 그중에서도 암기 과목에 신경을 많이 쓰기 때문에 수리를 미뤄놓는 학생들이 많은데, 상당히 위험한 일이다. 나는 시험 전날까지 수리영역에 대한 감을 놓치지 않기 위해 노력했다. 나만의 수능 직전 감 유지 비법은 수리영역을 푸는 시간에 맞춰 매일 수학 문제를 푼 것이다.

10시 30분부터 12시 10분까지는 실제 수능에서 수리영역을 푸는 시간이다. 이 시간만큼은 꼭 수학 공부를 하면서 머리가 숫자와 그래프에 최대한 익숙해지도록 해야 한다. 나는 수능 열흘 전부터 《EBS FINAL 실전 모의고사》를 말 그대로 '실전'처럼 이틀에 한두 개씩 풀었다. 이 시간만큼은 실제 수능이라 생각하고 스톱워치로 시간을 재며 최선을 다해 풀었다. 주말에도 학교 교실에서 문제를 풀면서 최대한 '수능 시간'에 익숙해지도록 했다. 친구들과 함께 시간을 재면서 풀면 자칫 느슨해질 수 있는 정신도 바로잡을 수 있고, 경쟁도 되기 때문에 더 열심히 풀 수 있다. 최대한 실제 수능과 비슷한 환경에서 수능 시간에 맞춰 연습함으로써 수능 시뮬레이션을 해보는 것이다.

경시대회에 도전하라!

최상위권이라면 수학 경시대회를 활용해보는 것도 좋다. 나는 KMC(예선: 한국수학인증시험/본선: 한국수학경시대회)와 전국 수학 학력경시대회(성균관대 주최)에 꾸준히 응시하며 기량을 점검했다.

KMC 예선(한국수학인증시험)과 전국 수학 학력경시대회의 경우, 문제 유형이 수능과 비슷하고 난이도만 약간 높은 정도여서 수능 공부에도 상당한 도움이 된다. 특히 기출문제를 풀며 시험을 준비하는 과정에서 고난도 문제에 대한 해결력이 늘고, 다양한 유형의 문제를 접해볼 수 있다. 뿐만 아니라 이런 경시대회에 꾸준히 응시해서 수학에 대한 흥미와 관심, 향상되어가는 성적을 보여준다면 꼭 상을 타지 않더라도 매우 강력한 스펙이 된다. 실력도 잡고 스펙도 잡는 일석이조의 아주 효과적인 방법이다.

KMC, 성균관대 수학 경시대회 요강

구분	KMC(예선)	성균관대 수학 경시대회
응시 학년	초등학교 3학년 ~ 고등학교 3학년	초등학교 1학년 ~ 고등학교 3학년
출제 문항	학년별 30문항(학과 과정 수준의 문제 20문제, 경시대회용 문제 10문제)	학년별 30문항(단답형 주관식)
평가 영역	계산 능력, 이해 능력, 적용 능력, 문제 해결 능력	개념적 지식, 절차적 지식, 추론 능력, 문제 해결력
시간	120분	90분
비고	상위 15% 학생들에게 본선 진출 자격 부여, 연 2회	연 2회

KMO(한국수학올림피아드)의 경우에는 응시생 대부분이 과학고생이나 과학고 지망생이며, 문제 유형과 난이도가 수능과는 현격한 차이가 있기 때문에 일반 수험생이라면 추천하지 않는다.

모두에게 추천

쓸데없는 공식, 외우지 말자!

복잡한 수학 공식 때문에 스트레스받는 학생들이 많다. 물론 공식은 계산 과정을 좀 더 효율적이고 빠르게 하려고 만들어진 것이기 때문에 외워두면 편리하다. 하지만 접선의 방정식이나 복리 계산 공식 등 굳이 외우지 않아도 충분히 해결할 수 있는 것들은 외우지 않아도 된다.

수학은 본질적으로 암기 과목이 아니다. 기하와 벡터, 특히 기하 단원에서 암기해야 하는 부분이 나오지만 꼭 필요하지 않다면 과감히 버리는 지혜도 필요하다. 대표적인 '쓸데없는 공식'을 적어보자면 다음과 같다. (물론 주관적이다.)

❶ 원 $(x-a)^2+(y-b)^2=r^2$ 위의 점 $(x_1,\ y_1)$에서의 접선의 방정식은
$(x_1-a)(x-a)+(y_1-b)(y-b)=r^2$

❷ 원 $x^2+y^2+Ax+By+C=0$ 위의 점 $(x_1,\ y_1)$에서의 접선의 방정식은
$x_1x+y_1y+A\dfrac{x_1+x}{2}+B\dfrac{y_1+y}{2}+C=0$

❸ 원 $x^2+y^2=r^2$에 접하고 기울기가 m인 접선의 방정식은
$y=mx\pm r\sqrt{m^2+1}$

❹ 세 꼭짓점의 좌표가 주어질 때 삼각형의 넓이는
$\varDelta ABC=\dfrac{1}{2}|(x_1y_2+x_2y_3+x_3y_1)-(x_2y_1+x_3y_2+x_1y_3)|$

위에 제시한 '원에 접하는 접선의 방정식' 공식들은 외우기보다 직접 풀어가며 식을 구하는 것이 훨씬 낫다. 문제에서 주어진 조건(기울기, 접선이 지나는 점 등)을 이용하면 충분히 구할 수 있기 때문이다. 저렇게 복잡한 공식을 외우다가 문자나 부호 하나라도 잘못 기억하면 풀이 자체가 잘못되어 오히려 시간만 낭비하게 될 수도 있다.

외워야 하는 공식과 외우지 않아도 되는 공식은 이렇게 구분하면 된다.

외워야 하는 공식

① 자주 사용하고, 계산이 복잡해서 외우는 것이 시간을 단축하는 경우

자연수의 거듭제곱의 합

$$\sum_{k=1}^{n} k^2 = 1^2 + 2^2 + 3^2 + \cdots + n^2 = \frac{n(n+1)(2n+1)}{6},$$

$$\sum_{k=1}^{n} k^3 = 1^3 + 2^3 + 3^3 + \cdots + n^3 = \left\{ \frac{n(n+1)}{2} \right\}^2$$

확률분포에서의 분산 공식

$$V(X) = \sum_{i=1}^{n} (x_i - m)^2 p_i = \sum_{i=1}^{n} x_i^2 p_i - m^2 = E(X^2) - \{E(X)\}^2$$

포물선과 직선이 서로 다른 두 점에서 만날 때 정적분을 구하는 공식

$ax^2 + bx + c = mx + n$의 두 실근을 α, β $(\alpha < \beta)$라고 하면,

정적분 $S = \dfrac{|a|(\beta - \alpha)^3}{6}$

삼차곡선과 접선 사이의 넓이(정적분)

삼차곡선 $ax^3 + bx^2 + cx + d\,(a \neq 0)$와 그 접선 $y = mx + n$이 서로 다른 두 점에서 만날 때, 교점의 X좌표를 α, β $(\alpha < \beta)$라고 하면 곡선과 접선 사이의 넓이 S는 $S = \dfrac{|a|}{12}(\beta - \alpha)^4$

② 개념의 성질 등 핵심적인 내용과 관련된 경우

사실 이런 경우는 증명 자체가 고등학교 수학의 범위를 넘기 때문에 외울 수밖에 없다.

수열의 극한값에 대한 기본 성질

수열 $\{a_n\}$, $\{b_n\}$에 대하여 $\lim\limits_{n \to \infty} a_n = \alpha$, $\lim\limits_{n \to \infty} b_n = \beta$이면,

$\lim\limits_{n \to \infty} k a_n = k\alpha$($k$는 상수), $\lim\limits_{n \to \infty}(a_n \pm b_n) = \alpha \pm \beta$(복호동순) 등등

⭐ 외우지 않아도 되는 공식

① 공식 자체가 복잡하고, 개념만 이해하고 있으면 공식을 적용하지 않

아도 충분히 값을 구할 수 있는 경우

앞에서 제시한 원의 접선 방정식, 삼각형의 넓이 공식(사선식)

상환 문제

상환은 정해진 금액을 일정한 기간마다, 정한 기간에 일정 금액씩 지불하여 빚을 갚는 것을 말하는데, 금년 초에 연이율 r로 A원을 빌리고 금년 말부터 n년 동안 매년 말 갚아야 할 상환금 a를 구하는 공식은 다음과 같다.

$$a = \frac{Ar(1+r)^n}{(1+r)^n - 1}$$

상환금을 구하는 문제는 복리와 적금의 원리를 사용하면 위와 같은 복잡한 공식을 쓰지 않고도 충분히 구할 수 있다. 이런 공식을 외우는 것은 시간 낭비일 뿐이다.

② 주된 공식과 원리가 똑같은 파생된 공식

이차방정식의 근과 계수의 관계에서 두 근의 차 공식

이차방정식 $ax^2 + bx + c = 0$ $(a \neq 0)$의 두 근을 α, β라 하면 두 근의 차는

$$|\alpha - \beta| = \frac{\sqrt{b^2 - 4ac}}{|\alpha|}$$

이 공식도 전혀 외울 필요가 없다.

두 근의 합 $\alpha + \beta = -\dfrac{b}{a}$, 두 근의 곱 $\alpha\beta = \dfrac{c}{a}$를 이용하면 쉽게 구할 수 있기 때문이다.

이처럼 주된 공식에서 파생된 공식 역시 복잡하기만 할 뿐, 외우는 것은 시간 낭비다.

이 밖에도 직접 푸는 것이 공식을 외워서 적용하는 것보다 나은 경우가 많다. 꼭 필요한 공식이 아니라면 외우지 않는 것이 낫다. 괜히 복잡한 공식을 외우려다 시간만 빼앗기고 흥미까지 잃어버리는 낭비를 하지 않도록 하자.

마스터플랜은 필수! 전략가가 되어라!

수능에서 당황하지 않고 실력 발휘를 하려면 전략가가 되어야 한다. 언어영역이 끝난 직후부터 수리영역이 끝날 때까지의 마스터플랜을 세워야 한다는 뜻이다. 수없이 많은 수학 시험을 치르면서 나는 나만의 전략을 세웠다.

① 먼저 1~13번의 2, 3점 문제는 빠른 속도로 푼다. 여기서 30분 이상을 소비하게 되면 후반부에서 대책이 없다. 상대적으로 쉬운 문제들을 빠르게 해결하면서 시간을 벌고 워밍업을 한다.

② 14~21번의 문제들은 4점짜리 문제로 약간 난이도가 있는 편이다. 여기서는 잠시 속도를 늦추고 초점을 '정확히 푸는 것'에 맞춘다.

진위형 문제가 있다면 증명하거나 반례를 찾아 완벽히 해결하고, 증명하는 문제가 있다면 값을 대입했을 때 증명이 성립하는 것까지 확인한다. 복잡한 계산이나 수열 문제가 있다면 깔끔하게 풀이 과정을 써서 구하고, 나온 답을 대입해서 식이 성립하는지도 확인한다.

③ 22~25번의 주관식 문제는 상당히 쉬운 편이다. 객관식의 2점 문제와 난이도가 비슷하니 최대한 빨리 풀고 다음으로 넘어간다. 특히 수리영역이 어려울 경우 시간은 생명이다.

④ 26~30번의 문제 중에는 고난이도 문제가 포함되어 있을 가능성이 높다. 특히 28~30번 중에는 상위권을 변별하려는, 가장 어려운 문제가 반드시 있다. 이때 남은 시간을 확인하고 5분 이상 막히는 문제가 있다면 바로 다른 문제로 넘어간다. 다른 문제를 해결한 다음 다시 돌아와 풀이에 착수하는 것이다. 이때 가장 중요한 것은 동요하지 않는 것이다. 가끔 시간이 얼마 남지 않았을 때 문제가 풀리지 않으면 머리가 백지장처럼 하얘질 때가 있다. 이런 경우에는 대범하게 생각해야 한다. '내가 어려우면 남들도 다 어려워' 하며 끊임없이 자기암시를 하면서 자신감을 찾아야 한다.

⑤ 문제를 모두 풀었다면 검토를 해야 한다. 모든 문제를 다 검토하면 좋겠지만 몇 가지 우선순위를 정해놓는 것이 좋다.

   :: 풀리지 않았거나 애매하게 푼 어려운 문제부터 확인한다.

   :: 계산이 복잡한 문제를 확인한다.

   :: 확률이나 경우의 수를 구하는 문제에서 혹시 빠뜨린 것이 없는지 확인한다.

⑥ 또 하나 유의해야 할 것은 마킹이다. 가끔 풀리지 않는 문제에 집중

하다가 마킹을 깜빡하는 경우가 있다. 종이 올리기 10분 전에는 반드시 마킹을 해야 한다. 실제 수능에서는 시간을 엄격히 준수해야 하기 때문에 미리 마킹을 해놓는 것은 정말 중요하다.

이처럼 자기만의 전략을 미리 세워놓고 모의고사를 통해 연습해보거나 머릿속으로 자꾸 시뮬레이션 해보면, 수능에서도 당황하지 않고 시간 안배에 성공할 수 있다.

2012 수능 수리영역 출제 통계

문항 번호	배점	출제 범위	
		수리 가형	수리 나형
1	2	역행렬(공통)	
2	2	e로 표현된 함수의 극한값	무한수열의 극한값
3	2	이항분포	미분계수
4	3	분수부등식	거듭제곱근
5	3	순열	여러 가지 수열
6	3	닮음변환	확률분포
7	3	로그(공통)	
8	3	벡터	이항계수
9	3	표본평균	정적분
10	3	회전변환	확률
11	3	타원	등차수열
12	3	분수방정식의 실근의 개수	그래프에서 함수의 극한
13	3	확률	확률
14	4	무한등비급수(공통)	
15	4	행렬(공통)	
16	4	정적분	표본평균의 분포, 확률

문항 번호	배점	출제 범위	
		수리 가형	수리 나형
17	4	수열의 일반항(공통)	
18	4	미분	함수의 극한과 연속
19	4	도함수의 활용	정적분
20	4	삼각함수의 합성	로그
21	4	정사영	미분
22	3	중복조합의 수	함수의 극한
23	3	삼각방정식	로그방정식
24	3	공간의 점과 타원의 관계	정적분
25	3	등차중항, 등비중항(공통)	
26	4	포물선	미분(접선의 방정식)
27	4	삼각함수의 극한	연속확률변수의 확률분포
28	4	합성함수의 미분	수열의 일반항, 무한급수
29	4	공간도형	역행렬, 연립일차방정식
30	4	지수함수의 그래프(공통)	

모두에게추천

경주는 아직 끝나지 않았다!

우리 모두는 동일한 출발선에서 시작한다. 지금까지 쌓아온 수학 실력에 따라 개인차가 있겠지만, 사실 그 차이는 크지 않다. 배우는 양도 한정되어 있고, 특별히 복잡한 내용이 교과 과정에 포함되어 있는 것도 아니기 때문이다. 그러니 지금 시작하더라도 늦지 않았다는 마음가짐을 가져야 한다.

처음에는 수학이 어렵고 재미가 없더라도 고등학교에서 배우는 내용은 고등학생 수준에 맞춰져 있다는 것을 기억하자. 고등학생이라면 누구나 이해할 수 있는 내용이라는 뜻이다. 아무리 수학에 재능이 있는 학생이라도 새로운 것을 배울 때는 시행착오를 겪을 수밖에 없다. 그러니 나도 할 수 있다는 자신감을 가지고 꾸준히 노력하면, 결과는 노력을 절대 배신하지 않을 것이다.

오늘 하루 열심히 공부했다고 해서 다음 날 수학 시험에서 평소보다 30점 이상 높은 점수를 기대하는 것은 분명히 잘못이다. 그렇지만 당장 성과가 나타나지 않는다고 포기하지 말자. 흥미를 잃지 말고 멀리 내다보면서 나아가자. 앞에서 소개한 공부 방법을 적용하면서 절대적 공부량만 꾸준히 달성한다면, 수학은 누구나 성적을 끌어올릴 수 있는 쉬운 과목이 될 것이다. 자신만의 절대적 공부량을 완성해서 당당히 상위권의 대열에 진입하자.

수리 올킬 지키기
: 실수를 잡아라 :

한 문제의 실수가 대학을 가른다

수리영역의 배점이 2~4점으로 매우 큰 것을 고려하면, 한 문제의 실수가 가져오는 파괴력은 엄청나다. 말 그대로 몰라서 틀린 것도 아니고, 단순한 실수 때문에 대학의 당락이 바뀐다니! 실수한 사람은 정말 억울하고 또 억울할 일이다.

수험생이라면 누구나 실수를 한다. 초등학교 때부터 고등학교 때까지 수학 시험을 수없이 치렀는데도 실수하는 버릇은 좀처럼 고쳐지지 않는다. 실수의 유형도 천차만별이다. 더하기를 빼기로 적고 푸는가 하면, 초등학생도 하는 세 자릿수 덧셈을 틀리기도 하고, $x+y$의 값을 구하는 문제인데 달랑 x값만 답으로 적어놓고 잘 풀었다고 좋아하기도 한다. 그러다 실수로 소중한 점수를 날리고 나면 오만 가지 생각이 교차한다. '에이, 이건 실수로 틀린 거니까 내 실력이 아니야' '수능 때만 안 틀리면 되지' 하며 합리화하려고 애쓰기도 하고, 억울하고 분한 마음에 밤잠을 설치기도 한다. 하지만 합리화는 실력에 전혀 도움이 되지 않는다. 실제 수능에서 4점짜리 수학 문제를 틀렸다면, 실수로 틀렸든 실력으로 틀렸든 평가원은 알아주지 않는다. 실수든 실력이든 수능 성적표는 똑같다는 이야기다.

이렇게 합리화로 자신을 위로하는 것도 고3이 되면 불안감으로 바뀐다. '수능에서도 이러면 어떡하지' 라는 불안감이 엄습하기 때문이다. 이럴 때는 차라리 분노하는 게 낫다. 실수로 소중한 점수를 날리는 것은 그동안 열심히 공부해온 노력에 대한 예의가 아니다. 밤잠을 설쳐가며 수많은 문제를 푼 시간들이 아깝지 않은가? 실수를 했다면 자신을 원망하고 채찍질해야 한다.

나는 수학 특기자로 상산고등학교에 입학했다. 크고 작은 경시대회에서의 수상 경험과 몇 년 동안의 교육청 영재 교육 프로그램 이수 경험을 바탕으로 수학에 큰 자신감을 갖고 있었다. 그러나 나의 자신감과 교만은 1학년 2학기 중간고사에서 산산이 부서졌다. 중간고사 수학 시험에서 '실수' 로만 4~5문제를 틀렸다. 거기에 '실력' 으로 틀린 문제까지 더하니 점수는 말이 아니었다. 등수는 한참 아래로 내려갔고, 나는 큰 충격에 빠졌다. 가장 자신 있었던 수학이었는데……. 다들 시험이 끝난 후 밖으로 나갔지만, 나는 불 꺼진 기숙사 열람실에서 수학 시험지를 보며 몇 시간을 앉아만 있었다. 고등학교 입학 이후 처음 운 게 그때였다. 날아간 점수를 만회할 엄두가 나지 않아 한동안 의욕 없이 지냈다. 교만에 대한 뼈저린 반성을 했고, '틀려도 실수로는 틀리지 않겠다' 라고 결심했다.

그런 마음가짐으로 공부에 임했고, 시간이 지날수록 몇 가지 노하우를 알게 되었다. 그 노하우를 공개한다.

 ## 깔끔한 풀이가 바른 답을 제시한다

풀이란 수학 문제를 푸는 과정이다. 과정이 좋지 않으면 결과가 좋지 않은 것처럼, 풀이가 바르지 않으면 오답이 나올 확률이 높다. 따라서 풀이를 정확하게 하는 것이 실수를 줄이는 핵심이다.

정확한 풀이를 하기에 가장 좋은 방법은 바로 '깔끔함'을 지키는 것이다. 실제 수능이나 모의고사 수리 시험지를 보면 여백이 충분히 있다. 하지만 대부분 이 여백을 활용하지 못하고 마구잡이로 식을 써나가고는 한다. 간단하고 난이도가 낮은 문제라면 이런 풀이로도 답은 나온다. 하지만 난이도가 올라가고 3점, 4점 문제로 갈수록 풀이는 복잡해질 수밖에 없다. 이때 두서없는 풀이는 실수를 가져온다. 조건 하나, 부호 하나에 정답이 갈리는 수리 문제에서 그런 실수는 아주 치명적이다.

하지만 풀이를 한 줄 한 줄 깔끔하게 적는다면 그만큼 풀이의 오류는 줄어든다. 실제로 모의고사나 문제집 해설을 보면 군더더기 없이 매우 깔끔하다.

이러한 정해(正解)에는 몇 가지 순서가 있다.

① 문제에서 요구하는 답과 조건, 범위를 정리한다.

② 논리적 순서에 따라 한 줄 한 줄 바꿔가며 답을 구한다.

③ 답을 구하는 데 있어 필수적인 값이나 식을 얻었을 때는 기호로 표시한다.

④ ③의 기호를 이용해 값을 구하고, ①과 ③에 대입해서 조건이나 범위와 합치되는지 확인한다.

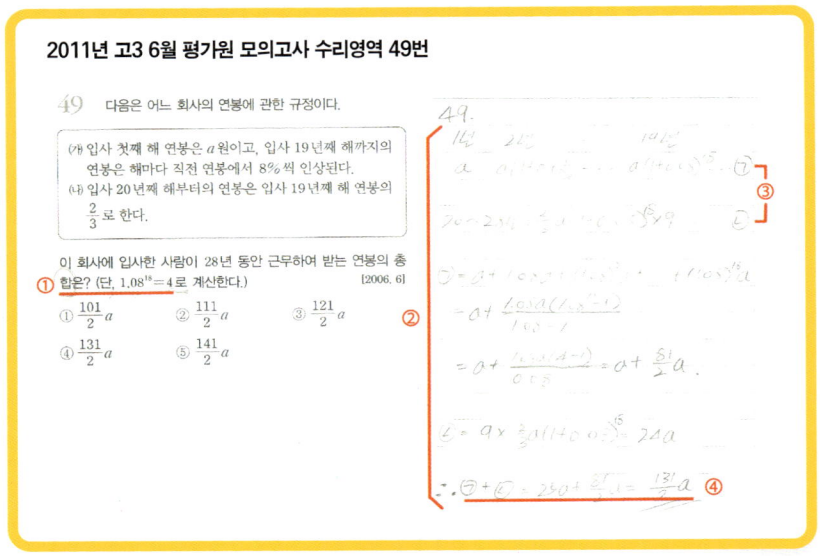

이러한 순서로 문제를 풀면 실수는 눈에 띄게 줄어든다. 물론 위와 같은 과정을 문제 풀 때마다 외워서 하는 것은 아니다. 외워서 한다고 한 번에 되는 일도 아니다. 완전히 자연스럽게 될 때까지 끊임없는 연습을 통해 체화시켜야 한다. 수백, 수천 개의 문제를 풀어가며 몸에 익혔을 때 비로소 나의 풀이가 문제집의 해설과 비교해도 손색없을 정도가 되는 것이다.

 지금 당장 수학 노트를 만들어라!

시중에 나와 있는 수학 문제집을 보면 문제 위주의 구성이 대부분이라 풀이할 공간이 매우 적다. 실제 모의고사나 수능 문제지와는 대조적이다. 그런데도 많은 학생들이 그 좁은 공간에서 복잡한 수식을 세우느라 고군분투하곤 한다.

하지만 여백이 없는 좁은 지면에 풀이를 다 적어 넣으려다 보면 풀이는 지저분해지고 만다. '깔끔함'이라는 제1원칙이 사라지는 것이다. 게다가 틀린 문제나 체크해둔 문제를 나중에 다시 보려고 할 때에도 매우 비효율적이다. 그래서 수학 문제를 풀 때에는 반드시 갖춰야 하는 아이템이 있다.

바로 '수학 노트'다.

수학 노트는 줄공책 중에서 가운데에 세로로 줄이 그어져 있는 것을 선택하면 된다. 먼저, 문제의 번호를 쓰고 한 줄 내려서 풀이를 시작한다. 이때 앞서 제시했던 '정해'의 순서와 최대한 비슷해지도록 풀이를 적는 게 중요하다. 처음에는 잘 되지 않더라도, 꾸준히 연습하면 나중에는 깔끔하고 간단하게 풀이를 적을 수 있다.

이렇게 수학 노트를 활용하

내 수학 노트

면 몇 가지 장점이 있다.

첫째, 풀이 과정을 깔끔하게 쓸 수 있다. 중간에 식이 틀려도 두 줄로 긋고 다음 줄로 넘어가 풀이를 계속할 수도 있고, 문제풀이 전체를 X표 하고 새로 문제풀이를 시작할 수도 있다.

둘째, 문제를 틀렸을 때 내가 적은 풀이 과정에서 어느 부분에 오류가 있는지 한눈에 파악할 수 있다.

셋째, 문제에 체크를 해두고 나중에 다시 한 번 풀어보려고 할 때 도움이 된다. 문제집 지면 자체는 깔끔하기 때문에 언제든 다시 풀어볼 수 있는 것이다.

문제집의 좁은 지면에 풀이를 하는 습관은 절대 금물이다. 이제부터는 항상 수학 노트를 갖고 다니면서 한 문제, 한 문제 깔끔하게 풀어나가자. 가방에 수학 문제집이 있다면 그 옆에는 반드시 수학 노트가 있어야 한다. 깜빡하고 노트를 챙기지 못했더라도 꼭 다른 노트나 연습장을 활용하자.

조심, 또 조심! – 실수 유형 BEST 5

실수는 천차만별이지만 잘 분석해보면 몇 가지 유형을 갖고 있다.

① 문제를 잘못 읽는 경우

문제에서 '선명한 글씨'로 제시하고 있는 조건과 범위를 놓치는 경우

예 답의 범위를 자연수로 제한했는데 0까지 계산에 포함하는 경우

요구하는 답이 아닌 엉뚱한 답을 쓰는 경우

예 $\frac{q}{p}$에서 $p+q$의 값을 구하라고 했는데 p나 q의 값만 적는 경우

② 진위형 문제

진위형 문제에서는 보통 ㄱ, ㄴ, ㄷ의 세 가지 선지가 주어지는데, 각각의 선지를 증명해서 맞음을 보이거나 반례를 찾아 틀림을 보여야 한다. 하지만 이때 증명을 잘못하거나 잘못된 반례를 구해 틀리는 경우가 잦다.

예 행렬 문제에서 반례를 잘못 구해, 증명이 되는 옳은 선지임에도 불구하고 틀린 선지로 분류하는 경우

③ 경우의 수, 확률 문제

경우의 수나 확률을 구하는 문제에서는 특히 세심한 주의가 필요하다. '×2'나 '÷2'를 빼먹지는 않았는지, 중복조합인지 아니면 그냥 조합인지, 계산 가능한 모든 경우의 수를 포함시켰는지 확인하고 또 확인해야 한다.

④ 로그 문제

로그 문제에서는 밑과 진수의 범위를 적용하지 않아 틀리는 경우가 가장 많다. 로그 문제가 나오면 '밑>0, 밑≠1, 진수>0'의 범위를 항상 되뇌면서 풀어야 한다. 특히 로그와 다른 단원 간의 복합 문제에서는 로그 범위를 놓치는 경우가 많은데, 풀이할 때 항상 로그 조건부터 적어놓고 시작하면 실수를 줄일 수 있다.

⑤ 복잡한 계산 문제

수열이나 적분 같은 단원에서 매우 복잡한 문제가 출제되는 경우가 있다. 앞에서 제시했던 정해의 순서를 적용하면서 깔끔하게 푸는 것이 관건이다.

 ## 실수도 실력이다

실수 때문에 많은 아픔과 갈등을 겪으면서 얻은 또 하나의 깨달음이 '실수도 실력이다' 라는 교훈이었다. 계산을 틀렸든, 조건을 보지 못했든, 문제를 잘못 읽었든, 그것도 실력이다. 대학교 입학사정관에게 실수로 틀린 문제를 보여주며 "이건 정말 계산 실수 때문에 틀린 것이지, 절대 제 실력이 아닙니다"라고 이야기해봐야 소용없다.

실제로 평가원에서 "수능이 쉬워지면 실수 한두 문제로 석차가 뒤바뀌는 경우가 많은데, 상위권들에게 손해가 아닌가?"라는 취지의 질문에 이렇게 답변한 적이 있다. "수능이 쉽다면 상위권들은 남는 시간에 검토를 하면서 실수를 안 하면 된다"라는 것이다.

실수하지 않는 것도 실력이다. 사실 수능 막바지에 이르면 수험생들의 순수한 실력 차이(실수하지 않는 실력을 제외한)는 점점 줄어든다. 실수가 실력이 아니라는 자기 합리화는 그만두고, 실수도 실력이라는 겸허한 자세로 수학 공부에 정진하자.

EBS 교재는
선택이 아닌 '필수'

이번 수능 수리영역에서 EBS 출제 범위에 해당되는 교재는 이과의 경우 여덟 권, 문과의 경우 네 권이었다(각 세부 과목당 두 권씩). 사실 수학이라는 과목 특성상 시험을 보는 과정에서 EBS 교재와의 연계율을 체감하기는 쉽지 않다. 그래서 일부 사람들은 EBS 교재를 보느니 차라리 다른 좋은 문제집을 풀라고 조언하기도 한다. 하지만 그것은 상당히 위험한 생각이다. 물론 EBS 교재의 난이도는 약간 쉬운 수준이지만, EBS 교재만이 갖는 장점이 있다.

첫째, 평가원에서 출제 범위로 지정한 만큼 직접적으로 문제가 출제되지 않더라도 얼마든지 응용·변형되어 출제될 수 있다. 실제로 EBS 교재에는 심화된 수준의 사고력을 요하는 문제들이 종종 있다. 이런 문제들에 대비하지 않은 상태에서 수능을 본다는 것은 다른 수험생들과의 경쟁에서 뒤처지는 것을 자초하는 일이다.

둘째, 엄선된 문제로 구성되어 있어 오류가 적을 뿐만 아니라 인터넷을 활용할 수 있어 학습이 효율적이다. EBS 교재는 질 좋은 다양한 문제가 유형별·수준별로 정리되어 있고, 모르는 부분이 있다면 언제든지 인터넷 강의나 Q&A 게시판을 활용할 수 있기 때문에 즉각적인 도움을 받을 수 있다.

이처럼 출제 범위에 해당되는 EBS 교재를 마스터하는 것은 '선택'이 아닌 '필수'다.

EBS 교재 제대로 떼기

그렇다면 어떻게 해야 EBS 교재를 제대로 마스터할 수 있는지 살펴보자.

우선 예제와 유제를 포함한 문제를 빠짐없이 푼다. 어디에서 수능과 연계가 이루어질지 모르기 때문에 출제 범위에 해당되는 교재만큼은 모두 푸는 것이 좋다. 이때 오답, 어려운 문제, 새로운 문제, 단원복합 문제 등 중요하거나 어렵게 느낀 문제에는 반드시 체크를 해놓아야 한다.

그 다음 처음부터 다시 EBS 교재를 반복해서 푼다. 이때 다시 푸는 문제는 첫 번째 풀 때 체크해둔 문제에 한해서다. 이때도 잘 풀리지 않거나 중요하다고 생각되면 또 다시 체크를 해둔다. 이렇게 반복하면서 모든 문제를 완전히 내 것으로 만든다.

내 경우에는 이렇게 다섯 번 정도 반복을 했다. 시간 낭비라고 생각할 수도 있지만, 반복을 할수록 걸리는 시간은 기하급수적으로 줄어든다. 또, 무작정 수학 문제를 푸는 것보다는 한 문제, 한 문제 꼼꼼히 짚어나가는 것이 훨씬 효율적이다.

타이밍이 생명이다! 출제 범위 외 EBS 교재 활용법

나는 출제 범위 외 EBS 수리 교재로는 《고득점 300제》와 《FINAL 실전모의고사》를 활용했다.

《고득점 300제》는 상당한 난이도를 자랑한다. 이 문제집을 3학년 1학기 말쯤에 풀었는데, 종종 어려운 문제가 나와 스트레스를 주곤 했다. 사실 교육부의 '쉬운 수능' 방침에 맞춰서 생각해보면, 《고득점 300제》의 문제들은 지나치게 어려운 편이어서 추천하고 싶지는 않다. 하지만 수학에 자신 있는 학생들이나 최상위권·상위권 학생들은 풀어봄 직하다. 이런 학생들은 자칫 다른 EBS 교재의 상대적으로 쉬운 난이도에 익숙해져 고난이도 문제에 대한 대비가 소홀해질 수도 있기 때문이다.

《FINAL 실전모의고사》는 수능을 2주 정도 남기고 이틀에 한두 개 정도씩 풀었다. 수능 수리영역에 대한 '감'을 유지하기 위해서였다. 실제 수능 시간인 10시 30분부터 12시 10분까지에 맞춰 풀었고, 마킹 시간에 대비해 10분 정도 일찍 끝냈다. 《FINAL 실전모의고사》는 총 9회로 되어 있는데, 각각의 난이도가 실제 수능보다 약간 어려운 수준이어서 실전 연습을 하기에는 더없이 적합하다. 중상위권 학생들이면 도전해보는 것이 좋다. 실제 수능이라 생각하고 집중력을 최대한 발휘하되, 결과에는 연연하지 말자. 단지 수능 당일의 분위기를 미리 느끼고 대비하기 위해서 풀어보는 것이기 때문에 오답에 크게 신경 쓰지 않아도 좋다. 대신 부족하다 싶은 기초 개념은 꼭 확인하고 넘어가면서, 수능 시험에 대한 마지막 대비를 하자.

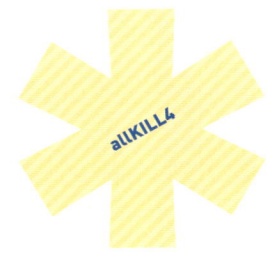

포기하지 않도록 하는
문제집 선택법

　　시중에 수많은 문제집이 있지만 자신에게 맞지 않은 문제집은 실력 향상에 도움이 되지 않는다. 평판이 좋고 다른 수험생들이 추천하는 교재라 하더라도 자신에게 맞지 않는다면 과감히 포기하는 것이 좋다.

　　자신에게 맞는 문제집을 선택할 때 먼저 고려할 기준은 바로 문제의 수준이다. 지나치게 쉽거나 어려운 문제집을 선택하면 실력도 늘지 않고, 흥미도 잃게 된다. 요즘은 교재가 수준별로 나와 있는 경우가 많으니 자신의 실력보다 약간 어려운 교재를 선택하면 된다. 또 A→B→C 단계처럼 한 문제집 안에 문제들이 수준별로 나누어져 있다면, 실력에 맞게 B단계까지만 푸는 등의 지혜를 발휘하자.

　　둘째, 해설의 상세함 여부를 살펴야 한다. 앞서 이야기했듯이, 실력은 틀린 문제를 체크하는 과정에서 많이 는다. 그런데 정작 틀린 문제의 해설을 봐도 무슨 말인지 도저히 모르겠다면 그것은 좋은 해설이 아니다.

친절하고 꼼꼼하게 설명해주는 좋은 해설집을 갖춘 문제집을 선택하자.

셋째, 수학에 흥미가 별로 없는 중하위권의 경우에는 복잡하고 빽빽한 이론서들은 지양하는 것이 좋다. 수학에 대한 흥미를 잃어버리면 학습과 도전 의지가 생기지 않기 때문에 간단한 이론과 약간 쉬운 수준의 문제로 구성되어 있는 문제집을 선택하자.

 ## 실력별 · 수준별 추천 문제집

수학은 단기간에 벼락치기로 성적을 올릴 수 있는 과목이 아니기 때문에, 푸는 문제의 양과 투자하는 시간이 매우 중요하다. 나는 고교 시절 내내 교과서를 포함해 50권이 넘는 문제집을 풀었다. 그중 추천할 만한 문제집을 소개한다.

:: 기초를 다지고 싶다면
　《수학의 정석》(성지출판), 《수학의 바이블》(Etoos)

:: 연습문제를 통해 개념을 점검하고 싶다면
　《SSEN》(신사고), 《개념원리》(개념원리), 《수능다큐》(신사고)

:: 연습문제부터 심화문제까지 수준별 학습을 원한다면
　《일품》(신사고), 《일등급수학》(한솔GRU), 《특작》(신사고)

:: 고난도 문제에 도전해 심화학습을 하고 싶다면
　《EBS 고득점 300제》(EBS), 《메가스터디 고난도 N제》(메가북스)

:: 기출문제집
　《미래로》(이룸이앤비)

이 밖에 소개하지 못한 문제집은 많고, 시중에 나와 있는 대부분의 문제집들 역시 엄선된 좋은 문제들로 구성되어 있다. 그러니 위의 목록은 참고로만 활용하고, 반드시 자신에게 맞는 문제집이 무엇인지 살펴보고 구입하기 바란다. 또, 중요한 건 문제집의 종류보다 본인의 학습 방법과 노력임을 잊지 말자.

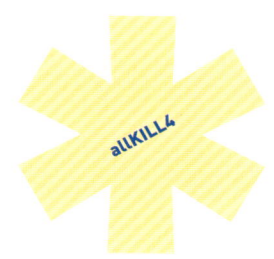

수능 날의 풍경

: 수리영역 시험 후기 :

직접 수능을 치러본 수험생으로서 수리영역 후기를 적는다.

수능은 한 번뿐이다. 직접 수능 시험장에 가서 연습해볼 기회도 없고, 모의고사처럼 다음 달에 다시 응시할 수 있는 시험도 아니다. 그러니 후기를 통해서라도 간접 경험을 해보기 바란다. 이 글을 읽고 마음속으로 끊임없이 시뮬레이션을 하면서 수능 당일, 자신만의 드라마를 그려보자.

2011년 11월 10일 10시. 1교시 언어영역이 종료되었다. 언어영역을 무난히 끝냈다는 생각에 안도감이 밀려왔지만 절대 긴장을 늦출 수 없었다. 수리영역에서 실수하면 안 된다는 압박감이 컸기 때문이다. 머리는 신중함으로 채우려고 노력했지만, 아무래도 수능이라는 시험이 주는 압박감은 무시하기 힘들었다. 쉬는 시간에 보려고 몇 가지 중요한 사항을 노트에 적어 가져갔지만, 공책을 펴도 머리에 잘 들어오지 않았다. 복도로 나가 창밖을 내다보며 머리를 식혔다. 그렇게 쉬는 시간 20분이 지나고 시작 종이 울리기 전 약 5분 동안, 심호흡을 하며 계속해서 '할 수 있다' 라는 말을 되뇌었다.

종이 울리고, 1번부터 차근차근 풀어나가자 별로 긴장이 되지 않았다. 그저 한 문제 한 문제에 빠져들었던 것 같다. 15번까지 풀자 대충 난이도에 대한 감이 왔다. 평이한 수준이었고, 실수하면 큰일이라는 생각에 풀이 속도를 늦추고 좀 더 신중하게 풀어나갔다. 그렇게 29번까지는 아무런 무리 없이 깔끔하게 답이 나왔다. 너무 쉽게 풀려서 당황스러울 정도였다.

하지만 30번을 풀면서 생각이 달라졌다. 이 문제를 푸느냐 못 푸느냐에 따라 1등급과 2등급이 갈릴 것 같았다. 30번을 풀고 나자 30분이 남았고, 처음부터 천천히 검토를 하고 나니 20분이 남았다. 마음에 걸렸던 30번으로 돌아가 처음부터 풀이를 다시 했다. 처음에 감을 못 잡아 난잡하게 풀었던 터라, 깨끗이 지우고 찬찬히 풀이 과정을 써나갔다. 그렇게 풀이를 세 번쯤 고쳤을 때에야 정답에 대한 확신이 들었다. 검토까지 마치고 남은 시간은 10분, 마킹을 하고 문제지에 표시한 정답과 마킹이 일치하는지 몇 번 검토하고 나자 종이 울렸다.

같은 학교 친구와 점심을 먹으면서 수리영역에 대한 이야기를 나눴다. 다음 시험에 영향을 미칠까봐 답은 절대 맞추지 않기로 했는데, 30번의 답이 궁금했다. 그런데 그게 문제였다. 나는 39라고 썼는데 친구는 38이라고 썼다는 것이었다. 그때부터 불안해지기 시작했다. 변별력이 가장 큰 문제였기 때문에, 이 문제를 맞히느냐 못 맞히느냐에 따라 수능의 성패가 갈릴 것 같았다. 결국은 내 답이 맞았지만, 수능 시험이 끝나는 내내 그 문제가 마음에 걸렸다.

그래도 모든 조건을 충분한 시간을 두고 계산한 끝에 얻어낸 결과였기 때문에 확신을 갖으려 노력했다. 끊임없이 '내가 맞아' 라는 자기 암시를 하며 자신감을 불어넣었다. 마인드컨트롤이 정말 중요한 수능 시험에서 답을 맞춰보는 것은 자칫 큰 혼란을 가져올 수 있다. 아무리 궁금하더라도 절대 답은 맞추지 말고, 설사 친구들과 답이 다르더라도 끝까지 자신감을 갖고 눈앞의 시험에 집중하는 기지가 필요하다.

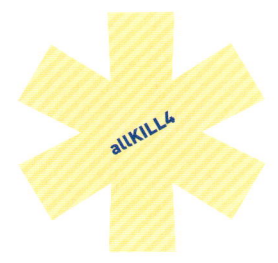

수리 올킬 마지막 발자국
: 100시간의 법칙 :

    매년 약 70만 명의 학생이 수리영역 시험을 치르지만, 정작 수학을 좋아하는 사람은 별로 없다. 진로를 문과와 이과로 나눌 때 보면 수학이 싫다는 이유로 문과를 선택하는 학생도 부지기수다. 어쩌면 수학이란 '딱딱하고 지루한 과목'이라는 선입견이 수학에 다가가는 것을 더 어렵게 하는지도 모르겠다.

    사실 수학은 정말 쉬운 과목이다. 답도 명확할 뿐만 아니라, 문제가 요구하는 바를 파악하고 계산만 정확히 하면 된다. 문제는 이러한 실력이 쉽게, 그리고 눈에 띄게 갖춰지지 않는다는 것이다. 어떤 과목이든 실력이 느는 데는 시간이 걸릴 수밖에 없는데, 수학은 과목의 특성상 그 성과가 금세 보이지 않아 많은 학생들이 좌절하고 만다. 세계적인 베스트셀러 작가 말콤 글래드웰은 수많은 위인들의 성공 비법을 분석한 저서 《아웃라이어》에서 '1만 시간의 법칙'을 제시했다. 어떤 일이든 프로가 되기까지는 1만 시간의 노력이 필요하다는 것이다. 겉으로는 재능을 타고난 것처럼 보이는 천재들도 그 뒤에는 꾸준한 노력이 있었던 것이다.

나는 여러분에게 '100시간의 법칙'을 제시하고자 한다. 개인차가 있겠지만, 수학 공부의 성과가 어느 정도 가시적으로 나타나기 위해서는 최소한 100시간의 꾸준한 노력이 있어야 한다. 매일 한 시간씩이라도 꾸준히 노력해서 100시간을 채우면, 실력은 눈에 띄게 달라져 있을 것이다. 거기서 또 100시간을 채워가며 실력을 늘리고, 또 늘려가면 된다. 고등학교 때까지의 성적을 결정하는 것은 바로 이 '꾸준함'과 '노력'이다.

나는 지금까지 수학 공부를 가장 '제대로' 그리고 '효율적으로' 할 수 있는 방법들을 제시했다. 수많은 시행착오를 겪으며 얻어낸 노하우와 나름대로의 비법들을 담았지만, 모든 것은 꾸준한 노력을 전제로 하고 있다. 노력이 없다면 어떤 공부 방법과 노하우도 아무 소용이 없다. 꾸준한 노력과 강한 성취 동기가 뒷받침된다면, 내가 제시한 방법들이 큰 도움이 될 것이라고 확신한다.

III

PART4 : 수능올킬비법 : 수능 영역별 공부법 :

외국어영역올킬

외국어 올킬 첫걸음
: 영어를 잡아라 :

대입수학능력시험 외국어영역에서 학생들은 총 70분간 50개의 문제를 풀어야 한다. 그중 1번부터 17번까지는 듣기 문제로 20분 정도 시간이 소요되고, 나머지 문제의 유형은 거의 매년 동일하게 출제된다(175쪽 2012 수능 출제 통계표 참고).

2012학년도 수능에서 외국어영역 만점자는 약 2.7퍼센트로 평가원이 예상한 1퍼센트를 훨씬 웃돌았다. '물수능'이라는 논란이 일었고, 외고생 등 외국어 실력이 뛰어난 학생들은 타격을 입었다.

사실 지문의 수준이나 문제의 난이도 자체가 작년보다 조금 쉬워졌을 뿐 크게 달라진 것은 없었다. 다만 EBS 교재에 대한 체감 연계율이 높아지면서 수험생이 느끼기에 문제가 쉽게 다가왔던 것으로 예상된다. 거의 모든 문제가 한 번 이상 풀어봤거나 공부했던 지문에서 출제되었기 때문이다.

하지만 EBS 교재와의 연계율이 높아진다고 해서 계속 수능이 쉬울 것이라고 안심할 수는 없다. 평가원이 이번에 만점자 비율 조절에 실패한 만큼 다음 수능에서는 난이도를 높일 확률이 크다. 만점자 비율이 높았다고 EBS 교재 난이도가 낮은 것은 아니다. EBS 교재 난이도는 상당한 수준이며, 특히 《고득점 330제》에 나오는 어휘와 문제는 한참을 고민하게 만들 정도로 까다롭다.

연계율과는 상관없이 문제 자체가 어려워질 가능성이 있다. 어쩌면 2013학년도 수능은 2011학년도 수능처럼 높은 난이도로 구성된 문제가 출제될 수도 있다. 결국 수능을 준비하는 우리의 대책은 문제가 어떤 난이도로 나오든 잘 치를 수 있게 철저히 대비하는 것뿐이다.

매년 변동 폭이 큰 시험의 난이도와 달리 평가원에서 출제하는 수능 문제의 유형은 거의 비슷하다. 때문에 이러한 유형들에 맞춰 공부할 수 있도록 효과적이고 전략적인 영어 공부법에 대해 다루고자 한다.

어휘, 어법, 청해(廳解), 독해를 비롯한 영역별 공부법부터 TEPS, TOEIC, TOEFL 등 공인 영어 시험 대비법, EBS 문제집 활용법 등 수능을 준비하며 얻은 경험과 노하우를 정리했다. 영어가 점점 중요해지고 있는 21세기 글로벌 시대, 영어는 '절대' 어려운 과목이 아니다. 우리 앞에 큰 산으로 놓인 영어를 함께 정복해보자!

2012 수능 외국어영역 출제 통계

문항 번호	배점	문제 유형	문항 번호	배점	문제 유형
1	2	듣기	26	3	빈칸 완성
2	1	듣기	27	2	빈칸 완성
3	2	듣기	28	2	빈칸 완성
4	2	듣기	29	2	빈칸 완성
5	3	듣기	30	3	빈칸 완성
6	2	듣기	31	2	빈칸 완성
7	2	듣기	32	2	어휘 추론
8	2	듣기	33	2	어휘 추론
9	2	듣기	34	2	주제 추론
10	2	듣기	35	2	주제 추론
11	2	듣기	36	2	내용 일치/불일치
12	2	듣기	37	2	내용 일치/불일치
13	1	듣기	38	2	내용 일치/불일치
14	2	듣기(말하기·쓰기)	39	2	글의 요지
15	2	듣기(말하기·쓰기)	40	2	글의 요지
16	2	듣기(말하기·쓰기)	41	2	제목 추론
17	2	듣기(말하기·쓰기)	42	2	제목 추론
18	2	글의 목적	43	2	글의 순서
19	2	지시대명사	44	2	단락 속에 문장 넣기
20	2	어법	45	2	문단 요약
21	2	어법	46	2	장문 독해(글의 순서)
22	2	무관한 문장 찾기	47	2	장문 독해(지시대명사)
23	1	분위기 및 심경	48	2	장문 독해(내용 일치/불일치)
24	2	필자의 주장	49	2	장문 독해(제목 추론)
25	2	빈칸 완성	50	2	장문 독해(빈칸 완성)

영어의 시작,
단어를 씹어 먹자!

핵심은 단어다

청해를 하건, 독해를 하건, 어떤 문제든지 어휘를 모르면 이해가 불가능하다. 문장의 구조나 어법은 몰라도 단어만 제대로 알고 있으면 어느 정도 뜻은 짐작할 수 있다. 하지만 핵심 단어를 모르면 문장 구조를 완전히 이해하더라도 해석이 불가능하다.

단순한 '어휘 추론' 문제뿐이 아니다. '빈칸 완성' '문단 요약' '내용 일치/불일치' 등 대부분의 문제에서 키워드, 즉 핵심 어휘를 놓쳐버리면 정답을 찾는 것은 불가능해진다.

한마디로 어휘는 영어의 핵심이고, 어휘 학습은 영어 공부의 출발점이다. 외국어 올킬의 시작, 그 출발은 단어에 있다!

머리와 시간을 쓰지 않는 단어 암기법

모르는 단어가 나왔다면 외우는 수밖에 없다. 세상에는 다양한 암기법이 있다. 암기법의 대표적인 예로 꼽히는 '연상 암기법'은 언론에 보도되며 한참 화제가 되었다. 단어와 함께 연상되는 재미있는 그림을 떠올리거나, 이미 알고 있는 쉬운 내용과 연관 지어 암기하는 방법이다. 영어를 처음 시작하는 사람이나 기존의 영어 단어 암기 방식이 지루한 사람에게는 큰 효과가 있다고 알려져 있기도 하다.

하지만 바쁜 수험생들, 특히 고급 단어를 비롯해 많은 단어를 외워야 하는 고등학생들에게는 추천하고 싶지 않은 방법이다. 오늘 당장 단어 100개를 외워야 한다면, 100개에 해당되는 그림이나 내용과 연관 지을 시간에 단어를 한 번이라도 더 보고, 한 번이라도 더 쓰면서 외우는 편이 낫다는 생각에서다.

그렇다면 외국어 올킬 공략을 위한 단어 정복법에는 어떤 것들이 있을까? 단어를 '제대로', 그리고 효과적으로 외우기 위해 내가 실제로 사용했던 몇 가지 방법을 소개한다.

Step1 ### 단어는 머리로 외우는 것이 아니다! 오감으로 습득하라!

단어는 최대한 많은 감각(시각, 청각, 촉각 등)을 활용해 외우는 것이 효과적이다. 감각을 많이 활용할수록 뇌가 활성화되어 효율적으로 공부할 수 있다는 얘기를 들은 적이 있다. 단어를 '보면서' '소리 내어 읽으면서' '쓰면서' 외우면 눈으로만 보고 지나가는 것보다 효과적으로 암기할 수 있다. 조금 귀찮더라도 오늘부터는 펜과 목소리를 이용하자.

암기 시간을 따로 만들지 마라!

단어 외울 시간을 따로 내는 것은 생산적이지 못하다. 단어책을 한 시간 동안 붙들고 있어봤자 지루하기만 하고, 익힌 단어도 시간이 지나면 금방 잊어버릴 확률이 높다. 따라서 단어 암기는 시간을 따로 두는 것보다 틈틈이 자투리 시간을 활용하는 것이 효과적이다.

하루를 곰곰이 살펴보면 자투리 시간은 많다. 집이나 기숙사에서 학교로 이동하는 시간, 밥 먹으러 가는 시간, 줄서서 기다리는 시간, 쉬는 시간, 점심시간, 자기 전 등 다 모아보면 최소한 두 시간 정도는 자투리 시간이 생긴다. 이때 작은 단어장을 들고 다니면서 외우는 것이 가만히 앉아서 두 시간 동안 열심히 외우는 것보다 훨씬 효율적이다. 하루에도 몇 번씩 반복할 수 있는 데다 단기 집중력만 발휘하면 되기 때문이다.

의미 없이 흘러가는 시간도 내 것으로 만들어야 한다. 수시로 외워라. 당장 단어장을 만들어 항상 들고 다니면서 자투리 시간을 활용하자.

버튼 하나면 반복 설정 끝! mp3 파일을 이용하라!

에빙하우스의 '망각곡선'에 대해 들어봤을 것이다. 새로 배운 내용은 시간이 지날수록 기하급수적으로 잊힌다는 내용이다.

단어 암기도 마찬가지다. 반복하지 않으면 쉽게 잊어버리는 것이 영어 단어다. 특히 고급 단어는 잘 나오지도 않는 데다가 외워지지도 않아서 막막하기만 하다. 이때는 mp3 파일을 만들어 수시로 들으면 효과적이다. 어려운 단어의 발음도 익힐 수 있고, 언제든 부담 없이 다시 공부할 수도 있다. 요즘 단어책을 구입하면 홈페이지에서 어휘 mp3 파일을 제공하는 경우가 많은데, 자신이 필요한 단어만 골라 다운받으면 된다.

수준별 추천 어휘 교재

어휘를 제대로 숙지하고 싶다면, 어휘에 대한 자신의 위치를 가늠하고 교재도 수준별로 정리되어 있는 것을 활용하는 것이 좋다.

:: 고난도 어휘를 공부함으로써 실력 향상을 꾀하고 싶은 상위권

《Word Master : 실력편》

《Hackers TOEFL Vocabulary》

:: 수능에 나오는 단어들을 정복하고 싶은 학생

《Word Master : 수능편》

《뜯어먹는 수능 영단어 1800》 등 수능을 테마로 한 어휘집

:: 고교 영어에 필요한 기본 단어들을 익히고 싶은 학생

《워드샵》

이 밖에도 다양한 단어 교재들이 있고, 대부분의 교재가 수준별로 커리큘럼을 제공하고 있으니 자신에게 맞는 것을 선택하면 된다. 《Word Master》와 《Hackers》 시리즈는 홈페이지에서 mp3 파일과 함께 퀴즈 문제까지 제공하고 있어 더욱 효과적인 학습이 가능하다.

: 외국어 올킬! 영역별 공략법 :

듣기(Listening Comprehension)

듣기 문제의 전략 포지션

수능에서 듣기 문제는 1번부터 17번까지 총 17문제가 출제된다. 전체 문항 수가 50문제인 것을 고려하면 상당한 비중이라고 할 수 있다. 게다가 2014학년도 수능부터는 총 45문제 중 듣기 문제가 22문제로 비중(약 50 퍼센트)이 더 커지는 데다가, 새로운 유형도 등장하면서 난이도도 상향 조정될 전망이다.

영어가 모국어가 아닌 우리에게 듣기란 어려운 일일 수밖에 없다. 하지만 다행히도 수능에 출제되는 듣기 문제의 수준은 평이한 편이다. 원어민들이 나누는 일반 대화와 비교했을 때 속도가 느린 편이고, 어휘 수준이나 문장 구조 역시 간단하다. 그래서 다른 어법이나 독해 문제에 비해 정답률이 높은 편이고, 수험생들도 큰 부담을 느끼지 않는다.

그러나 이 말을 뒤집으면, 듣기 문제에서 점수가 낮으면 다른 수험생들에게 뒤쳐질 수 있다는 뜻이 된다. 다른 수험생들은 곧잘 맞추는 듣기 문제를 나만 틀리면 경쟁력이 떨어지는 것이다.

그렇기 때문에 외국어영역에서 변별력을 가지려면 듣기 문제를 다 맞아야 한다. 앞서 강조했듯, 수능 듣기 문제는 평이한 수준을 유지하고 있기 때문에 대비만 철저히 한다면 만점은 어려운 일이 아니다.

 ## 귀에 딱지가 앉을 때까지! 반복만이 살길이다!

수능 듣기 문제의 대본, 즉 스크립트는 일반 독해 문제의 지문에 비해 상대적으로 쉽게 구성되어 있다. 문장도 짧고, 어려운 어휘도 등장하지 않는다. 글과 문장 구조 역시 일목요연하고 깔끔하다. 눈으로 읽는 것보다 귀로 듣는 것이 더 까다롭기 때문에 평가원 측에서도 듣기의 지문은 간단하게 출제한다.

하지만 듣기 대본에 있는 어휘나 문장을 읽어서 이해하지 못한다면, 들었을 때는 더 이해하기 어렵다. 즉, 듣기 문제에 나오는 어휘나 문장을 독해할 수 있어야 들었을 때도 이해가 가능하다는 말이다.

2012학년도 수능 외국어영역 1번 문제는 대화를 듣고 조건에 맞는 가방을 찾는 문제다.

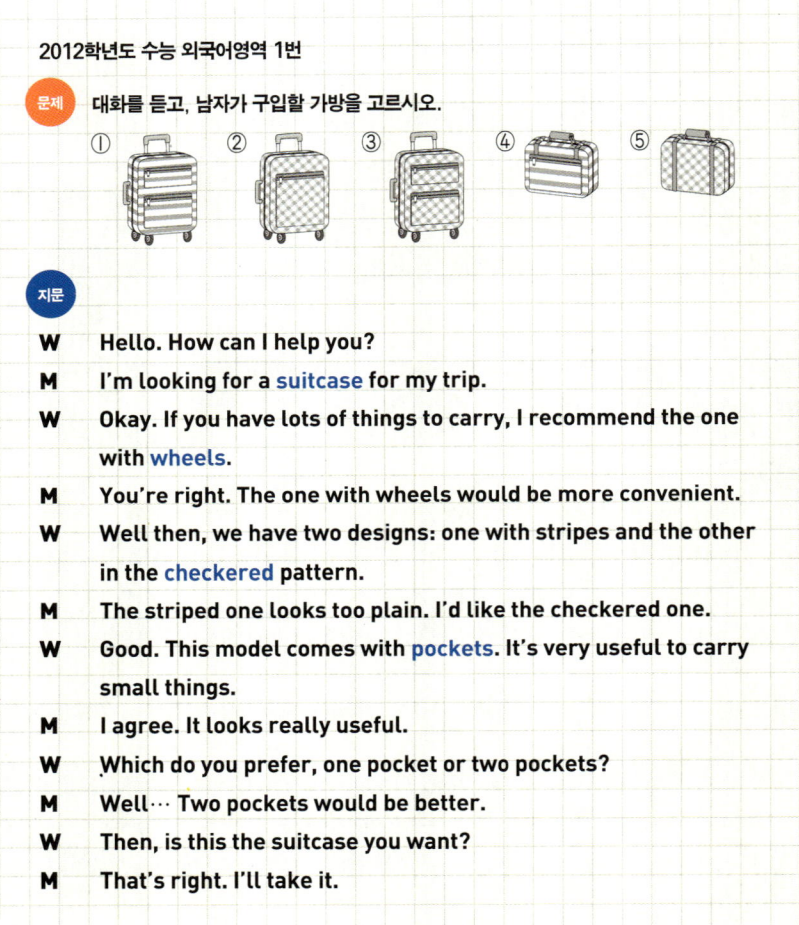

문제 대화를 듣고, 남자가 구입할 가방을 고르시오.

① ② ③ ④ ⑤

지문

W Hello. How can I help you?

M I'm looking for a suitcase for my trip.

W Okay. If you have lots of things to carry, I recommend the one with wheels.

M You're right. The one with wheels would be more convenient.

W Well then, we have two designs: one with stripes and the other in the checkered pattern.

M The striped one looks too plain. I'd like the checkered one.

W Good. This model comes with pockets. It's very useful to carry small things.

M I agree. It looks really useful.

W Which do you prefer, one pocket or two pockets?

M Well… Two pockets would be better.

W Then, is this the suitcase you want?

M That's right. I'll take it.

사실 이 문제에서 **suitcase**와 같은 단어는 몰라도 지문 그림에 '가방'이 제시되어 있기 때문에 쉽게 '가방'에 대한 문제임을 유추할 수 있다.

하지만 **wheel**, **checkered**, **striped**, **pocket**과 같은 단어를 모르면 스크립트에서 가리키는 대상이 무엇인지 확인할 수 없기 때문에 문제를 풀기가 어렵다. 그렇기 때문에 기본적인 단어에 대한 학습은 꾸준히, 그리고 필수적으로 이루어져야 한다.

또 다른 예를 들어보자.

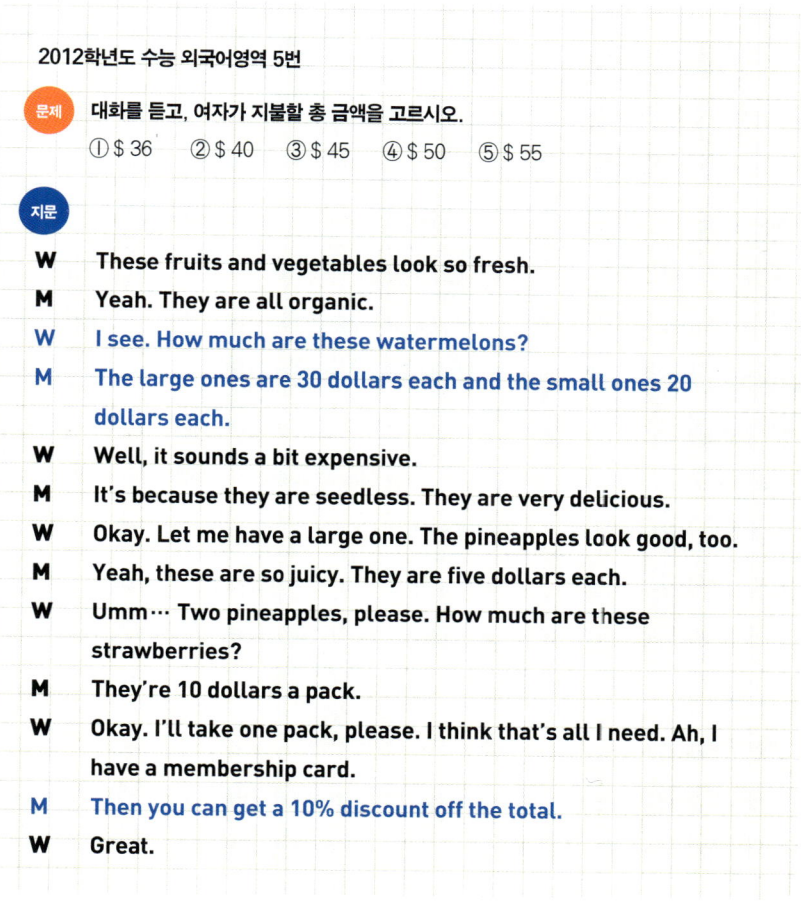

2012학년도 수능 외국어영역 5번

문제 대화를 듣고, 여자가 지불할 총 금액을 고르시오.

　① $ 36　② $ 40　③ $ 45　④ $ 50　⑤ $ 55

지문

W　These fruits and vegetables look so fresh.

M　Yeah. They are all organic.

W　I see. How much are these watermelons?

M　The large ones are 30 dollars each and the small ones 20 dollars each.

W　Well, it sounds a bit expensive.

M　It's because they are seedless. They are very delicious.

W　Okay. Let me have a large one. The pineapples look good, too.

M　Yeah, these are so juicy. They are five dollars each.

W　Umm… Two pineapples, please. How much are these strawberries?

M　They're 10 dollars a pack.

W　Okay. I'll take one pack, please. I think that's all I need. Ah, I have a membership card.

M　Then you can get a 10% discount off the total.

W　Great.

이 문제는 지문을 듣고 조건에 맞게 금액을 계산하는 문제다.

seedless, juicy 같은 단어를 알면 좋지만 모르더라도 문제 푸는 데는 큰 지장이 없다. 하지만 문장 구조나 뜻을 이해하지 못한다면 치명적일 수 있다.

파란색으로 표시된 첫 번째 부분에서 여자는 '**How much are these watermelons**(이 수박들이 얼마입니까)**?**' 라고 묻는다. 남자는 '**The large ones are 30 dollars each and the small ones 20 dollars each**(큰 것들은 30달러이고 작은 것들은 20달러입니다).' 라고 답한다. 이때 가격을 묻는 문장 구조와 큰 것과 작은 것의 가격을 얘기하고 있는 문장의 뜻을 이해하지 못하면 문제를 풀 수 없다.

두 번째 부분에서, 여자가 멤버십 카드가 있다고 말하자 남자는 '**Then you can get a 10% discount off the total.**' 이라고 답한다. 전체 금액에서 10퍼센트를 할인해주겠다는 뜻인데, 이 말을 이해하지 못하면 답을 맞추기 힘들다. 답은 45달러인데, 10퍼센트 할인을 적용하지 않아 50달러라고 생각하게 되는 것이다.

그렇기 때문에 듣기에 나올 만한 표현이나 문법, 어휘, 숙어는 반드시 정리해두는 것이 좋다.

나는 수능 출제 범위였던 《EBS 고교 영어듣기(1)》를 풀면서 몰랐던 표현이나 어휘 등을 꼼꼼히 정리해두었다. 문제를 다 푼 다음에는 그렇게 정리한 부분만 귀에 익숙해질 때까지 반복해서 들었다.

자주 치르는 모의고사나 수능 기출문제를 이용하는 것도 좋다. 스크립트를 정독하면서 잘 들리지 않는 부분이나 숙어, 중요한 표현 등을 익히는 것인데, 이 방법은 상당히 효과적이다. 수능 듣기 문제의 유형은 비슷하기 때문에 유사한 표현이 나올 수밖에 없다.

귀를 열어라!

앞장에서 제시된 반복 학습을 통해 기초를 닦으면서 반드시 해야 할 일이 있다. 귀를 여는 일이다. 아무리 모르는 어휘와 문장이 없다 해도 막상 눈을 가리고 들어보면 무슨 뜻인지 모르는 경우가 허다하다. 이는 듣기에 익숙하지 않아서, 귀가 열리지 않았기 때문이다.

귀를 열기 위해서는 일단 많이 들어야 한다. 처음에는 연음이나 발음 때문에 잘 들리지 않아 힘들겠지만, 귀에 익숙해질 때까지 끊임없이 듣는 것이 중요하다.

들으면서 받아쓰기(Dictation)를 하면 더 효과적이다. 받아쓰기를 하면 무엇보다 집중력을 동원해 듣기를 할 수 있을 뿐만 아니라, 그냥 들었을 때는 놓치기 쉬운 'a'나 'the' 같은 사소한 부분까지 잡아낼 수 있어 실력이 향상된다. 그리고 식별하기 어려운 연음이나 발음을 익힐 수 있고, 쓰는 과정에서 문장 구조에 대한 이해도 높아진다. 시간이 오래 걸린다는 단점이 있지만, 귀를 여는 데는 받아쓰기만 한 방법이 없다. 시중에 나와 있는 듣기 교재를 보면 받아쓰기를 제공하고 있는데 일부 중요한 부분만 빈칸으로 되어 있어 효율적으로 공부할 수 있다. 관사나 접속사까지 다 받아쓰는 것도 좋지만, 시간이 없다면 그런 교재를 활용하는 것도 좋은 방법이다.

고3 수험생, 특히 수능을 코앞에 둔 3학년 2학기라면 항상 귀가 열려 있도록 신경 써야 한다. 수능의 듣기 난이도가 평이한 수준이라고는 하지만, 수능이 주는 긴장감과 새로운 환경이 주는 부담감은 결코 만만치 않다. 실전에서 제 실력을 발휘하려면 수능 당일에도 귀가 열려있도록 준비해야 한다. 그러기 위해서는 최소한 매일 오후 1시 10분부터 1시 30분까지는(실제로 수능에서 영어 듣기 방송이 나오는 시간) 영어 듣기에 시간을 할애해야 한다. 이렇게 조금씩이라도 매일 영어를 들어줘야 영어 듣기에 대한 감을 유지할 수 있고 잘 들을 수 있다.

마지막으로 앞서 계속 설명했듯이, 기본적인 문장 구조와 어휘에 대한 학습은 필수임을 기억하자. 아무리 듣기에 귀가 익숙해져도 그 단어와 문장 자체를 모른다면 해석이 불가능하기 때문이다.

 ## 수능 대비 특별 시뮬레이션! 나만의 훈련법을 만들어라

실제 수능에서의 듣기 시험은 평소와 다르다. 심리 상태도 다르고, 환경도 다르다. 아무리 듣기에 자신이 있다 해도 수능 듣기가 주는 긴장감과 압박감은 무시할 수 없다. 듣기의 특성상 반복이 불가능하기 때문이다.

나는 언어영역 듣기 시험에서 약간 떨렸고, 수리영역에서는 떨지 않았다. 하지만 외국어영역이 시작되고 듣기 방송이 나오자 심장 소리가 들릴 정도로 다시 떨리기 시작했다. 다 맞혀야 한다는 압박감이 심했기 때문이다.

가령 내가 5번 문제에서 헷갈려 답을 정하지 못했다면 다음 6번 풀이에도 영향을 준다. 그리고 7번, 8번……. 계속해서 불안감과 압박감이 조여온다. 이렇게 되면 남은 듣기 문제뿐만 아니라 나머지 다른 33문제도 불안한 마음 때문에 집중할 수 없게 된다. 듣기 한 문제 때문에 외국어영역 전체 성적이 좌우될 수 있는 것이다.

게다가 수능 시험장의 환경은 우리가 듣기 연습을 하던 곳과는 다르다.

평소 듣기 연습을 할 때는 주변의 소음이 차단된 상태에서 이어폰이나 헤드셋을 이용해 깨끗한 음질의 mp3 파일을 듣는다. 하지간 수능 시험장에서는 잡음이 섞인 스피커에서 방송이 나오고, 주변 학생들의 숨소리와 펜 소리, 의자 끄는 소리, 종이 넘기는 소리까지 들린다. 뿐만 아니라 갑자기 방송에 문제가 생길지도 모른다는 불안감까지 엄습한다. 평소 듣기 연습을 할 때와는 다른 상황에 놓이게 되는 것이다.

여기에 대한 대책은 하나다. 어떤 상황에 놓이더라도 제 실력을 발휘할 수 있도록 연습하는 것이다. 억울하지 않게 제 실력을 발휘하려면 어떤 상황이 오더라도 대처할 수 있어야 한다. 그래서 나는 수능을 한 달 남겨놓고 적응 훈련을 위해 스스로 다양한 환경을 만들어보았다.

① 주변이 시끄러운 점심시간에 교실에서 듣기 모의고사를 푼다.
② 한쪽 이어폰으로만 듣는다.
③ 듣기 수업 중 카세트테이프로 듣기 방송이 나올 때 이어플러그(귀마개)를 꽂고 듣는다.
④ 재생 속도를 가장 빠르게 해서 mp3를 듣는다.

이렇게 다양한 상황을 만들어 수능을 준비했더니 어떤 상황에 놓이든 잘 해결할 수 있겠다는 자신감과 나름의 대처법이 생겼다. 자신감은 완벽한 준비에서 온다. 최악의 상황에서 연습한다면 실제 수능은 아무것도 아니다.

듣기의 사전 대처법! 선지를 먼저 읽어라!

수능에서는 듣기 방송을 1시 8분 정도에 시작한다. 2분 정도의 안내방송이 끝나면 문제지를 펴도 좋다는 말과 함께 외국어영역이 본격적으로 시작된다. 이때 가장 먼저 해야 할 것이 듣기 문제와 선지를 미리 읽어놓는 것이다. 특히 14~17번은 선지가 모두 영어로 되어 있어 듣고 바로 풀려면 시간이 부족하기 때문에 미리 읽어놓는 것이 좋다.

또한 1번은 항상 그림과 함께 출제되는데, 각 그림 선지의 차이점을 비교하고 어떤 단어가 나올지 미리 예상하는 것이 좋다.

앞서 예를 들었던 문제를 다시 살펴보면,

①, ②, ③번 선지는 가방에 바퀴가 달려 있다. 이것을 캐치하고 **wheel** 이라는 단어가 나올 것이라고 예상한다. 그리고 ②, ③, ⑤번은 체크무늬, ①, ④번은 줄무늬이다. 여기서 각각 **checkered pattern**, **striped pattern** 등의 단어가 나올 것임을 미리 예측할 수 있다. 또한 ①, ③번은 주머니가 두 개라는 것도 체크해둔다.

이렇게 미리 어떤 단어가 나올지 예상을 하면 훨씬 여유 있게 방송을

들을 수 있다.

듣기에서 가장 까다로운 또 한 가지 유형은 돈 계산 문제와 내용 일치/
불일치 문제다.

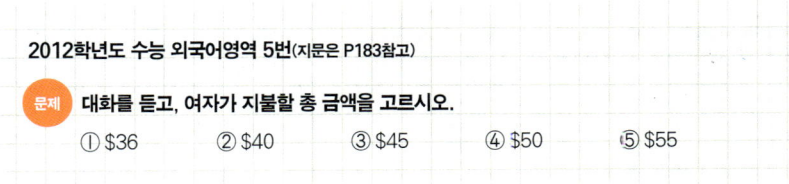

2012학년도 수능 외국어영역 5번(지문은 P183참고)

문제 대화를 듣고, 여자가 지불할 총 금액을 고르시오.
① $36   ② $40   ③ $45   ④ $50   ⑤ $55

이 경우에는 많은 양의 정보가 빠르게 전개되는 대화 속에 들어 있기
때문에 특별히 주의를 기울여야 한다. 돈을 계산하는 문제에서는 문제지
에 중요한 정보를 메모하는 것이 좋다. 그래야 머리로만 계산하기 어려운
내용도 쉽게 파악할 수 있고, 할인율(Discount Rate)을 계산할 때도 도움이
된다.

내용 일치/불일치 문제를 풀 때는 선지와 관련된 내용이 나올 때마다
선지별로 O 또는 X를 체크하며 읽는 것이 좋다.
다음 문제를 보자.

2012학년도 수능 외국어영역 12번

 문제 다음을 듣고, Chicago Student Exchange Program에 관한 내용과 일치하지 <u>않는</u>
것을 고르시오.

① 참가 학생들은 6개월 동안 Chicago에 머무르게 된다.

② 수업 시간은 오전 9시부터 오후 4시까지이다.

③ 학교에서 교통편은 제공하지만, 점심은 제공하지 않는다.

④ 주말에 학생들은 다양한 야외 활동을 즐길 수 있다.

⑤ 학생 선발은 면접을 통해 이루어진다.

 지문

W Hello, students! Our university is offering the Chicago Student
Exchange Program. The students who join this program will be
① staying in Chicago for six months from March 1 to August 31.
Students have ② classes from 9 a.m. to 4 p.m. ③ Lunch meals
and transportation to and from school are provided by the
school. On weekends, ④ students can enjoy a variety of
outdoor activities. The ⑤ participants are selected through an
interview. For more information, please visit our website. We
hope many of you will apply for this program. Thank you.

파란색으로 표시한 부분이 각 선지와 관련되는 부분이다. 이와 같이 많
은 양의 정보가 한 사람의 얘기 속에 빠르게 담겨 나오기 때문에 들으면
서 동시에 정오를 체크하는 습관을 들여야 한다.

마지막으로 가장 주의할 것은, 한 문제를 놓쳤다고 해서 절대 연연해
해서는 안 된다는 것이다. 중요한 정보를 듣지 못했거나 답을 정하지 못
했더라도, 듣기가 모두 끝난 후에 차분히 생각하기로 하고 잠시 잊어버려
야 한다. 괜히 그 한 문제 때문에 고민하다가 나머지 문제까지 망쳐버리

는 수가 있기 때문이다. 답을 정하지 못했더라도 나중에 정답이 될 만한 선지를 두세 개로 압축할 수 있기 때문에 정답률은 높은 편이다. 당황하지 말고 차분히 다음 문제로 넘어가는 의연함을 갖는 것이 좋다.

: 외국어 올킬! 영역별 공략법 :

어법(Grammar & Usage)

공부하기가 쉽지 않지만 탄탄히 해놓으면 그만큼 효과를 볼 수 있는 것이 바로 어법이다. 어법을 제대로 익혀놓으면 독해에서 복잡하고 어려운 문장 구조가 나와도 쉽게 이해할 수 있다. 어법 자체가 문장이 만들어지는 원리이기 때문이다.

'수능에 두 문제밖에 안 나오는데 뭐' 하고 제쳐둘 것이 아니라, 모든 독해 문제를 푸는 데 근간이 되는 영역이라고 생각하고 공부하자. 당장은 성과가 나타나지 않더라도 튼튼한 기초는 수능에서 여러분을 배신하지 않는다.

어려운 용어, 외우지 말자!

어법이 어려운 이유 하나, 어려운 용어!

많은 학생들이 어법 공부를 할 때 가장 어려워하는 것이 어려운 용어들이다. 문장의 5형식부터 전치사, 접속사, 관계부사와 관계대명사, 재귀대명사, 정관사와 부정관사 등등. 외우자니 복잡하고 그냥 넘기려니 불안한 용어들 때문에 고민이다. 어법 문제를 능숙하게 해결하는 학생들도 이런 용어들이 나오면 혼란을 겪는다.

결론부터 말하자면, 이런 용어들은 알 필요가 없다. 우리가 한국어의 'ㅂ불규칙 활용'이나 '체언', '용언' 같은 문법 용어들을 몰라도 한국어 사용에 어려움이 없듯이, 영어도 복잡한 이름들을 굳이 외을 필요가 없다. 그저 주어진 상황과 조건에 맞게 어법을 사용할 수 있으면 그만이다.

용어가 어려운 이유는 우리나라 학자들이 영어 문법 용어들을 어려운 한문으로 바꿔놓았기 때문이다. 나도 아직 전치사와 접속사, 관계부사와 관계대명사를 잘 구분하지 못한다. 문장의 5형식 중 4형식과 5형식은 기억도 나지 않는다. 그런데도 수능이나 모의고사에서 어법 문제를 푸는 데는 어려움이 없었다.

어법에서 중요한 것은 이런 용어가 아니다. 수능에 나오는 어법 문제는 '다음 밑줄 친 용어가 관계부사인지 관계대명사인지 고르시오'나 '다음 빈칸에 들어갈 단어의 시제가 미래완료형인지 과거진행형인지 쓰시오'와 같이 출제되지 않는다. 앞서 말했듯 주어진 상황에 맞게만 사용할 수 있으면 된다.

넓은 범위, 쪼개면 쉽다!

어법이 어려운 이유 둘, 방대한 범위!

어법이 어려운 또 다른 이유는 넓은 범위다. 수능에 출제되는 어법 문제는 단 두 문제에 불과하지만, 그 두 문제를 맞히기 위해서는 고교 영어에서 다루는 방대한 범위의 영어 어법 지식이 있어야 한다. 동사, 조동사, 수동태, 가정법, 부정사, 동명사, 분사, 비교대명사, 관계대명사, 병렬, 강조, 도치 등등 넓은 범위를 공부하다 보면 실력이 느는 것도 눈에 띄지 않고 중간에 지쳐버리기 때문에 어렵게 느껴진다.

하지만 범위는 방대할지 몰라도 각각의 분야는 크게 어렵지 않다. 특히 수능에서 다루는 어법의 내용은 누구나 이해할 수 있을 정도로 간단하다. 예를 들어 수동태를 공부한다면, 능동형의 문장이 수동태로 변환될 때 어떤 형태 변화, 어순 변화가 있는지만 파악하면 간단하다. 이 핵심적인 원리만 익히고 있으면, 수동태에서의 시제 변화나 특별히 수동태로 쓰는 동사들 정도는 손쉽게 이해하고 공부할 수 있다. 범위는 넓지만 원리만 파악하면 각각의 분야를 정복하기는 쉽다.

어법, 몸으로 익혀라!

어법 공부를 본격적으로 시작하려면 교재를 두 권 정도 준비하는 것이 좋다. 하나는 상세한 해설과 예문·예제가 많은 교재로, 다른 하나는 언제나 꺼내볼 수 있도록 문법을 간단히 정리해놓은 교재로 준비한다.

먼저 시간이 걸리더라도 첫 번째로 구입한 두꺼운 책을 마스터하는 것이 좋다. 나는 고등학교 1학년 때 Longman 출판사에서 나온 《Understanding and Using English Grammar Third Edition》을 공부했다. 학교에서 사용하는 영어 교재였기 때문에 영어로 된 원서임에도 선생님의 지도하에 쉽게 공부할 수 있었다. 예문이 많아 직접 써볼 기회가 많았고, 부족했던 부분을 하나하나 채워가며 체계적으로 공부할 수 있었다.

만약 독학으로 공부해야 한다면 《Hackers TEPS Reading》 같은 두꺼운 책으로 공부하는 것을 추천한다. TEPS에서 다루는 문법 범위가 수능과 거의 비슷한 데다 예문이 많기 때문에 한 단원 한 단원 공부하다 보면 언젠가 부쩍 늘어난 실력을 체감할 수 있을 것이다.

어법은 양이 방대해서 열심히 공부했던 부분이라도 시간이 지나면 금방 잊히기 마련이다. 특히 어법에는 암기해야 할 것들이 있는데, 가정법이나 문장의 도치 같은 내용들은 완전히 몸에 배기 전까지는 외우기가 쉽지 않다. 이럴 때 바로 두 번째 책을 이용하면 된다. 자신이 부족하거나 잊어버린 부분이 있으면 언제든지 꺼내서 다시 공부할 수 있고, 이미 공부한 내용이기 때문에 요약된 부분만 봐도 충분히 숙지가 가능하다. 이렇게 부족한 부분이 눈에 띌 때마다 반복해서 어법을 공부하다 보면 훨씬 수월하게 어법을 익힐 수 있을 것이다.

마지막 단계는 문제를 계속 풀면서 문법 지식들을 몸에 익히는 것이다. 수능이나 모의고사에는 어법 문제가 두 문제밖에 없기 때문에 기출문제를 다 풀었다면 TEPS의 문법 부분에 도전해보는 것도 다양한 어법 문제를 익히는 좋은 방법이다.

지문을 읽지 마라!

어법 문제는 지문을 다 읽을 필요가 없다. 아니, 읽지 않아야 한다.

어법 문제는 말 그대로 지문의 내용이나 주제를 묻는 것이 아니라 표시된 부분이 영어의 어법과 합치되는지 아닌지를 묻기 때문이다. 다음 예시를 보자.

2012학년도 수능 외국어영역 20번

문제 (A), (B), (C)의 각 네모 안에서 어법에 맞는 표현으로 가장 적절한 것은?

On January 10, 1992, a ship **(A) traveled / traveling** through rough seas lost 12 cargo containers, one of which held 28,800 floating bath toys. Brightly colored ducks, frogs, and turtles were set adrift in the middle of the Pacific Ocean. After seven months, the first toys made landfall on beaches near Sitka, Alaska, 3,540 kilometers from **(B) what / where** they were lost. Other toys floated north and west along the Alaskan coast and across the Bering Sea. Some toy animals stayed at sea **(C) even / very** longer. They floated completely along the North Pacific currents, ending up back in Sitka.

	(A)	(B)	(C)
①	traveled	what	even
②	traveled	what	very
③	traveling	what	even
④	traveling	where	even
⑤	traveling	where	very

위 문제는 2012학년도 수능에 출제되었던 문제다. 파란색으로 표시된 세 부분의 두 단어 중 적합한 것을 고르는 문제인데, 이런 문제를 풀 때는 오직 파란색 부분이 포함된 문장만 읽으면 된다. (**A**)가 포함된 문장, (**B**)가 포함된 문장, (**C**)가 포함된 문장, 이렇게 세 문장만 읽으면 되는 것이다.

(**A**)를 보면, 주어가 **a ship**이고 동사가 **lost**이므로 (**A**)에 올 것은 주어를 꾸며주는 현재분사인 **traveling**이 되어야 한다. (**B**)는 (**B**) 앞뒤에 오는 절을 고려했을 때 장소적 성격의 **where**가 와야 한다는 것을 알 수 있고, (**C**)는 뒤의 **longer**만 봐도 비교급을 수식해주는 **even**이라는 것을 알 수 있다. (**C**) 앞의 문장은 읽지 않아도 된다.

이렇게 어법 유형은 문제에서 요구하는 부분이 포함된 문장이나, 그 부분의 앞뒤만 조금 살펴보면 쉽게 답을 구할 수 있다.

또 다른 문제를 보자.

2012학년도 수능 외국어영역 21번

 다음 글의 밑줄 친 부분 중 어법상 틀린 것은?

Researchers studied two mobile phone companies trying to solve a technological problem. One company developed what it called a 'technology shelf,' created by a small group of engineers, on which ① was placed possible technical solutions that other teams might use in the future. It also created an open-ended conversation among ② its engineers in which salespeople and designers were often included. The boundaries among business units were deliberately ambiguous because more than technical information was needed ③ to get a feeling for the problem. However, the other company

proceeded with more seeming clarity and discipline, ④ dividing the problem into its parts. Different departments protected their territory. Individuals and teams, competing with each other, stopped sharing information. The two companies did eventually ⑤ solve the technological problem, but the latter company had more difficulty than the former.

이 문제 역시 표시된 부분이 포함된 문장만 읽어도 충분히 풀이가 가능하다. ①은 도치된 구문으로 **was placed** 가 받는 것이 **solutions**, 즉 복수이므로 **was**를 **were**로 고쳐져야 한다. 나머지 부분도 그 부분이 포함된 문장만 읽으면 충분히 어법의 맞고 틀림을 파악할 수 있다.

이처럼 어법 문제에서만큼은 내용 파악, 주제 파악이 불필요하다. 이제 더 이상 어법 문제에서 모든 지문을 읽느라 시간을 낭비하는 일은 없도록 하자.

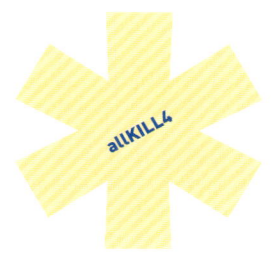

독해(Reading Comprehension)

Time Attack, 시간을 지배하라!

　들기 17문제를 제외하면 우리가 풀어야 할 독해 문제는 총 33문제다. 시험 시간 70분에서 들기 방송 약 20분, 마킹 5분을 빼면 45분이 남는다. 이 45분 안에 33문제를 풀어야 한다는 뜻인데, 계산해보면 한 문제당 약 1분 20초가 주어지는 셈이다. 그러나 빈칸 완성 유형이나 3점짜리 고난도 문제에서 시간이 더 소요되는 것을 고려하면, 1분 내에 한 문제를 풀어내야 한다는 결론이 나온다.

　1분은 정말 짧으면서도 긴 시간이다. 빠르고 정확하게 한두 문제를 뚝딱 풀 수 있는 시간이기도 하지만, 중간에 이해가 안 돼 처음부터 다시 읽거나 다 읽었는데도 답을 고르지 못해 고민하기에는 너무도 짧은 시간이다. 실제로 스톱워치를 놓고 외국어영역을 풀어보면 1분이란 시간의 위력을 새삼 느끼게 된다.

독해는 시간 싸움이다. 외국어영역은 시간 관리를 제대로 하지 못하면 손실이 큰 영역이다. 나 또한 어법과 빈칸 완성 유형에서 시간을 뺏기고, 나머지 문제를 푸는 건지 찍는 건지 모를 정도로 정신없이 풀었던 적이 있다. 그때 내가 받아본 외국어영역 점수 중 최저점이 나왔다. 그만큼 시간의 함정에 한 번 빠지면 빠져나오기 어려운 것이 외국어영역이다. 독해를 잘하기 위해서는 시간을 얼마나 효율적으로 사용할 수 있느냐가 관건이다.

가장 좋은 방법은 지문을 꼼꼼히 읽고 정확하게 답을 고르는 것이다. 하지만 영어가 능숙하지 않은 이상 모든 지문을 꼼꼼하게 읽는 것은 불가능하다. 시간만 낭비하게 되는 수도 있다. 사실 독해 문제 중에는 지문을 다 읽지 않아도 충분히 풀 수 있는 문제가 많다. 그런데도 불필요한 부분까지 신경 쓰며 읽는다는 것은 다른 고난도 문제를 풀 시간을 뺏는 것밖에 되지 않는다.

그래서 시간을 절약하기 위해 우리가 세워야 할 최우선 원칙은 '시간을 절약할 수 있는 문제에서 시간을 절약하고, 깊이 생각할 필요가 있는 문제에 시간을 투자하는 것'이다.

시간을 절약할 수 있는 문제

글의 목적을 묻는 문제

글의 목적을 묻는 문제는 첫 독해 문제이기 때문인지 난이도가 낮다.

지문을 다 읽지 않아도 금방 목적을 알아낼 수 있는 경우가 대부분인데, 2012학년도 수능에 출제되었던 문제를 예로 들어보자.

2012학년도 수능 외국어영역 18번

 다음 글의 목적으로 가장 적절한 것은?

In this digital age, images are essential units of information, and knowing how to use photography effectively is more important than ever. Fortunately, enrolling at the Hobbiton Institute of Photography is one of the easiest, most cost–effective ways to take your photography to the next level. You'll be assigned a personal adviser, have your work evaluated by experienced experts, and receive insightful suggestions on how to make it better. You'll also learn to think on your feet and develop the eye of a photographer. You can pursue your passion with us, and your photography will never be the same.

① 사진 전문 강사진을 소개하려고
② 사진 전문 교육 기관을 홍보하려고
③ 디지털 사진 촬영 기법을 설명하려고
④ 사진 분야 취업 정보를 제공하려고
⑤ 디지털 사진술 활용을 권장하려고

이 문제는 끝까지 읽지 않고 파란색으로 표시한 부분까지만 읽어도 글의 목적을 쉽게 파악할 수 있다. 바로 이 대목에서 **Hobbition Institute of Photography**라는 사진 전문 교육 기관의 홍보글임을 알아챌 수 있기 때문이다. 나머지 부분은 빠르게 스키밍(Skimming)하거나, 아예 읽지 않아도 좋다. 먼저 선지를 읽은 다음에 풀이에 들어가면 더 쉽게 글의 목적을 잡아낼 수 있다.

분위기 및 심경을 묻는 문제

분위기 및 심경을 묻는 문제 역시 시간을 절약할 수 있는 대표적인 문제 중 하나다. 글의 중반부까지만 읽어도 대충 어떤 분위기인지 짐작할 수 있다. 분위기나 배경을 묘사하는 어려운 어휘가 가끔 나오긴 하지만 정답을 고르는 데는 영향을 주지 않는다.

내용 일치/불일치를 묻는 문제

내용 일치/불일치 또한 시간을 절약할 수 있는 대표적인 유형이다. 이 유형은 세 문제가 출제되는데, 선지를 먼저 읽고 그에 맞는 내용을 지문에서 찾으면 된다. 지문이 정보 전달의 글이기 때문에 정독하면서 주제 등을 찾지 않아도 무방하다. 선지 하나씩 읽을 때마다 해당되는 부분을 지문에서 순서대로 찾아 맞고 틀리고를 표시하면 되는 것이다.

시간이 부족하다면 장문 독해 문제부터!

만약 자신이 독해 영역에서 시간이 부족하다고 느낀다면, 뒷부분(46~50번)의 장문 독해 문제부터 푸는 것도 좋다. 이 부분은 한 지문에 문제가 두세 개씩 딸려 있기 때문에 시간이 부족해 못 풀게 되면 대량 실점할 수도 있다.

이 밖에도 시간 싸움에서 이길 수 있는 자신만의 전략을 개발하는 것이 좋다.

'감'이 떨어지면 점수도 떨어진다!

외국어영역은 우리말이 아니기 때문에 잠시라도 손을 놓으면 감이 떨어진다. 속도가 중요한 독해 영역에서 감이 떨어지면 시간 싸움에서 밀릴 수밖에 없다.

감을 유지하기 위해서는 매일 일정량의 독해 문제를 풀어야 한다. 사실 어휘 암기나 어법 공부는 매일 하지 않아도 큰 상관은 없다. 일정 수준이 넘어서면 어휘는 어느 정도 익힌 후고, 어법 역시 체득되어 있기 때문이다. 게다가 독해 문제를 풀면서 자연스럽게 반복해 접할 수 있어 매일 해야 할 필수 사항은 아니다.

하지만 독해 문제만큼은 꼭 매일 풀어주어야 한다. 특히 수능을 앞둔 고3 2학기라면 스톱워치로 시간을 재면서 매일 독해 33문제 정도를 푸는 것이 좋다.

지문을 독해하는 요령, 시간을 관리하는 방법, 자신만의 전략도 결국은 다 감이다. 몸으로 익힌 그 감들이 사라지지 않도록 매일 자신의 실력을 가다듬자.

최강 변별력! '진짜 실력' 판가름의 열쇠, 빈칸 완성

빈칸 완성 유형은 외국어영역 모든 문제를 통틀어 정답률이 가장 낮다. 정답률 50퍼센트가 넘는 경우가 드물고, 배점도 높아 변별력이 가장 높은 유형이다. 빈칸 완성 유형에 따라 중하위권과 상위권이 갈리고, 상위권과 최상위권이 갈린다고 해도 과언이 아닐 것이다.

빈칸 완성 유형이 다른 유형에 비해 어려운 이유는 지문을 완벽히 이해하지 못하면 답을 구하기 어렵기 때문이다. 지문을 완벽히 이해해야만 정답의 논리와 근거를 찾을 수 있고, 올바른 답을 추론할 수 있는 문제가 빈칸 완성이다. 예문 하나를 보자.

2010년 고3 9월 평가원 모의고사 외국어영역 28번

문제 With no attempt there can be no failure and with no failure no humiliation. So our self−esteem in this world depends entirely on what we back ourselves to be and do. It is determined by the ratio of our actualities to our supposed potentialities. Thus, _____ _____.

This illustrates how every rise in our levels of expectation entails a rise in the dangers of humiliation. What we understand to be normal is critical in determining our chances of happiness. It also hints at two ways for raising our self−esteem. On the one hand, we may try to achieve more; and on the other, we may reduce the number of things we want to achieve. The advantages of the latter approach lie in the following statement: To give up pretensions is as blessed a relief as to get them gratified.

① the higher your expectations are, the more you will achieve
② self−esteem can be increased by lowering actualities
③ success divided by pretensions equals self−esteem
④ early failures in life may lead to happiness later in life
⑤ more supposed potentialities increase chances of happiness

이 문제는 모의고사 기출문제인데 한국어로 번역해도 무슨 뜻인지 이

해하기 어려운 내용이다. 문제의 답은 3번, '성공을 가식으로 나눈 것이 자존심과 같다'이다. 이처럼 내용 자체가 추상적인데다 어려운 문장 구조나 고급 어휘가 나오기 때문에 빈칸 완성 유형은 어려울 수밖에 없다. 지문의 전체 주제를 이해하지 못하면 풀기 까다로운 문제가 빈칸 완성이다. 게다가 문제가 앞쪽에 배치되어 있어, 여기에 시간을 뺏기면 나머지 문제에까지 영향을 끼치게 된다.

하지만 빈칸 완성 유형을 집중적으로 공부하면, 빈칸 완성 유형뿐만 아니라 다른 독해 문제까지 이득을 볼 수 있다. 빈칸 완성 문제의 난이도가 높고 구문과 어휘가 어려워 그 노하우를 다른 독해 문제에도 활용할 수 있기 때문이다.

 ## 빈칸 완성 문제 All Kill 노하우!

Step1 빈칸이 들어 있는 전체 문장과 선지부터 읽어라!

빈칸이 포함되어 있는 전체 문장을 자세히 읽어보면, 그 빈칸에 어떤 문장이 들어갈지 대충 짐작할 수 있다. 이때 선지가 너무 길지 않다면 선지까지도 먼저 읽는 것이 좋다. 빈칸이 들어간 문장과 선지를 미리 읽어두면 해당 지문이 어떤 주제로 흘러가는지 대충 파악할 수 있고, 이는 지문 첫 줄부터 읽는 것보다 상당한 이점이 있다.

빈칸에 들어가는 문장은 글의 주제문이거나 주제와 관련된 주장, 또는 설명을 담은 핵심 문장이 대부분이기 때문에 글의 흐름을 알면 독해가 훨씬 용이해진다. 가끔은 빈칸이 있는 문장만 읽고도 답을 바로 유추할 수 있는 경우도 있다.

Step2 **연결어와 빈칸의 위치를 보고 단서를 찾아라!**

빈칸이 있는 문장의 앞뒤를 보면 빈칸에 들어갈 말의 단서가 되는 부분이 어디에 있는지 짐작할 수 있다. 예를 들어 빈칸 앞에 **therefore**와 같은 연결어가 있다면 빈칸 앞부분까지의 내용에 대한 결론이 빈칸에 들어갈 문장임을 예측할 수 있다. 빈칸 뒷부분은 굳이 읽지 않아도 문제를 풀 수 있게 되는 것이다.

반면 **but**이나 **however**와 같은 역접으로 빈칸 문장이 시작한다면 단서는 빈칸 뒤에 있을 가능성이 높다. 역접 연결어 앞부분까지의 내용과 반대되는 내용이 빈칸 문장부터 시작하기 때문이다. 이처럼 연결어를 파악하면 글의 논리적 흐름을 알 수 있어 단서를 찾는 데 도움이 된다.

또 빈칸이 전체 글에서 어느 부분에 있는지에 따라서 단서를 찾아낼 수도 있다.

빈칸이 글의 첫 부분에 있다면 주제문일 가능성이 높다. 이때는 빈칸 뒤에 근거가 있기 때문에 끝까지 읽을 필요가 없으며, 시간을 아끼기 위해 정답에 대한 확신이 들 정도까지만 읽고 다음 문제로 넘어가는 센스가 필요하다.

반대로 빈칸이 글 마지막 부분에 있다면 빈칸 바로 앞부분에 정답 근거가 있을 확률이 높다. 빈칸이 결론 부분에 해당되므로 그 앞부분에 결론의 핵심 근거가 위치할 가능성이 크기 때문이다.

완벽한 독해가 정답의 지름길이다!

앞에서 제시한 방법들을 사용했는데도 독해 자체가 잘 되지 않는다면 정답을 찾기가 상당히 어려워진다. 빈칸 완성 유형은 추론 문제이기 때문에 독해가 기본이 되어야 한다.

빈칸 완성 유형에는 다른 지문에 비해 어려운 어휘나 복잡한 문장 구조가 자주 등장한다. 그렇기 때문에 완벽한 독해를 위해서는 탄탄한 대비가 필요하다. 빤한 말 같지만, 많이 보고 많이 푸는 것만이 최선의 방법이다. 처음에는 답이 잘 보이지 않더라도 계속해서 고민하는 것이 좋다. 최대한 정답 근거를 찾아보고, 빈칸에 들어갈 문장의 핵심 단서를 지문 안에서 찾도록 노력하자.

allKILL4

내신 영어의
'정해진' 법칙

내신 영어는 법칙만 잘 파악하면 충분히 대비할 수 있다.

첫째, 모든 내신 시험에 시험 범위가 존재하듯 내신 영어에도 출제 범위가 정해져 있다. 변별력을 위해 배우지 않은 외부 지문이 간혹 나오는 경우도 있지만, 대부분 정해진 교재와 범위 안에서 출제된다. 문제가 어디서 나오는지만 알아도 반은 맞춘 것이나 다름없다.

둘째, 범위뿐만 아니라 문제 유형도 어느 정도 정해져 있다. 선생님들이 수능 시험에 맞추어 문제를 내기 때문에 문제 유형도 수능과 유사할 수밖에 없다.

셋째, 출제자는 바로 학교 선생님들이다. 우리는 수업 시간마다 시험 문제를 출제하는 출제위원과 직접 만나는 것이다. 직접적이든 간접적이든 수업 내용에 시험 문제의 힌트가 포함되어 있을 수밖에 없다.

이 세 가지만 알고 있어도 내신 영어는 절대 어렵지 않다. 이 법칙들을 잘 이용해서 내신 영어를 어떻게 잡을 수 있는지 파헤쳐보자.

내신 영어의 법칙 1 - 정해진 범위

내신 영어의 범위는 교과서(수업 교재)다. 시험 범위는 보통 교과서 '몇 쪽~몇 쪽', 혹은 '몇 단원~몇 단원'으로 제시되기 때문에 이 범위만 제대로 공부하면 좋은 성적을 낼 수 있다.

'제대로' 공부한다는 의미는 시험지를 받고 지문 한두 문장만 읽어도 무슨 내용인지, 주제는 무엇인지 바로 파악할 수 있을 만큼 공부한다는 뜻이다. 처음 지문을 대하는 학생과 익숙한 지문으로 문제를 푸는 학생의 점수는 다를 수밖에 없다. 제대로 공부하기 위해서는 해당 범위를 최소한 세 번은 읽어야 한다.

Step1 **지문 처음 읽기**

우리는 수업 시간에 지문을 처음 읽는다. 이때 선생님이 수업을 하면서 특별히 강조하시는 구문이나 어휘, 어법은 반드시 필기하며 듣도록 한다. 모르는 어휘가 있으면 사전을 찾아 적는데, 단어의 뜻은 페이지 하단에 적는다. 지문을 나중에 다시 읽을 때 어휘의 뜻이 바로 보이면 암기에 도움이 되지 않기 때문이다. 집중력 있게 수업에 임하면 복습할 때 지문의 내용이나 주제가 떠올라 복습이 더 수월해지는 효과도 있다.

Step2 두 번째 읽기

복습을 통해 다시 한 번 지문을 읽을 때는 지문을 읽으면서 막히는 부분이나 어려운 부분, 중요하다고 생각되는 부분에 색깔 펜으로 밑줄을 긋는다. 문장도 좋고, 단어도 좋다. 문제는 지문의 내용이나 문장 구조, 중요한 어휘를 바탕으로 나오기 때문에 지문을 읽다가 중요한 부분이 나오면 철저히 분석해두어야 한다.

나는 두 가지 색깔 펜을 이용했다. 문법이나 문장과 관련된 사항은 하늘색으로, 모르는 단어나 숙어 등 어휘와 관련된 표현을 정리할 때는 분홍색으로 표기했다. 펜을 선택할 때는 글자를 가리지 않게 투명하면서도 눈에 잘 띄는 색상을 고르는 것이 좋다. 또한 복습하면서 수업 시간에(지문을 처음 읽을 때) 적어놓았던 필기나 어려운 어휘 등을 살피며 읽도록 한다.

Step3 세 번째 읽기

마지막으로 읽을 때는 형광펜을 준비한다. 세 번째 지문을 읽으면서는 가장 중요하고, 절대 놓칠 수 없다고 생각되는 부분에 형광펜을 긋는다. 이미 두 번째 지문을 보면서 색깔 펜으로 밑줄을 그어 놓았을 확률이 높다. 이때는 난해한 지문이나 시험에 나올 것 같은 지문은 꼭 체크를 하고 넘어가도록 하자. 색깔 펜으로 체크한 부분, 형광펜으로 칠한 부분만 다시 봐도 효과를 볼 수 있기 때문에, 시험이 얼마 남지 않았을 때 부족한 부분이 어디인지 금방 찾을 수 있다. 세 번째 읽을 때에는 색깔 펜으로 표시했던 문장이나 어휘를 주의 깊게 익히며 읽어야 한다. 이렇게 두 번째 복습이 끝난 뒤 시간이 남는다면 다시 한 번 더 복습을 한다.

학년이 올라갈수록 시험 범위가 늘어나고, 봐야 할 지문도 늘어난다. 그래서 공부할 시간 자체가 부족해서 반복학습은 지루하고 비효율적이라고 생각할지도 모르겠다. 하지만 문제의 유형과 특성을 고려하면 이 방법이 가장 효율적일 수밖에 없다.

어떤 지문이 출제될지 모르는 상황에서 일부분만 공부하는 것은 위험하다. 영어 실력이 좋다고 스스로 판단하여 교과서 외에 다른 영어 공부를 하는 것도 비효율적이다. 영어는 단시간에 실력이 향상되는 과목이 아니다. 다른 경쟁자들은 시험에 나올 지문을 미리 공부하고 시험에 응하는데 혼자만 자신의 실력을 쌓겠다고 하는 것은 내신을 포기하겠다고 선언하는 것과 다름없다.

내신 영어의 법칙 2 – 정해진 문제

내신 영어는 범위뿐만 아니라 문제 유형 역시 정해져 있다. 특히 고3의 경우, 선생님들은 수능과 유사한 형태로 문제를 출제한다.

대표적인 내신 출제 유형으로는 글의 주제, 글의 순서, 어법, 어휘, 내용 일치/불일치, 단락 속에 문장 넣기 등이 있는데, 일단 지문을 숙지하고 있으면 이런 유형의 문제는 전혀 어렵지 않다.

어법 유형도 마찬가지다. 지문을 알고 있으면 어느 부분이 틀렸는지 쉽게 찾아낼 수 있다. 예를 들어, '**The African country of Ghana owes a lot of success to a pocketful of seeds (bring) into the country in 1879 by a young black man named Tetteh Quashie.**'에서 **bring**을

알맞은 형태로 고치라는 문제가 나온다면, 문법적으로 답을 찾아낼 수 없는 학생이라도 전에 지문을 읽었다면 **brought**라고 기억해낼 수 있다.

글의 주제, 글의 순서, 어휘, 내용 일치/불일치, 단락 속에 문장 넣기는 지문을 공부해본 사람이 그렇지 않은 사람보다 훨씬 큰 강점을 갖기 때문에 유리하고, 글의 주제나 내용 일치 문제 역시 지문을 한 번이라도 읽어본 사람이라면 쉽게 정답을 알 수 있다.

하지만 어법이나 어휘, 단락 속에 문장 넣기 등의 문제를 풀 때는 특별한 주의가 필요하다. 지문을 쭉 읽다가 문법적으로 이해가 잘 안 되는 문장이 있다면, '여기서 어떤 어법 문제가 나올 수 있을까?' 하고 생각해봐야 한다. 또 지문의 주제와 관련 있는 핵심 단어가 고급 단어라면 어휘 문제로 나올 가능성이 높다는 점을 체크해두도록 한다.

지문의 핵심이 되는 문장이 글 속 어디에 있는지 파악하고 특별히 주의 깊게 보는 것이 좋다. 한마디로 지문을 완벽히 소화하는 것이 핵심이다. 지문만 제대로 잡으면 내신 영어는 아무것도 아니다.

수행평가의 경우, 어휘 시험이나 EBS 라디오 듣기평가, 모의고사 성적으로 대체되는 경우가 많다. 플래너에 관련 사항을 메모하고 틈틈이 대비하는 것이 좋다. 예를 들어 EBS 라디오 듣기평가가 있다면 며칠 동안은 듣기에 투자하고, 어휘 시험이 있다면 출제 범위 안에 있는 어휘를 꼭 마스터하고 응시하는 것이 좋다. 이런 수행평가를 시간 낭비라고 생각해서는 안 된다. 듣기든 어휘든 결국 자신의 영어 실력을 기르는 데 도움이 되기 때문이다. 물론 각자에게 더 필요하고 중요한 공부가 있겠지만, 수행평가는 내신도 관리하고 실력도 늘릴 수 있는 효율적인 공부라는 사실을 꼭 기억하자.

내신 영어의 법칙 3 – 정해진 출제위원

　내신 시험의 출제자는 학교 선생님이다. 영어 시간마다 만나는 분이 내신을 결정짓는 시험 문제 출제자인 것이다. 물론 다른 영어 선생님이 문제를 출제할 수도 있지만 서로 시험 문제를 공유한다는 점을 잊지 말자.

　수업 시간에 선생님이 특별히 강조하는 지문이나 부분, 어휘, 문법 등을 꼼꼼하게 필기하며 수업에 임하자. 앞에서도 이야기했듯이 수업 시간이 바로 시험의 출제 범위를 처음으로 읽게 되는 시간이다. 바쁜 시험 기간에 복습을 효율적으로 하려면 수업을 꼼꼼히 들어야 한다.

　영어 수업이 지루하다는 핑계로 다른 영역의 공부를 하는 학생들이 더러 있는데, 상당히 위험한 일이다. 앞에서 선생님이 열심히 강의하는데 다른 영역의 공부가 잘될 수 있을까? 들키지 않으려고 신경 써야 하고, 수업을 열심히 듣는 주변 친구들을 보면 불안감도 생긴다. 집중력이 반감되기 마련이다. 어차피 들어야 할 수업이라면 지루하더라도 집중해서 듣는 것이 좋다. 그 노력은 복습할 때 배로 보상받을 것이다.

체감 연계율 100%!
EBS 교재

2011년 6월, 평가원 모의고사를 치른 학생들은 신선한 충격을 받았다. 대부분 어디서 한 번쯤 본 듯한 지문들이 나왔기 때문이다. 그제야 EBS 연계율 70퍼센트 정책의 위력을 실감했다.

특히 외국어영역의 경우 체감 연계율이 타 과목에 비해 월등히 높았는데, 'EBS 모의고사'라는 말이 나올 정도로 대부분의 문제가 EBS의 지문을 그대로 차용하거나 일부분만 변형시켜 출제되었다. 그리고 그런 정책 기조는 9월 모의고사와 수능에까지 반영되었다.

평가원의 방침에 따르면 2013년도 수능 역시 EBS 교재와 70퍼센트 연계해서 출제한다고 한다. 수능을 잡으려면 EBS 교재부터 잡아야 하는 것이다.

 ## EBS는 선택이 아닌 필수!

EBS 교재는 반드시 마스터하고 수능에 임해야 한다. 2012학년도 수능 외국어영역의 출제 범위였던 EBS 교재는 《수능 특강》《고교 영어듣기1》《인터넷 수능》《영어독해연습(종합편, 틀리기 쉬운 유형)》《고득점 330제》《수능 완성(유형편, 실전편)》으로 총 여섯 권이었다. 이 중 《고교 영어듣기1》은 듣기 교재였고, 실전모의교사 교재(6회분)인 《수능 완성 실전편》 외에 나머지는 독해 교재였다.

혼자 여섯 권이나 되는 교재를 완벽히 소화하기는 어렵다. 그래서 활용할 수 있는 곳이 학교다. 학교는 영어 수업 시간에 주로 EBS 교재를 활용한다. 나도 《수능 특강》《인터넷 수능》《고득점 330제》(150번까지)《영어 독해 연습》의 네 권은 학교 교과 과정을 통해 반복학습을 하며 자연스레 마스터할 수 있었다.

문제는 학교에서 다루지 않는 교재들이다. 양도 방대할 뿐더러 《고득점 330제》같이 어려운 문제가 있는 교재는 풀이에 어려움이 있어 곤혹스럽다.

EBS 교재들은 한 번에 다 나오는 것이 아니라, 수험생들의 학습 진도에 맞게 일정을 조절해 출시된다. 따라서 이런 교재는 출시될 때마다 바로 구입해 다 푸는 것이 좋다.(예를 들어 《수능 특강》은 3월에, 《수능 완성》은 7월경에 출시된다.)

학교에서 다루는 교재라도 1학기 때 다루지 않는다면 미리 푸는 것이 좋다. 3학년 2학기는 1학기에 비해 기간이 짧아 복습만 하기에도 시간이 모자라기 때문이다. 적어도 여름방학이 끝나기 전까지 모든 교재를 푸는 것이 좋다.

EBS 교재를 잡으면 수능이 잡힌다! EBS 교재 활용법

EBS 교재는 한 번 풀었다고 끝나는 것이 아니다. 계속 반복하며 공부해야 하는데, 학교에서 다루지 않는 교재들은 반복학습 시간이 절대적으로 부족하다.

그러므로 3학년 2학기는 이런 교재들의 '복습'을 위한 시간으로 남겨두어야 한다. 2학기 때는 학교에서 수행평가나 시험에 대한 큰 부담을 주지 않는 경우가 많다. 상대적으로 자기 공부 시간이 많기 때문에 이 시간을 이용해서 학교 시험 공부를 하듯이 반복학습을 해주면 된다.

수능이 약 한 달 정도 남았다면 총정리를 해야 한다. 나는 여섯 권의 교재를 모두 쌓아놓고 틀렸던 문제와 중요한 문제들을 다시 되짚어보았다. 체크해둔 문제들 중 모르는 단어만 골라서 표로 만들어 수시로 외웠고, 수능 직전까지 이 방법을 몇 번씩 반복해서 공부했다. 처음에는 꽤 시간이 걸렸지만, 나중에는 학습량이 점점 줄어들어 효율적으로 공부할 수 있었다.

마지막으로 중요해 보이거나 어려운 지문을 오려 공책에 붙인 다음 수능 시험장에 가지고 갔다. 그리고 외국어영역을 보기 직전에 펴놓고 보면서 영어에 대한 감을 마지막까지 끌어올리려 노력했다.

눈에 익은 지문의 함정

EBS 교재를 반복학습 하다 보면 자신이 공부한 부분이 많이 반영되었음을 느낄 수 있다. 하지만 이때 명심해야 할 것이 있다. 자신이 기억하고 있는 지문이라고 해서 지문을 읽지 않고 푸는 것은 절대 금물이다. 정답의 중요한 근거가 되는 문장이 새로 들어가기도 하고, 지문의 일부분이 교묘히 바뀔 수도 있다. 알고 있는 지문이라고 해서 시간을 절약하겠다는 생각으로 지문을 읽지 않고 넘겼다가는 변형을 고려하지 못해 틀리는 수가 있다. 수능이라는 시험에서 신중함은 수험생이 갖춰야 할 필수 덕목임을 잊지 말자.

수능도 잡고,
스펙도 잡고!

: 수능 · 스펙 올킬 :

TEPS를 활용하라!

TEPS는 서울대학교 언어교육원에서 개발하고, 서울대학교 텝스관리
위원회에서 주관하는 시험이다. 1999년에 처음 생긴 이후로 우리나라의
대표적인 영어 시험으로 자리 잡았다. TEPS는 크게 청해, 문법, 어휘, 독
해의 네 가지 영역으로 구성되어 있고, 각 영역은 다시 네 개의 파트로 세
분화되어 있다. 총 990점 만점으로 한 달에 1~2회 정도 실시되며, 양질
의 문제와 체계화된 성적 분석 시스템을 제공함으로써 영어 학습자에게
도움을 주고 있다. TEPS는 다양한 연령층의 사람들이 응시하는데, 중 ·
고등학생들 역시 많이 응시하고 있는 대표적인 시험이다.

왜 TEPS인가?

많은 공인 어학 시험이 있지만 TEPS를 추천하는 이유는 TEPS가 수능을 목표로 공부하는 수험생들에게 가장 적합한 시험이기 때문이다.

우선 TEPS의 문제 유형과 구성, 난이도는 수능과 유사한 측면이 많다. 물론 TEPS의 난이도가 좀 더 높기는 하지만 어려운 문제를 푸는 과정을 통해 수능 고난도 문제에 대한 대비를 할 수 있다. 특히 수능에서 빈칸 완성 유형은 정답률이 50퍼센트가 채 되지 않는 어려운 유형인데, TEPS의 독해 영역 중 'Part 1'의 16개 문제는 바로 이 빈칸 완성 문제로 구성된다.

뿐만 아니라 독해 영역 'Part2'의 'main idea'를 묻는 문제, 'best title'을 묻는 문제, 내용 일치/불일치를 묻는 문제 등 대부분의 문제 유형이 수능의 독해 영역과 거의 일치한다.

TEPS의 문법 영역을 공부하다 보면 수능에 나오는 어법 문제를 푸는 데 상당히 도움이 된다. 동사의 시제와 태, 관사, 관계대명사, 접속사, 전치사, 적합한 품사 고르기, 도치, 강조 구문 등 수능의 어법 문제에 등장할 만한 거의 모든 문법 사항이 총망라되어 있기 때문에, TEPS를 잡으면 수능을 잡는 데 많은 도움이 된다.

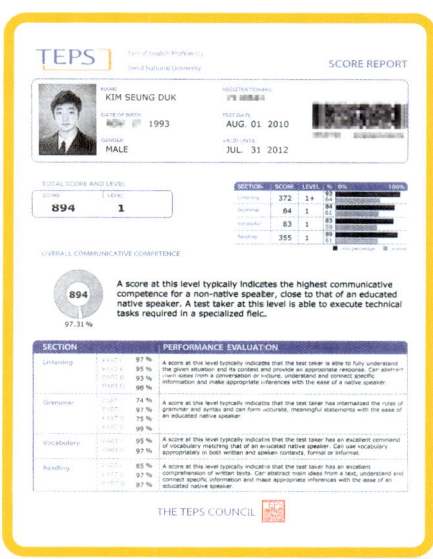

나의 텝스 성적표

TEPS를 공략하면 수능뿐만 아니라 스펙에도 도움이 된다. 나는 서울 대학교 경영학부에 지원할 때 TEPS 성적표를 포함시켰다. 잘 본 것 하나만 제출한 것이 아니라 TEPS를 처음 봤을 때의 낮은 성적부터 열심히 공부해서 성적을 끌어올린 최근 성적까지 상승곡선을 보여줄 수 있게끔 제출했다(TEPS에는 점수별로 등급이 나누어져 있어 자신이 어느 정도 수준인지 객관적으로 측정할 수 있고, 시험을 지속적으로 치르면서 성적이 상승하는 것 역시 한눈에 알 수 있다). 이렇게 하면 내가 영어 공부를 열심히, 그리고 성실히 했다는 것을 증명하는 하나의 방법이 될 수 있다. 영어 능력에 관한 최고의 스펙이 되는 것이다.

TEPS 교재 선택

고등학교 때 서점을 둘러보면 수많은 TEPS 교재들이 어학책 진열대를 점령하고 있었다. 그럴 때면 TEPS가 인기라는 것을 실감하면서도 어떤 교재를 골라야 할지 혼란스러울 때가 많았다. 교재를 잘못 선택해 손해를 본 적도 있었고, 적합한 교재를 선택해 성과를 거둔 적도 있었다.

경험을 바탕으로 TEPS 교재 선택 팁을 몇 가지 나누어보았다.

점수대별 · 수준별 TEPS 교재

점수대별 TEPS 교재란 《600》《700》《800》《900+》 등 학습자의 TEPS 점수에 맞춰 출판된 교재를 말한다. 예를 들어 《800》 교재는 800 점대나 그와 유사한 점수대를 가진 학습자에 맞게 출판되었다는 뜻이다.

수준별 교재는 《Starter》《Beginner》《Intermediate》《Expert》

《Final》 등 학습자의 수준의 맞게 시리즈로 출판된 교저를 말하는데, 이러한 교재들은 자신의 수준에 맞는 학습을 하도록 도와준다.

영역별 TEPS 교재

영역별 TEPS 교재는 TEPS의 네 가지 영역인 청해, 문법, 어휘, 독해를 각각 나누어놓은 책이다. 이런 교재는 자신이 약한 부분을 집중적으로 공략할 수 있어 효과적이다. 청해 점수가 잘 안 나온다면 청해 부분만 구입해서 풀어도 되고, 독해 점수가 안 나온다면 독해 부분을 구입하면 되는 식이다. 이런 영역별 교재도 점수대별·수준별로 맞춰 출판된 경우가 있으니 자신의 실력과 취약점을 고려하여 선택하면 된다.

월간 TEPS

《월간 TEPS》는 따로 TEPS 전문 교재를 사서 공부할 시간이 부족한 고3 수험생이나, TEPS 시험을 치르기 전에 감을 유지하기 위해 실전 문제를 풀어보려는 학생에게 적합하다. 《월간 TEPS》는 실전 모의고사 1회와 실전 모의고사를 변형·응용한 미니 TEPS 1회로 이루어진다. 문제의 질이 좋을 뿐만 아니라 난이도 역시 실제 TEPS와 비슷해서 자신의 TEPS 예상 점수를 측정하기에 용이하다.

기출문제

기출문제를 푸는 것은 양질의 문제를 풀 수 있다는 점어서 좋다. 엄선되고 검증된 문제이기 때문에 실전 감각을 끌어올리는 데는 기출문제가 최고다. 일부 사설 문제집의 경우에는 정답 논리가 너무 엉성해 풀이를 봐도 이해가 가지 않는 경우가 더러 있다. 기출문제는 그런 문제점을 예방할 수 있다. 시중에는 《TEPS 기출 1000제》《1200제》 등의 문제집이 있으니 자신에게 맞는 것을 선택하면 된다.

나 만 의 노 하 우

TEPS 문제를 풀고서 틀린 문제가 나오면 반드시 해설을 보고 정답의 근거를 숙지해야 한다. 또 문제를 풀다가 모르는 어휘가 나왔을 때는 꼭 체크해야 한다. 물론 전문 의학 용어나 생물의 이름 같은 복잡한 단어는 외우지 않아도 되지만, 그 외 단어는 단어장을 만들어 암기하는 것이 좋다.

TOEIC 활용법

TOEIC은 영어가 모국어가 아닌 사람들을 대상으로, 언어 본래의 기능인 커뮤니케이션 능력에 중점을 두고, 일상생활 또는 국제 업무 등에 필요한 실용영어 능력을 평가하는 시험이다.

1979년 미국 ETS(Educational Testing Service)에 의해 개발된 이래 전 세계 120개 국가 1만 곳의 기관에서 승진 또는 해외 파견 인원 선발 등의 목적으로 널리 활용되고 있으며, 현재 전 세계적으로 해마다 약 600만 명 이상이 응시하고 있다.

TOEIC은 출제 분야 자체가 비즈니스 쪽에 초점이 맞춰져 있어 학생들보다는 직장인들이 많이 응시하는 편이다. 하지만 TOEIC의 난이도는 오히려 TEPS보다 훨씬 쉽다. 생소한 비즈니스 용어가 가끔 등장하지만, 익숙해지면 쉽게 적응할 수 있다. 그래서 TOEIC은 TEPS가 너무 어렵게 느꺼지는 학생들에게 권하고 싶다. TOEIC을 통해 영어 실력을 충분히 쌓은 다음 TEPS에 도전하면 좋다.

다만 TEPS의 청해 영역이 모두 미국 영어 발음으로 구성된 반면, TOEIC의 영어 발음은 미국뿐만 아니라 캐나다, 영국, 호주, 뉴질랜드 등 영어권에 있는 나라들의 발음이 고루 사용된다는 점에 주의해야 한다. 미국 영어에 익숙해져 있는 대부분의 학생들에게는 영국이나 호주식 억양이 어렵게 느껴질 수도 있지만, 스크립트 자체가 어려운 편이 아니기 때문에 무난하게 적응할 수 있을 것이다.

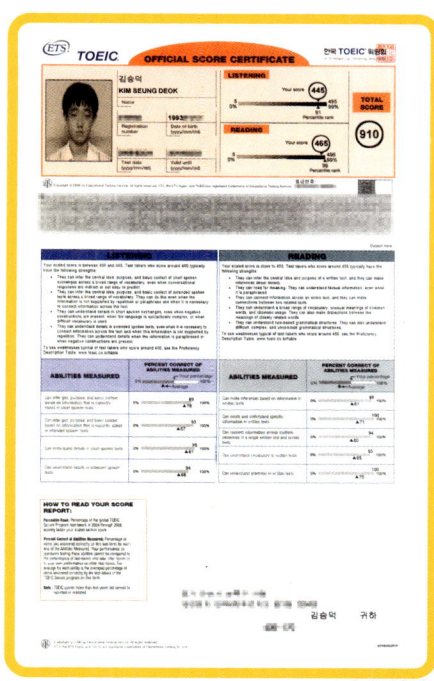

나의 토익 성적표

 TOEFL에 도전하라!

TOEFL은 Reading, Listening, Speaking, Writing의 네 가지 영역의 영어 실력을 평가하는 시험이다. 시간은 약 네 시간 정도 소요되며, 다른 시험과 달리 말하기와 쓰기 영역이 있고, 컴퓨터를 이용해 시험을 치른다. 그래서 그런지 시험 비용도 다른 시험에 비해 비싼 편이다.

TOEFL은 일단 TEPS나 TOEIC에 비해 난이도가 높고 지문도 길다. 고급 어휘가 많이 등장하며, 실제 대학교 강의 수준의 내용이 등장하기도 한다. 게다가 수능 문제 유형과도 상당한 차이를 보인다. 그래서 영어에 대한 숙련도가 상당히 높은 상위권이나 최상위권 수준의 실력이 아니라면 권하고 싶지 않다.

특히 외국 대학교 입학을 준비하는 학생이라면, TOEFL은 여타 공인 영어 시험에 비해 상당한 권위를 갖고 있으므로 도전해보는 것도 좋다. 다만 범위가 넓은 많은 만큼 유형도 다양해서 준비 기간이 다른 시험에 비해 오래 걸린다는 것을 기억해 두자.

글로벌 시대,
영어가 곧 나의 경쟁력

 영어를 잘하려면 환경을 바꿔라!

　바야흐로 글로벌 시대! 단순히 영어로 읽고 쓰는 능력만으로는 부족하다. 자신의 의사를 논리적으로 말할 수 있는 능력이 점점 중요해지고 있다. 세계 공용어가 되어버린 영어에서 밀리면, 그만큼 나의 경쟁력도 떨어질 수밖에 없다. 그래서 일부 학생들은 영어권 국가로 유학을 가기도 하고, 아예 그곳에서 대학교까지 나오는 경우도 있다. 하지만 여러 사정 때문에 외국으로 가지 못하는 학생이라도 영어를 잘할 수 있는 방법은 얼마든지 있다. 노력만 하면 해외파 못지않은 영어 실력을 갖출 수 있다.

　수능을 떠나서 영어 경쟁력 자체를 기르고 싶다면, 먼저 자신이 처한 환경을 바꾸는 게 중요하다. 한국에 있더라도 외국에 있는 것처럼 생각하고 행동하는 것이다. 일부 고등학교나 대학교에서 실시하는 영어 상용 정책도 비슷한 취지다. 학생들끼리 일상생활에서 영어로 소통하도록 함으로써 영어 경쟁력을 높이는 것이다.

내게 꼭 맞는 환경 바꾸기

회화

회화는 무엇보다 자주 말하는 것이 중요하다. 아무리 영어 지식이 풍부한 사람이라도 직접 문장을 만들고 말하지 않으면 아무 소용이 없다. 말을 많이 하기 위해서는 최대한 외국인과의 접촉 기회를 늘리는 것이 중요하다. 학교에서 받는 영어 회화 수업 시간을 활용하는 것도 중요하다.

나는 회화 시간에 적극적으로 참여했다. 그리고 겨울방학 딱 한 달 동안 원어민과 대화하는 회화 학원을 다녔다. 매일 한 시간씩이었는데 비용도 10만 원 내외라서 큰 부담이 되지 않았다. 이때 자신감이 부쩍 늘었던 것 같다. 처음에는 막상 영어로 말하려니 부끄럽기도 하고 몇 번씩 생각하고 말해야 했지만, 나중에는 친한 친구처럼 편하게 이야기할 수 있을 만큼 자신감이 붙었다. 수업 후반부에는 서로 친해져서 매일 수업 후에 커피숍에 가서 한 시간씩 대화를 나누기도 했다.

또 하나 추천하고 싶은 것은 전화영어다. 매일 10~30분 정도 인터넷 전화를 통해 원어민과 대화를 나누는 방식인데, 말하는 연습을 하기에 매우 유용하다. 외국인과 얼굴을 마주하고 대화하는 것이 낯설고 어색하다면, 전화영어를 이용하는 것도 좋다. 언제 어디서든 통화할 수 있어 편리할 뿐만 아니라 시간도 크게 뺏기지 않아 부담이 적다.

즐기면서 배워라

지루한 방학, TV시트콤을 보면서 시간을 보내는 자신이 싫다면 영어 드라마에 도전해보자. 소위 말하는 '미드(미국 드라마)'나 '영드(영국 드라마)'를 보는 것이다. 이때 한글 자막을 띄워놓고 보면 실력이 늘지 않는다. 되도록 자막 없이 보거나 영어 자막을 띄워서 보는 것을 추천한다.

재밌는 드라마가 많아 선택의 폭이 넓고 지루하지 않게 즐기면서 영어 공부를 할 수 있다. 이해가 되지 않는 부분은 반복해서 돌려보거나, 스크립트를 따로 인쇄해서 봐도 좋다. 공부가 잘 되지 않는 시간을 알차게 보내고 싶다면 추천하고 싶은 방법이다.

드라마가 아닌 영화를 보는 것도 좋다. 이때도 자막 없이 보거나 영어 자막을 띄워놓고 보면 실력 향상을 기대할 수 있다. 특히 구어적 표현이 많이 등장하기 때문에 실제 회화에 응용할 수 있다.

스마트하게 공부하라

요즘은 스마트폰을 많이 사용한다. 심지어 초등학교 5학년인 내 친척 동생도 스마트폰을 갖고 있다. 부모님들은 자녀가 스마트폰으로 친구들과 수다나 떨고 게임만 하는 것은 아닌지 걱정한다. 하지만 스마트폰도 잘만 사용하면 영어 공부에 유용히 사용할 수 있다.

영어 단어 암기 어플, 영어 뉴스(CNN, BBC, Fox 등) 어플, 영어 라디오 어플 등등……. 이런 어플을 사용하면 휴대전화를 이용한 영어 학습이 가능하다. 특히 영어 뉴스 어플은 비디오, 오디오, 라디오 등 다양한 서비스를 제공해 효율적으로 영어 학습을 할 수 있다. 뿐만 아니라 시사 지식까지 넓힐 수 있다는 점에서 추천하고 싶다.

227

외국어 올킬 마지막 발자국

: 1년이면 충분하다 :

영어는 쉽지 않은 과목이다. 나 역시 고3 때 모의고사 점수가 떨어져 걱정을 했었다. 2학년까지는 모의고사에서 단 한 문제도 틀리지 않았는데, 3학년이 되자 꼭 한두 문제씩 내 발목을 잡았다. 내 영어 실력에 자만해서 2학년 겨울방학 때 공부를 소홀히 한 것이 화근이었다. 그래서인지 3학년 내내 영어 때문에 스트레스를 많이 받았다. 심지어 9월 모의고사에서는 마킹 실수까지 해서 최저점을 받았다. 수능을 두 달 남짓 남겨놓은 상황에서 느낀 위기감과 스트레스는 말로 표현할 수 없을 정도였다. 그래서인지 쉽게 출제된 수능 외국어영역에서도 긴장의 끈을 놓을 수 없었다.

시험을 볼 때 잘 떨지 않는 편이었지만, 외국어 듣기 방송이 나올 때만큼은 내 심장 소리가 들릴 정도로 떨렸다. 특히 3점짜리 문제와 마주했을 때는 신경을 더욱 곤두세우며 풀었다. 그래도 특별히 마음에 걸리는 문제 없이 50번까지 잘 마칠 수 있었고, 종이 울리고서야 겨우 마음을 놓을 수 있었다.

　가장 걱정이었던 외국어영역이지만 돌이켜보니 역시 노력은 배반하지 않는다는 생각이 든다. 비록 예상보다는 쉬운 난이도였지만, 그때까지 쌓았던 노력 덕분에 실수 없이 완벽하게 풀 수 있었다고 생각한다. 영어 때문에 좌절했던 순간들, 고민했던 기억들이 디딤돌이 되었던 것이다.

　여러분도 마찬가지다. 지금 고3이 되는 학생이라도, 1년은 참 많은 것을 할 수 있는 시간이다. 영어는 쉽지 않은 과목이지만, 하는 만큼 성적은 반드시 오르게 되어 있다. 단기간에 성적이 오르지 않는다고 좌절하지 말고 좀 더 멀리 내다보는 혜안을 가지자. 청해나 독해는 어느 한 부분만 잘한다고 쉽게 오르는 영역이 아니다. 어휘, 어법, 영어에 대한 숙련도 등이 꾸준한 노력을 통해 잘 갖춰졌을 때 조금씩 오르는 것이다. 나 역시 많은 고민을 했다. 그 고민들 속에서 얻어낸 최선의 방법들을 담았기 때문에 여러분이 영어로 힘들어 할 때, 내 글이 여러분에게 도움이 되었으면 좋겠다.

IV

PART4 : 수능올킬비법 : 수능 영역별 공부법 :

탐구영역올킬

선택과 집중,
선택의 묘를 살려라

다른 영역과 달리 탐구영역은 모든 수험생들이 똑같은 과목으로 치르지 않는다. 사회탐구에는 〈윤리와 사상〉〈국사〉〈한국 근현대사〉〈세계사〉〈정치〉〈경제〉〈사회문화〉〈법과 사회〉〈한국지리〉〈세계지리〉〈경제지리〉의 열한 과목이 있고, 과학탐구에는 〈물리1·2〉〈화학1·2〉〈생물1·2〉〈지구과학 1·2〉의 여덟 과목이 있다. 수험생들은 이 중 세 가지 과목을 선택해서 응시해야 하는데, 바로 이때 선택의 문제가 부각된다. 어떤 과목을 선택하느냐에 따라 수능의 성패가 결정될 수 있기 때문이다. 한번 선택한 과목은 쉽게 바꿀 수 없기 때문에 많은 학생들이 선택과목을 결정할 때 혼란을 겪는다. 특히 2014학년도 수능부터는 선택과목이 세 과목에서 두 과목으로 줄어들기 때문에 선택이 더욱 중요해졌다. 공부할 과목이 줄어들면서, 선택한 과목에 대해 더욱 높은 집중력을 발휘해야 하는 것이다.

탐구영역을 성공으로 이끄는 첫 번째 관문은 바로 탐구 과목의 선택이다. 그렇다면 어떻게 해야 선택의 묘를 살릴 수 있을지 살펴보도록 하자.

 ## 흥미와 적성의 교차점

과목을 선택할 때 일단 가장 우선해야 할 기준은 '흥미'와 '적성'이다. 다음 좌표를 보자.

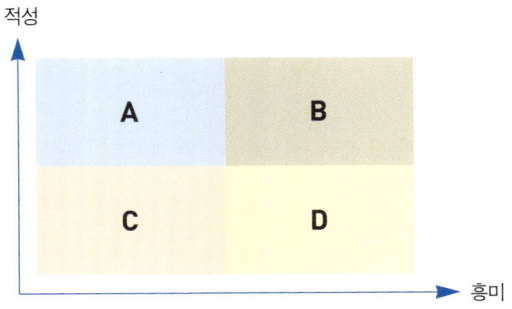

가로축을 흥미, 세로축을 적성이라고 놓고 과목들을 분류했을 때, A는 성적은 잘 나오지만 지루하고 재미가 없는 과목, B는 성적도 잘 나오고 공부할 때 흥미도 있는 과목, C는 재미도 없고 성적도 안 나오는 과목, D는 재밌지만 성적은 잘 나오지 않는 과목을 뜻한다.

가장 이상적인 선택은 B 범위에 해당하는 과목을 선택하는 것이지만, 문제는 이런 선택이 현실적인 제약에 부딪히는 경우에 발생한다. 우리가 선택해야 하는 세 과목이 모두 B에 해당하기는 어려울 뿐 아니라 나에게는 최적인 B 과목이, 희망하는 수강생이 적어 학교에서 수업을 듣지 못하게 될 수도 있다. 이처럼 현실은 수험생 각자가 좋아하면서 잘하는 과목을 선택할 수 없도록 제약하기도 한다.

특히 탐구영역의 과목은 한번 선택하면 쉽게 바꿀 수 없기 때문에 수험생들은 고민에 빠질 수밖에 없다. 나도 모의고사 응시 과목을 3학년 2학기가 되어서야 한국 근현대사에서 사회문화로 바꿨다.

그래서 나는 이런 이상적이지 않은 현실 속에서 최적의 선택을 내릴 수 있도록 여러분을 돕고자 한다. 선택하는 데에 도움이 될 만한 몇 가지 기준을 제시해보겠다.

학교에서 집중하는 과목을 선택하라

고등학교는 학교마다 각기 다른 교육 과정이 있다. 예를 들어 상산고등학교의 경우 2학년으로 올라가면서 계열을 선택하는데, 내가 졸업한 문과 교육 과정은 다음과 같다.

2학년 때 윤리와 사상, 한국 근현대사(이하 근사), 경제, 한국지리 중 두 가지(주 3시간)를 선택해서 배우고, 국사(주 1시간)는 필수적으로 배운다. 3학년이 되면, 새롭게 사회문화 과목(주 4시간)을 필수적으로 배우고, 2학년 때 선택했던 두 가지 과목은 주 한 시간으로 줄어든다.

나는 2학년 때 경제와 근사를 선택했는데, 갈등은 3학년 때 일어나기 시작했다. 근사 과목은 암기해야 할 사항이 상당히 많은데, 주 한 시간 듣는 수업으로는 전체 범위를 제대로 복습하기가 힘들었다. 게다가 따로 시간을 내어 공부한다고 해도, 주 1단위밖에 되지 않아 주 4단위나 되는 사회문화 과목을 공부할 시간을 쪼개거나 포기해야 했다. 2학년 때 수업을 열심히 들어 모의고사는 항상 만점이었지만, 매번 시험을 치를 때마다 근사와 국사 공부를 하다 보면 다른 과목에 신경 쓸 여유가 거의 없었다. 결국 나는 3학년 2학기가 돼서야 근사에서 사회문화로 선택과목을 바꿨다. 사회문화 과목은 적성과 흥미에 모두 맞았고 복습하는 데도 시간이 많이 걸리지 않았기 때문이다.

학교에서 집중해서 가르치는 과목을 선택하면 내신과 수능을 모두 잡을 수 있다. 단위수가 적거나 아예 수업이 없는 과목을 선택하게 되면 혼자 공부하느라 힘들기도 하고 다른 과목을 공부할 시간이 없어 내신에도 악영향을 주게 된다.

특히 3학년이 되면, 수능에서 선택하지 않는 과목을 학교 수업 때문에 공부해야 하는 경우가 발생했을 때 의욕이 저하된다. 다른 과목에 특별히 재능과 흥미가 있는 경우가 아니라면, 학교에서 정해진 커리큘럼대로 따라가는 것을 추천하고 싶다.

연계된 과목을 선택하라

탐구영역은 분야(계열)별로 다시 분류될 수 있다. 사회탐구영역에 속한 과목들은 지리군(한국지리, 세계지리, 경제지리), 일반사회군(정치, 경제, 사회문화, 법과 사회), 역사군(국사, 한국 근현대사, 세계사), 윤리와 사상의 네 개 계열로 나뉘고, 과학탐구영역에 속한 여덟 개 과목은 물리, 화학, 생물, 지구과학의 네 개 계열로 묶일 수 있다.

같은 계열에 속한 과목은 서로 중복되는 내용을 포함하거나 출제 경향과 문제 유형, 구성이 비슷하다. 따라서 동 계열의 과목을 함께 묶어서 준비하면 시간과 학습량을 동시에 줄일 수 있다.

나는 3학년 2학기가 돼서야 근사를 사회문화로 바꾸었다. 근사를 열심히 공부했던 시간이 아깝게 느껴질 때도 있었지만, 그런 생각은 국사 문제를 풀면서 오히려 감사함으로 바뀌었다. 국사 문제에는 한국 근현대사 문제가 꼭 2~4문제 정도 출제되는데, 근사를 제대로 배우지 않았다면 이런 문제들을 쉽게 풀어낼 수 없었을 것이었기 때문이다.

또 사회문화 과목을 처음 공부하면서 표나 그래프 문제가 나왔을 때 문제 유형이 경제 과목과 비슷해 쉽게 풀어낼 수 있었다. 표 문제는 사회문화에서도 가장 변별력 있는 문제 유형 중 하나인데, 경제 과목을 공부하면서 익숙해진 덕에 별로 어렵게 느껴지지 않았던 것이다. 이처럼 같은 계열에 속한 과목을 선택하면, 그에 상응하는 이점이 있다.

경쟁력 있는 고효율 과목을 선택하라

전국의 수험생들과 비교해 자신이 어떤 과목에 가장 경쟁력이 있는지 확인하려면, 모의고사 성적표를 보면 된다. 이때 살펴봐야 할 것은 원점수나 표준점수가 아니다. 원점수와 표준점수는 모의고사의 난이도에 따라 매번 달라지기 때문에 신뢰할 만한 지표가 되지 못한다. 자신이 전국에서 어느 정도의 위치에 있는지 말해주는 것은 바로 백분위와 등급이다. 응시한 사탐 과목의 백분위와 등급을 보면 자신이 어떤 과목에 상대적으로 강하고 어떤 과목에 상대적으로 취약한지 알 수 있다.

한 가지 더 고려할 사항은 '효율성'이다. 똑같은 시간 동안 공부를 해도 더 많은 범위의 학습이 가능하거나 점수가 더 많이 오르는 과목이 있다. 예를 들어 내게는 한국 근현대사가 효율성이 낮은 과목이었다. 경제나 사회문화와는 달리 역사 과목은 점수를 유지하는 데 드는 시간과 비용이 매우 컸다. 특히 서울대 진학을 위해 국사를 필수적으로 공부해야 했던 내게는 이중의 부담이었다. 반면에 사회문화는 공부해야 할 범위 자체가 훨씬 적고 암기해야 할 부분이 많지 않아 효율적인 학습이 가능했다. 물론 이것은 개인에 따라 천차만별이다. 실제로 역사를 재밌어 하고 또 잘하면서도 경제는 아무리 공부해도 잘 모르겠다고 호소하는 친구들도 꽤 있었다. 이처럼 효율성은 자신의 흥미나 적성에 따라 결정되는 경우가 많은데, 이런 과목일수록 성적을 올리기도 용이하다.

또, 상위권 학생이 몰리는 과목은 피하고, 학생들이 많이 몰리는 과목을 택하는 것이 좋다. 상위권 학생이 많이 몰리는 과목을 선택하면, 자칫하다간 피를 볼 수도 있다. 예를 들어 국사는 문과 학생들이 서울대학교에 지원하려면 필수적으로 응시해야 하는 과목이기 때문에 상위권 학생들이 많이 몰려 있다. 암기해야 할 양이 정말 방대하지만, 시험은 상위권 학생들을 변별하기 위해 더욱 어려워지는 추세다. 서울대학교를 지망하는 학생이 아니라면 추천하고 싶지 않다.

반면에 다른 수험생들이 많이 선택하는 과목을 선택하면 보다 안정적인 점수를 거둘 수 있다. 예를 들어 가장 많은 학생이 선택하는 사회문화나 한국지리의 경우는 등급이 들쭉날쭉하지 않을 가능성이 높다. 많은 수험생들이 응시하는 만큼 성적 분포 역시 안정적이기 때문이다.

탐구! 개념 +α

탐구영역에서는 개념의 중요성이 강조된다. 탐구영역 문제에서는 교과 과정에 등장하는 개념을 완벽히 이해했는가, 그리고 그 개념을 어떻게 응용할 수 있는가를 주로 묻기 때문이다. 예를 들어보자.

2012학년도 수능 탐구영역 사회문화 2번

문제 그림은 일탈 이론 (가), (나)를 도식화한 것이다. 이에 대한 옳은 설명만을 〈보기〉에서 있는 대로 고른 것은?

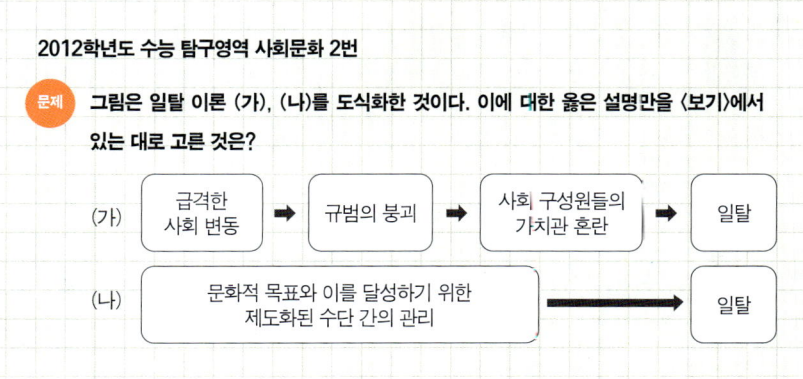

〈보기〉

ㄱ. (가)는 사회적 합의를 통한 결속력 강화를 해결 방안으로 제시할 것이다.

ㄴ. 모범생이었던 고교생의 가출을 불량 학생들과 어울렸기 때문이라고 설명하는 것은 (나)로 설명할 수 있다.

ㄷ. 올림픽에 참가한 선수가 금메달을 따기 위해 금지 약물을 복용한 것은 (나)로 설명할 수 있다.

ㄹ. (가)와 달리 (나)는 기능론적 관점에서 일탈 문제를 분석한다.

① ㄱ, ㄴ   ② ㄱ, ㄷ   ③ ㄴ, ㄹ

④ ㄱ, ㄷ, ㄹ   ⑤ ㄴ, ㄷ, ㄹ

이 문제는 지난 수능에 출제되었던 사회탐구영역 사회문화의 문제 중 하나이다. 문제를 보고 (가)가 어떤 개념인지, (나)가 어떤 개념인지 파악할 수 있는지, 또 그것을 바탕으로 ㄱ, ㄴ, ㄷ, ㄹ 보기를 분석해낼 수 있는지에 대해 묻고 있다.

사회탐구든 과학탐구든 개념에 대한 완벽한 이해를 요구한다. 문제에 등장하는 개념을 모르면 그 문제를 틀릴 수밖에 없다. 개념을 알아도 완벽히 모르면 틀릴 가능성이 매우 높아진다. 특히 상위권을 변별하기 위한 고난도 3점 문제에서는 여러 개의 개념이 복합적으로 응용되는 경우가 있으므로, 탐구영역에 나오는 개념들은 완벽히 숙지하고 넘어갈 필요가 있다.

완벽주의자가 되라!

개념을 완벽히 숙지하려면, 완벽주의자가 될 필요가 있다. 완벽주의자가 되는 것은 문제를 푸는 것에서부터 시작한다. 문제를 풀 때, 선지는 다섯 개가 주어진다. 그러나 답이 무엇인지 알았다고 해서 그냥 넘어가는 것은 문제를 반도 활용하지 못하는 것이다. 다른 선지는 왜 답이 아닌지까지 완벽히 알 수 있어야 제대로 문제를 푼 것이다.

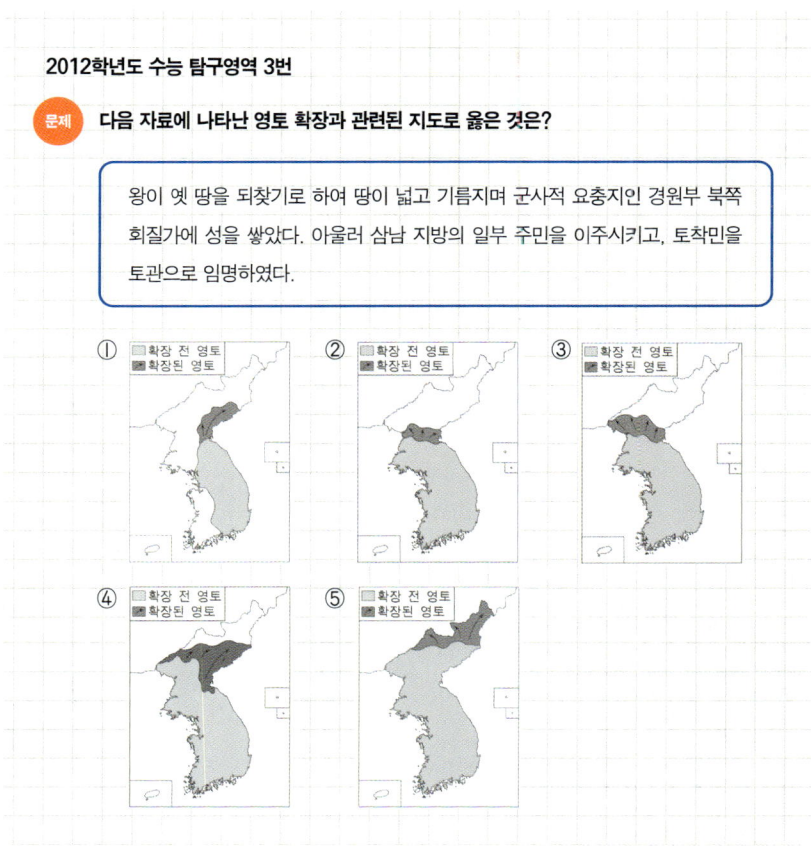

예를 들어 위와 같은 문제를 접했다면, 답이 5번임을 알았다고 해도 1~4번의 지도가 무엇을 의미하는지 모른다면 그것은 개념이 완벽하지

않다는 뜻이다. 각각의 지도가 어느 시대의 어떠한 영토 확장을 의미하는 지까지 알 수 있어야 완벽하다. 수능에 출제되는 모든 선지들은 모두 교과 과정과 관련이 있는 내용이지, 쓸데없이 끼워 맞춰진 것이 아니다. 선지 중 하나라도 모르는 것이 있다면 반드시 체크하고 넘어가야 한다.

또한 개념을 공부하다가 막히는 부분, 이해가 잘 되지 않는 부분이 있다면 선생님께 여쭤보거나 EBS Q&A 게시판을 활용하는 것이 좋다. 예를 들어 나는 경제에서 배우는 탄력성 개념이 실제에 잘 적용되지 않는다는 점이 궁금했고 Q&A 게시판에 다음과 같은 질문을 올렸다.

Q 수요의 가격 탄력성이 탄력적이라면 가격을 인하했을 때 총 매출액이 증가해야 합니다. 그런데 예를 들어 가격을 40% 내렸을 때 수요량이 50% 증가했다고 하면, 총매출액은 기존 매출액×0.6×1.5가 되어 오히려 줄어듭니다. 이 역설적인 현상에 대해 설명해 주세요.

A 수요의 가격 탄력성이 1일 때 가격 변화율과 수요량 변화율이 같습니다.
이때 판매 수입은 수요량×가격입니다. 따라서 상상에 의해서는 가격이 10% 상승할 경우 판매 수입의 증가 요인이고 그러나 거래량이 10% 하락하는 것은 판매 수입의 감소 요인입니다. 따라서 결국 두 부분이 상쇄되어서 판매 수입은 일정하다고 할 수 있습니다.
실제로 이것은 현실에서는 잘 맞지 않습니다. 이유는 가격과 수요량의 수치가 같아야 하는데 이것이 다르기 때문입니다. 그나마 비슷해지는 경우는 가격과 거래량이 크고 수요와 가격 변화율이 작을 때입니다.
예를 들어 가격과 수요량이 1000, 10000이며 가격 상승은 1%, 거래량 감소율이 1%인 경우를 봅시다.
변동 전 판매 수입은 1000×1000=1,000,000원입니다. 각각 1% 상승, 하락하면 가격은 1010원, 수요량은 990입니다. 이때 판매 수입은 999,900원입니다. 100원의 차이입니다.
고등학교에서 공부하는 것은 호탄력성입니다. 즉, 수요곡선 상의 두 점(부채꼴 모양의 두

점 사이를 '호'라고 합니다) 사이의 탄력성입니다. 그런데 이 호탄력성의 경우 가끔 이러한 오류가 나타납니다. 그러나 대학 과정에서 점탄력성을 배우시면 이러한 문제는 해결이 됩니다.

결국 탄력성의 개념을 공부하기 위한 호탄력성이 약간의 오류를 내포하고 있는 것입니다. 이 점 이해하시고 탄력성을 공부하시기 바랍니다.

그러자 위와 같은 친절한 답변을 얻을 수 있었다. 이렇게 나는 모르는 개념이나 공부 중에 의문이 들 때는 주저하지 않고 질문을 했다. 이렇게 의문들이 하나하나 풀려갈 때마다 마음은 든든해졌고 실력도 일취월장할 수 있었다.

allKILL4

플러스알파,
문제풀이

개념도 개념이지만, 탐구영역을 치르는 수험생들이 반드시 갖춰야 할 덕목 중 하나는 바로 문제풀이 요령이다. 모든 개념을 완벽하게 이해할 수는 없고, 또 암기할 부분이 많은 과목은 기억이 잘 나지 않는다. 문제풀이 요령은 바로 이러한 약점을 극복하기 위해 존재한다. 문제풀이 요령은 과목마다 천차만별이지만, 그중 몇 가지만 소개하자면 다음과 같다.

역사 과목의 경우, 역사적 사료를 제시하는 경우가 많다. 이때 사료 속에서 키워드를 찾아야 하는데, 키워드는 한 문장이 될 수도 있고 한 글자가 될 수도 있다. 키워드를 찾았다면 그와 관련된 시대적 상황을 떠올리고, 선지에서 시대 흐름과 무관한 선지들을 골라낸다. 이렇게 하면 정답의 대상이 되는 선지들을 압축할 수 있다.

경제, 사회문화 등 일반 사회 과목의 경우, 표나 그래프 문제가 많이 등장한다. 표를 볼 때는 가로축과 세로축이 무엇을 의미하는지 주의를 기울여야 하고, 제시되지 않은 정보에 대해 함부로 유추해서는 안 된다. 표 또는 조건에 명시적으로 제시된 정보만 갖고 활용해야 하며, 추론 역시 객관적인 근거가 갖춰졌을 때만 해야 한다.

시간대별
탐구영역 대비법

가능성의 시간, 내공을 쌓아라

대부분의 학교에서 1학년 때는 계열을 정하지 않는다. 향후 문과를 생각하고 있는 학생이든 이과를 생각하고 있는 학생이든 똑같은 교육 과정을 이수하게 된다. 물론 아직 진로를 정하지 못한 학생도 있을 수 있다. 이때는 모의고사에서도 계열을 나누지 않기 때문에 사탐과 과탐 모두 치르게 되어 있다. 따라서 이때는 주어진 교과 과정을 충실히 따라가는 것이 우선이다. 자신이 선택할 계열에 따라 차별하지 말고 모든 과목을 충실히 공부하자. 모의고사나 수행평가 등의 일정을 고려해가며 내신을 관리하는 요령도 터득하게 될 뿐만 아니라, 앞으로 배우지 않을 계열이라 하더라도 기초 지식을 쌓는 것은 큰 이점으로 작용한다.

자신이 선택할 계열의 과목은 말할 것도 없다. 특히 국사의 경우에는 양이 워낙 방대하기 때문에 1학년 때 적어도 정치까지는 열심히 공부해놓아야 한다. 이처럼 1학년은 기초를 다지는 시기이기 때문에, 내공을 쌓는다는 생각으로 한 과목 한 과목에 최선을 다하는 것이 좋다.

한 가지 더 1학년 학생들에게 꼭 권하고 싶은 것은, 자신이 앞으로 무엇을 하고 싶은지, 어떤 학과에 진학하고 싶은지 꼭 탐색해보았으면 좋겠다는 것이다. 아직도 대다수 학생들이 자신의 꿈을 찾기보다는 부모님의 뜻에 따라 진로를 결정하고 있는데, 정말 안타까운 일이다. 내 친구들 중에도 의대를 가려는 친구들이 많았는데, 정말 사람을 살리겠다는 소명을 갖고 의사가 되려는 친구들은 매우 드물었다. 그래서 나는 상대적으로 여유가 있는 고등학교 1학년 때에 탐구 과목을 공부해보면서 어떤 분야에 적성이 맞는지 꼭 찾아보라고 권하고 싶다.

나는 처음에는 법학에 빠져 학교에서 하는 법학 특강을 들었고, EBS 〈법과 사회〉 인터넷 강의를 독강했다.(학교 교과 과정에는 없었다.) 단순히 겉핥기 지식으로 공부한 것이 아니라, 법 경시대회 수상을 목표로 열심히 공부했다. 교내 로스쿨에 선발되어 모의 법정에 참여하기도 했다. 하지만 결국 내 적성에 맞지 않아 그 관심을 물리학으로 틀었고, 양자물리학 에세이를 써서 과학 에세이 대회에 출품하기도 했다. 그러나 거기서도 내 적성을 발견할 수 없었고, 1학년 말이 돼서야 경제 공부를 하면서 나의 '흥미와 적성의 접점'을 찾을 수 있었다.

하지만 그렇게 막연히 진로를 정한 뒤에도, 3학년 때 자기소개서에서 진로에 대해 써야 할 때는 정말 막막했다. 나만의 진로 탐색 과정을 거쳤다고 생각했는데도, 조금만 깊이 들어가 보니 나는 나의 꿈에 대해서도 제대로 모르고 있었던 것이다.

1학년은 커다란 가능성을 안고 있는 시기다. 수능을 끝낸 지금 되돌아 보니, 1학년은 정말 무궁무진한 발전 가능성을 가지고 있다. 그 가능성을 남들의 뜻에 따라 한정된 길로만 쓰는 것은 너무 아깝다. 한 방향으로 편향된 공부는 꿈을 찾은 뒤에 해도 절대 늦지 않다.

틀과 흐름을 다잡는 시간, 핵심을 공격하라

고등학교 2학년이 되면 처음으로 계열을 나눠 공부하게 된다. 학생들은 자신이 선택한 과목에 맞춰 교과 과정을 분리해서 이수하게 된다. 이때는 탐구 과목 역시 새로 배우게 되는데 보통 1년 동안 두 과목 정도를 배운다. 모의고사는 그 두 과목에 더해 1학년 때 배웠던 탐구 한 과목까지 응시하게 된다.

이때는 탐구 과목을 공부할 때 아주 지엽적인 내용이나 세부적인 부분까지 공부할 필요는 없다. 2학년 때는 모의고사에서도 세부적인 내용을 묻지 않을 뿐만 아니라, 그런 내용들은 시간이 지나면 잊어버리기 쉽기 때문이다. 이때는 개념의 전체적인 틀과 흐름, 핵심적인 내용을 공부하는 데 초점을 맞추어야 한다. 또한 모의고사가 학교에서 배우는 진도에 따라 범위가 정해져 있으므로, 고등학교 2학년 모의고사 기출문제를 풀면서 개념을 다져나가면 된다. 또 언어·수학·외국어 위주의 공부를 하느라 탐구영역을 소홀히하는 학생들이 더러 있는데, 이런 학생들은 3학년에 올라가 탐구 때문에 발목을 잡히는 경우가 많다. 문제가 세부적인 내용을 묻는 등 어려워질 뿐만 아니라, 방대한 양의 탐구 과목을 복습하는 데는 상당한 시간이 필요하기 때문이다. 따라서 모의고사와 내신을 준비하는 과정에서 탐구영역 역시 꼼꼼하게 대비를 해놓아야 한다.

겨울방학
도약을 준비하라

고등학생은 수능 전에 두 번의 겨울방학을 맞는다. 겨울방학은 여름방학보다 훨씬 길어서 부족한 부분을 채우거나 새로운 지식을 쌓을 수 있는 절호의 기회다. 특히 겨울방학은 탐구영역을 학습하기에 최적의 시간이다. 평소에 언어·수학·외국어 공부 때문에 약간 미뤄놓았던 탐구영역이지만, 길고 긴 겨울방학에는 탐구 역시 본격적으로 공부해야 한다.

첫 번째 겨울방학은 새로운 출발을 준비하는 시간이다. 대부분의 고등학교가 2학년 때부터 인문계와 이공계로 나눠지기 때문에, 첫 번째 겨울방학은 자신이 선택한 계열에서 새로 배울 내용들을 준비하는 데 초점을 맞춰야 한다. 나는 2학년 때 배울 과목으로 경제와 한국 근현대사를 선택했는데, 고1 겨울방학 때 경제를 예습했다. 그렇게 한 과목을 제대로 공부해놓으면, 계열 선택 후에 부쩍 늘어난 학습량에 당황하지 않을 수 있다. 예습을 이미 해놓아서 선생님의 말씀을 훨씬 쉽게 흡수할 수 있을뿐더러, 다른 과목을 공부할 시간도 확보할 수 있다. 특히 고1 겨울방학은 아직 학생들이 절박함을 느끼기 전이라 게을러지는 경우가 많은데, 이때 열심히 공부하면 그만큼 다른 학생들보다 앞서서 출발할 수 있다. 주요 과목(언어·수학·외국어) 공부에 우선을 두되, 최소한 탐구 한 과목. 여력이 된다면 두 과목 정도는 공부를 해놓는 것이 좋다.

두 번째 겨울방학 역시 중요한데, 고3으로 진입하기 전의 마지막 방학이기 때문이다. 이때 할 일은 두 가지가 있다. 첫째는 지난 2년간 배운 탐구 과목을 복습하는 것이다. 복습은 수능 응시 과목에 초점을 맞추는 것이 좋다. 이때 개념을 완벽하게 정리해두어야 3학년 정규 학기가 시작되었을 때 빠른 실력 향상을 기대할 수 있다. 부족한 부분이 있다면 그 부분을 집중적으로 끝내도록 하고, 개념이 제대로 잡히지 않은 부분이 있다면 기본서를 통해 개념을 다지자. 또 역사 과목처럼 전체를 복습하기에 양이 너무 방대한 경우에는 전체적인 흐름에 대해서 훑고 넘어가는 것도 좋다.

다만 꼭 진도는 끝까지 끝내도록 하자. 고1~2 때는 뒷부분까지 배우지 않는 경우도 있고, 학생들도 내신 시험을 준비하느라 뒷부분에는 소홀한 경우가 있기 때문에 방학을 이용해서 꼭 뒷부분까지 완성하는 것이 좋다. 예를 들어 국사 공부를 할 때 그동안 많이 공부한 정치는 간략하게 넘기고, 문화 부분에 집중해서 공부할 수 있도록 하는 것이다.

두 번째로 할 일은 3학년 때 새로 배우는 과목에 대한 예습이다. 이것은 선택이 아닌 필수인데, 대부분의 학생들이 겨울방학 때 예습을 마치고 오기 때문에 하지 않으면 뒤쳐질 수 있다. 전체 교육 과정을 모두 마스터할 필요는 없지만, 최소한 한 학기 분량 정도는 익히고 들어가야 한다.

겨울방학은 게을러지기 쉬운 시간이다. 하지만 그렇다고 겨울잠에만 빠져 있으면 새로운 학기가 시작되었을 때 제대로 적응할 수 없다. 현명한 사람은 남들이 겨울잠에 들었을 때 도약을 준비한다. 재충전의 시간은 최대 일주일 이내로 하고, 나머지 시간은 학기 중과 다름없는 부지런함을 발휘할 필요가 있다.

1학기가 시작되면 개념이 잡힌 과목부터 본격적으로 문제풀이를 시작한다. 기출문제와 함께 이때쯤 출시되는 《EBS 수능 특강》을 푼다(책은 바뀔 수도 있으니 출제 범위에 해당하는 교재를 풀면 된다). 문제만 푸는 것으로는 부족하다. 문제를 풀면서 선지 하나하나를 분석해가며 공부해야 한다. 문제에서 조금이라도 걸리는 부분이 있다면 짚고 넘어가야 한다. 문제풀이를 하면서 개념도 함께 완성해가는 것이다.

3학년 때 처음 배우는 과목이라면 아직 개념이 완벽히 잡히지 않은 상태이므로 개념 완성에 집중하자. 내신 수업을 꼼꼼히 들으면서 복습과 더불어 따로 뒷부분까지 진도를 나가는 것이 좋다. 특히 1학기 안에 수업 진도가 다 끝나지 않는 과목이라면, 최소한 여름방학까지는 스스로 진도를 끝내놓는 것이 좋다.

또 고3은 거의 매달 모의고사를 치르는데, 시험을 볼 때마다 오답과 어려웠던 문제를 완벽히 분석하도록 한다. 아직 선택과목을 확실히 정하지 못한 학생이라면, 성적표의 백분위를 비교해가며 과목을 선택해가도록 한다.

요즘 탐구 반영 과목이 두 과목인 대학이 많아 많은 학생들이 탐구를 두 과목만 공부하는 경우가 많은데, 이것은 위험한 접근이다. 한 과목을 완전히 놓고 있다가 나중에 생각이 바뀌어 다시 공부하려고 하면 손실이 크다. 적어도 1학기까지는 세 과목 모두 반영된다는 생각으로 공부하는 것이 좋다. 그래야 나중에 과목 선택에 따른 리스크를 줄일 수 있고, 논술 또는 대학별 고사에서 탐구 복합 문제가 나올 때 대비할 수 있다. 예를 들어 화학1과 화학2만 공부한 학생은 면접에서 생물 교과와 관련된 질문이 나오면 크게 당황할 수 있다. 자신의 전공과 적성에 맞게 선택과목을 정해가되, 6월 모의고사를 보기 전까지는 모두 열심히 해놓는 것이 좋다.

고3 여름방학
마지막 방학, 비장하게 전력질주

고3 여름방학은 수험생으로서 보내는 마지막 방학이다. 6월 평가원 모의고사를 치렀고, 3학년 1학기 내신까지 끝난 상태이기 때문에 수험생들은 감회가 새로울 것이다. 일부 학생들은 결과가 좋아 들뜬 마음으로 새로운 도약을 준비할 수도 있지만, 많은 학생들은 성적이 기대치에 미치지 못해 좌절에 빠질 수도 있는 시기다. 나는 6월 모의고사와 7월 모의고사, 1학기 내신까지 결과가 좋지 않아 여름방학이 시작됨과 동시에 머리를 밀어버렸다. 아무것도 신경 쓰지 않고 오로지 공부만 하겠다는 일념이었다. 3년 동안 가장 열심히, 가장 힘들게 공부했던 때가 아닌가 싶다. 나뿐만 아니라 많은 친구들이 찌는 무더위 속에서도 책상을 복도로 옮겨가면서까지 공부를 했다. 수능을 앞두고 말 그대로 전력질주를 할 수 있는 시기는 바로 이때뿐이다.

나는 새로 출시된 EBS 출제 범위인 《EBS 수능 완성》을 풀었다. 수능 완성에 수록된 문제들의 난이도가 만만치 않아 이를 통해 단원별로 개념을 심화된 수준으로 정리할 수 있었고, 특히 수능 완성 후반부의 실전모의고사 6회는 마지막으로 개념을 정리하는 데 큰 도움이 되었다. 실전모의고사의 경우에는 언어 · 수학 · 외국어 수능 완성까지 합쳐서 일주일에 두 번 친구들과 시간을 재서 실전처럼 풀었다. 국사는 교과서를 수시로 읽으며 한 문장 한 단어도 빠트리지 않도록 심혈을 기울였다.

또 이때는 대학별 수시모집 전형을 잘 분석해 지원할 곳을 미리 정해놓는 것이 좋다. 2학기 때는 수능 준비만으로도 바쁘기 때문에, 수시에 대한 정보 확보와 함께 미리 준비할 수 있는 것들은 준비를 해놓아야 한다. 또한 지망하는 대학에서 탐구 과목을 두 과목만 반영한다면 6월 모의고사 성적표를 놓고 어떤 과목을 응시할지 정해두는 것이 좋다. 어떤 과목을 선택해 집중할지 판단해야 한다.

고3 2학기
들뜬 마음은 잡고, 실력은 높이 띄워라

2학기는 짧다. 100일 밖에 되지 않는 시간을 의미 있게 보내려면 오로지 수능에 집중해 효율적으로 공부할 필요가 있다. 그러나 2학기는 많은 대학들의 수시 전형이 몰려 있는 시기다. 증빙서류 10개씩을 제출해야 하는 서울대학교는 말할 것도 없고, 다른 대학에서도 면접, 논술 붐이 일어난다. 한창 수능에 집중해야 하는 시기에, 수시의 압박은 현실적인 제약으로 작용한다.

수시 준비에 빼앗기는 시간뿐만 아니라, 수시에 붙을 것이라는 막연한 기대감과 설렘은 수능 준비에 커다란 장애물이다. 특히 수시 1차에 합격한 학생들은 들뜨게 되고, 수시에 떨어진 학생들은 좌절감에 빠져 집중력이 떨어질 확률이 높다. 따라서 이때는 수시에 지원 서류를 제출하는 동시에(혹은 논술이나 면접이 끝나는 동시에) 머릿속에서 수시에 대한 생각을 지워버려야 한다. 수능이라는 가장 험난한 산이 남아 있기 때문이다.

마음을 다잡았다면, 남은 2학기는 실력을 최고조로 끌어올리는 데 힘써야 한다. 첫째로 잊어버리기 쉬운 개념, 어렵고 복잡한 개념을 완벽히 소화할 수 있도록 다진다. 나는 경제와 사회문화에서 특별히 어려운 부분을 쭉 적어놓고 그 부분을 집중적으로 공부했다. 또 국사는 양이 방대해 한 부분을 공부하면 다른 부분을 잊어버리기 쉬워 수시로 교과서를 정독했다. 나중에는 필기와 밑줄, 형광펜 등 때문에 보기가 지저분해져 국사를 보지 않는 친구에게 새 교과서를 구해 공부하기도 했다.

또한 수능 기출문제, 3학년 때 보았던 모의고사 기출문제를 다시 풀면서 실전 감각과 더불어 올해의 출제 경향을 파악했다. 특히 6월과 9월의 평가원 모의고사는 수능의 출제 경향을 예측할 수 있게 해주는 시험이기 때문에 더욱 주의 깊게 풀었다.

이때 한 가지 더 신경 써야 할 점은 바로 시간 관리다. 문과에서는 경제 과목, 그리고 이과에서는 물리나 화학 과목에서 시간 부족을 호소하는 학생들이 많은데, 적어도 3학년 2학기부터는 최소한 25분 안에는 한 과목을 끝낼 수 있도록 연습해야 한다.

나 만 의 노 하 우

2학기 때는 한 과목을 공부할 때 어느 한 부분에 치우쳐서 공부하면 안 된다. 앞부분만 공부하다 보면 뒷부분에 나오는 내용을 쉽게 잊어버릴 수 있기 때문이다. 부족한 부분에 좀 더 비중을 두되, 한쪽에 치우치지 않는 균형 잡힌 공부가 필요한 시점이다.

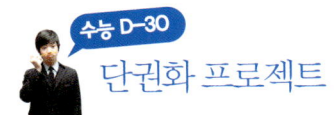

수능이 30일 앞으로 다가왔다면, 탐구영역에 대한 마지막 점검이 필요하다. 최종적으로 개념 총정리를 하는 것이다. 부족한 개념, 어려운 개념들을 모아 깔끔하게 정리한다. 한 단원마다 노트 1~2페이지 정도로 간략하게 정리하되, 주의가 필요한 부분은 자세히 다룬다. 나는 노트 한 권에 국사, 경제, 사회문화, 한문(제2외국어)까지 정리했는데, 수능 시험장에도 가져가서 틈틈이 보았다.

노트를 작성하는 방법은 간단하다. 나는 EBS 출제 범위 중 하나였던 《EBS 수능 완성》 교재를 처음부터 한 단원씩 이론을 꼼꼼히 읽고 노트를 작성했다. 이렇게 하면 이론에 대한 완벽한 복습이 가능하다. 필기가 필요한 부분은 필기하고, 더 자세한 이론이 필요한 부분은 자습서를 보고 더 채워 넣었다. 이미 잘 알고 있는 부분은 마지막으로 점검한다고 생각하고 아주 간략하게 적었다. 중요한 것은, 언제든지 다시 찾아볼 수 있도록 깔끔하게 정리하는 것이다. 나도 수능 전에 작성하는 마지막 노트라 생각하고 최선을 다해 만들었다.

노트를 만들면서 EBS 교재도 마지막으로 점검할 필요가 있다. 특히 역사 과목의 경우에는 EBS 교재에 등장하는 사료가 많이 활용되기 때문에 완벽히 짚고 넘어가는 것이 좋다. 경제와 국사 과목의 《EBS 수능 특강》은 너무 지저분해져서 다시 점검하는 의미에서 새로 사서 풀었다.

탐구는 한 과목당 EBS 연계 범위가 두 권밖에 되지 않기 때문에, 두 권을 완벽하게 소화할 필요가 있다. 반복적으로 학습하면서 어떤 문제가 나와도 헷갈리지 않도록 해야 한다.

수능이 7일 앞으로 다가왔다. 7일 후면 우리는 자유를 얻지만, 그 자유의 질은 성적에 따라 다르다. 일부 사람들은 이때쯤이면 성적이 다 정해져 있다고 말하지만, 7일은 기적을 만들어내기에 충분한 시간이다. 언어·수학·외국어 과목의 경우에는 실전 감각이 상당히 중요해서 《EBS FINAL 실전모의고사》 문제집을 풀 것을 권했지만, 탐구영역은 감각이 크게 중요하지 않다. 이때 가장 중요한 것은 잊어버린 개념이 없는지 최종적으로 점검하는 일이다. D-30부터 만들어놓았던 개념 노트를 이때 보면 된다. 방대한 양의 이론들을 처음부터 보기에는 시간이 부족할 수 있으므로, 노트를 이용하는 것이다. 또 국사 같은 역사 과목의 경우에는 교과서를 처음부터 훑어보면서 사진 자료와 역사적 사료들을 반드시 확인해야 한다.

또한 문제풀이 요령을 점검하기 위해서 2~3일에 한 번 정도는 실전문제집을 시간을 재면서 풀어보는 것이 좋다. 특히 푸는 데 시간이 촉박한 과목은 시험 전날에도 꼭 풀어봐야 한다. 나는 경제를 풀 때 시간이 촉박한 경우가 많아 한 문제당 1분 이상 걸리지 않도록 속도감 연습을 했다. 뿐만 아니라 수능 하루 전날에는 작년도 수능 기출문제를 풀어보며(이미 많이 풀어보았다고 해도) 혹시 부족한 부분은 없는지 체크하고, 자신감을 얻도록 해야 한다.

: 사회탐구 영역별 공략법 :
국사

국사는 서울대학교에서 지원 자격 요건으로 수능에서 꼭 응시할 것을 요구하고 있는 과목이기 때문에 서울대학교를 지망하는 상위권 학생들이 주로 선택한다. 따라서 다른 과목에 비해 경쟁이 치열하고, 시험도 상위권 학생들을 변별하기 위해 어려워지는 추세다. 역사적인 사건의 세세한 부분까지 물어보기도 하고, 무엇보다 정치·경제·사회·문화 분야를 복합적으로 엮어 출제하는 경향이 강해지고 있다. 서울대 준비생들이 대다수 응시하는데다 고난도화되고 있기 때문에, 국사만큼은 어떤 탐구 과목보다도 철저한 대비가 필요하다.

국사에서 가장 중요한 것은 교과서다. 국사만큼은 교과서를 외우다시피 공부해야 한다. 사진 자료나 역사적 사료는 말할 것도 없고, 문제의 선지도 교과서의 문장을 그대로 출제하는 경우가 대부분이기 때문이다. 전체적인 역사의 흐름을 파악하는 것도 중요하지만, 흐름을 파악하려면 일단 기본적인 암기가 바탕이 되어야 한다. 내게 고등학교 3년 동안 가장 많이 읽은 책을 꼽으라면 나는 단연 국사 교과서를 꼽겠다. 핵심적인 교과서 문장은 토씨 하나 틀리지 않고 외우게 되었고, 하도 많이 읽다 보니 나중에는 어떤 문화재가 어느 박물관에 있는지, 어떤 사료에 나오는 주인공 이름이 무엇인지 등 쓸데없는 사실까지도 외울 정도가 되었다.

다음으로는 역사의 통시적인 흐름을 연결할 수 있는 통찰력이 필요하다. 특히 각 분야를 넘나드는 단원 복합 문제를 해결하려면, 각 분야에 대한 상세한 지식이 필요하다. 정치 · 경제 · 사회 · 문화 각 분야에서 어떤 일이 일어났는지 통시적으로 파악할 수 있어야 하는 것이다. 예를 들어 '원 간섭기'라면, 정치 분야에서는 몽골의 침입과 저항부터 관제의 변화와 권문세족의 성장, 공민왕의 반원자주정책까지를, 경제 분야에서는 몽골의 가혹한 인적 · 물적 수탈을, 사회 분야에서는 공녀 문제로 인한 조혼 풍습을, 문화 분야에서는 몽고풍과 고려양 등까지 연결 지어 생각할 수 있어야 한다.

또한 국사의 경우는 역사적 사료에 주의를 기울여야 한다. 교과서에는 수많은 사진 자료와 역사서에서 발췌한 사료들이 많은데, 사료를 보고 어느 시대의 어느 상황에서 등장하는 것인지 파악할 수 있어야 한다. 교과서뿐만 아니라 EBS 출제 범위인 교재에 등장하는 사료도 출제되는 경우가 있기 때문에 꼭 짚고 넘어가야 한다.

나 만 의 노 하 우

2014학년도 수능부터 국사 과목은 국사와 한국 근현대사를 통합한 한국사로 바뀐다. 또한 서울대학교에서도 국사를 필수 응시 과목으로 지정하지 않을 것을 검토하고 있다고 하니 참고하도록 하자.

: 사회탐구 영역별 공략법 :

경제

경제는 사탐에서 표준점수가 가장 높은 변별력 있는 과목이다. 표나 그래프를 활용한 문제가 많이 나오고, 수학적인 사고를 요구하는 부분이 많기 때문이다. 그래서인지 경제는 적성에 따라 호불호가 극명히 갈리기도 한다. 하지만 경제의 장점은 일단 개념을 제대로 잡아놓으면 잘 잊어버리지 않고, 복습하는 데도 시간이 훨씬 적게 걸린다는 데 있다. 개념을 한 번 완벽히 해놓았다면, 다음부터는 문제를 풀면서 모르거나 헷갈리는 개념이 등장할 때 해설지 등을 이용해 개념을 다져주는 정도면 충분한 복습이 되는 것이다.

나는 고등학교 1학년 겨울방학 때 《맨큐의 경제학》을 구해 읽었다. 1000쪽 정도 되는 두꺼운 책이지만, 두께만 보고 지레 겁먹을 필요는 없다. 쉬운 말풀이와 함께 다양한 사례들이 함께 실려 있어 소설책을 읽듯이, 재밌게 경제학 공부를 할 수 있다. 연습문제는 풀지 않아도 무방하다.

이렇게 이론서를 읽으면서 경제 과목 자습서 하나를 함께 구해 풀었는데, 배운 이론을 그대로 문제에 적용할 수 있어 효율적인 학습이 가능했다. 물론 《맨큐의 경제학》과 같은 경제학 원론 교재는 고등학교에서 배우는 수준 이상의 것을 다룰 때도 있지만, 그것 역시 기본적인 경제학적 사고력을 키우는 밑바탕이 된다.

이런 원론 교재가 부담스럽다면, 이론을 상세히 풀이해놓은 자습서를 보는 것도 추천한다. 하지만 이론은 간략하게 요약해놓고, 문제의 비율이 이론보다 더 많은 자습서는 지양해야 한다. 처음 이론을 공부하는 것이니만큼 원리에 대한 상세한 이해가 필요하기 때문이다. 한 번 제대로 다져놓으면 효과를 톡톡히 보는 과목이기 때문에, 번잡하게 느껴지더라도 한 번에 제대로 해놓는 것이 좋다.

이론을 정비했다면, 다음으로는 문제풀이를 병행하면 된다. 경제 과목의 특성상 이론의 양은 방대하지 않아도 문제가 복잡한 경우가 많기 때문에, 문제풀이 연습이 중요하다. 특히 표나 그래프 분석 문제가 자주 등장하므로 익숙해지려면 많은 훈련이 필요하다(x축과 y축이 각각 무엇을 나타내는지, 값이 오름차순으로 정렬되었는지 내림차순으로 정렬되었는지 꼭 확인해야 한다). 수능과 모의고사 기출문제를 반복적으로 풀어보고, 그에 더해 양질의 문제집을 구해 다양한 유형의 문제들을 접해봐야 한다.

나만의 노하우

경제 정복 알짜 정보

:: 경제 체제 구분하기(개념이 중요!)

시장경제와 계획경제, 자본주의와 사회주의 구분

:: 경제 체제 변천 과정(암기 필요!)

상업 자본주의 ─산업 자본주의 ─독점 자본주의 ─수정 자본주의 ─신자유주의('상산독수신'으로
외우면 편리!)

:: 세금 부과 주체(잘 나오지는 않지만 암기 필요!)

- 국세: 관세, 소득세, 법인세, 부가가치세, 주세, 종합부동산세(관소법부주종)
- 지방세: 주민세, 재산세, 자동차세, 취득세, 등록세(주재자취등)

:: 환율 계산

복잡하게 출제되는 경우가 많다!

:: 외부효과 그래프

수요 측면과 공급 측면, 생산 과정과 소비 과정에서의 외부효과를 구분할 수 있어야 한다.

:: 총수요와 총공급의 개념

:: GDP 계산법

:: GDP와 GNP의 구분: 해외 지급 및 수취 요소소득 구별

:: 경제활동인구 및 실업자 분류하기

빈출 주제! 개념을 완벽히 해야 한다.

:: 소득 분류하기

:: 국제수지(무역수지) 분류하기

사례 중심으로 출제되므로 각각의 개별 사례가 어느 부분에 해당되는지 정확히 파악할 수 있어야
한다.

:: 물가지수 계산하기

: 사회탐구 영역별 공략법 :
사회문화

    사회문화는 수능에서 전국적으로 가장 많은 수험생들이 응시하는 국민 과목이다. 다루는 범위도 다른 과목에 비해 상대적으로 적은 편이고 난이도 역시 무난하기 때문이다. 일부 문제는 사회문화를 배우지 않은 학생도 풀 수 있을 정도의 '상식' 수준으로 출제되기도 한다.

    사회문화에 대한 첫 번째 접근법은 바로 개념에 대한 정확한 이해다. 다른 과목에 비해 공부해야 할 개념의 양이 적다고 해서 절대로 우습게 봐서는 안 된다. 개념의 양은 상대적으로 적지만, 그만큼 개념에 대한 정확한 이해가 필요하기 때문이다. 변별력 확보를 위해서는 개념에 대한 심화된 수준의 이해를 요구하는 문제가 출제될 수밖에 없는 것이다.

    특히 문화 부분이나 사회집단의 분류, 자료 수집 방법 부분에서는 개념을 제대로 파악하고 있지 않으면 큰 혼란을 느낄 수 있다. 이러한 개념 이해 문제들은 문제를 아무리 많이 풀어보아도 개념이 확립되어 있지 않으면 쉽게 맞추기 어렵다.

나는 고3 전의 겨울방학 때 《누드교과서》를 이용해 사회문화의 내용을 전반적으로 정리했는데, 개념을 쉽게 풀어놓아서 부담 없이 읽을 수 있었다. 새로운 과목을 공부하기 시작할 때는 이처럼 내용에 대해 쉽고 자세한 풀이를 해놓은 자습서를 이용하는 것이 좋다.

고3에 접어들어서는 학교 수업만으로도 충분히 개념을 잡을 수 있었다. 일주일에 네 시간 수업이었는데, 선생님께서 개념에 대한 자세한 설명과 함께 실생활의 다양한 사례들을 들어주셔서 기초를 탄탄히 다질 수 있었다. 이와 함께 많은 문제를 풀어보는 것도 꼭 필요한데, 문제풀이 요령을 익힌다기보다는 헷갈리거나 모르는 개념이 나왔을 때 해설을 이용해 정리할 수 있다는 점에서 더 도움이 된다.

표나 그래프와 함께 출제되는 자료 해석 문제와 실제 사회적 이슈 혹은 사례와 함께 출제되는 사례 적용 문제는 다양한 문제를 풀며 익숙해질 필요가 있다. 특히 자료 해석 문제의 선지들에는 오답을 유도하는 함정이 많이 숨어 있기 때문에, 이런 함정 선지들을 변별해내려면 많은 문제를 풀어보는 수밖에 없다. 사례 적용 문제 또한 사례에 등장하는 사회문화 개념들을 찾아낼 수 있는 안목을 기르려면 훈련이 필요하다.

나 만 의 노 하 우

사회문화 정복 알짜 정보

:: 문화 변동 개념: 이 부분은 사례를 통해 해당되는 개념을 직접 찾아야 하는 문제가 많기 때문에 완벽한 개념 정리가 필요하다.

:: 사회집단(조직) 분류: 실생활에서의 다양한 단체를 보고 공식 조직, 비공식 조직, 자발적 결사체 등으로 분류할 수 있어야 한다.

:: 자료 수집 방법 분류: 각 수집 방법의 장단점과 특징을 분리해서 알고 있어야 한다.

V

제2외국어영역올킬

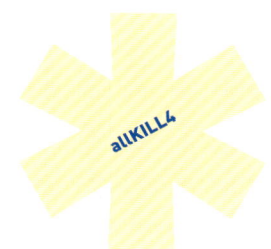

제2외국어,
한문 영역 올킬!

    제2외국어 영역은 총 30문항, 시험 시간은 40분, 배점은 50점이다.

    독일어, 프랑스어, 스페인어, 중국어, 일본어, 러시아어, 아랍어의 일곱 개 외국어와 한문을 합해 총 여덟 과목이 이 영역에 포함된다. 제2외국어 영역의 특징은, 해당 언어에 대한 구체적인 지식보다는 일상생활에서의 언어 사용 능력 평가에 중점을 둔다는 점이다. 발음의 식별, 기본적인 어휘와 문법을 바탕으로, 의사소통 기능의 이해와 활용 능력을 평가하는 것이다. 한문의 경우에는 한자어의 이해와 적용 능력, 그리고 한문학 작품을 독해하는 능력을 평가한다.

제2외국어 해야 하나, 말아야 하나

많은 학생들은 제2외국어가 외고생이나 서울대가 목표인 수험생만 선택하는 과목이라고 생각할지 모른다. 하지만 그런 통념과는 달리 제2외국어는 상위권 대학 진학을 희망하는 모든 학생들이 선택해야 하는 과목이다. 제2외국어 한문을 반드시 응시해야 하는 서울대 인문계 지원 학생 외에도 많은 상위권 대학에서 제2외국어 과목을 다음과 같이 다양한 형태로 반영한다.

제2외국어 반영 대학과 현황	
반영 방법 분류	대학 및 모집단위
점수로 반영하는 대학 · 학과	서울대 인문계열(필수 응시 5.9%), 건국대 문과대학(표준점수 5% 가산), 숭실대 국문/독문/불문/일문/중문(백분위 8% 가산), 단국대(죽전) 한문교육(백분위 10% 가산) , 세종대 인문과학대학(표준점수 5% 가산), 성신여대 국문/한교/독문/불문/일문/중문(백분위 2% 가산)
사탐 한 과목을 대체하는 대학 · 학과	서강대 인문계열, 한양대 인문계열, 중앙대 인문계열(아랍어 제외), 한국외대 전 모집단위
사탐/과탐 한 과목을 대체하는 대학 · 학과	연세대(서울) 인문계열, 고려대(서울) 전 모집단위, 성균관대 인문계열, 이화여대 인문과학대학, 서울시립대 인문계열, 동국대(서울) 인문계열/컴퓨터공학전공/가정교육과, 숙명여대 인문계열/의류/식품영양, 단국대(죽전) 인문계열/정보통계/건축, 서울여대 전 모집단위

이처럼 서울권 30여 개 대학 중 20여 개 대학이 제2외국어 영역을 반영한다. 인문계의 경우 사회탐구 한 과목을 대체할 수 있도록 해주고, 일부 대학에서는 과학탐구 과목까지 대체할 수 있도록 인정해주고 있다. 일부에서는 다른 탐구 과목보다 제2외국어 영역에 가산점을 부여하기도 한다.

제2외국어,
선택이 반이다!

2012학년도 수능에서 제2외국어 영역 중 가장 많은 수험생이 응시한 과목은 바로 3만 9678명이 선택한 아랍어 과목이었다. 아랍어 과목에는 한문 (1만 1866명), 일본어(1만 4720명)를 훨씬 상회하는 응시자가 몰렸다. 이처럼 아랍어 응시자가 많은 이유는 고득점자가 많지 않아 백분위 등급을 받기에 유리하기 때문이다. 실제로 역대 아랍어 과목의 등급컷은 다른 제2외국어 과목(원점수 기준)보다 한참 낮았다.

표는 2011학년도 수능의 등급컷을 나타내는데, 다른 과목에 비해 아랍어의 등급컷 점수가(2등급 이후부터) 현저히 떨어지는 것을 알 수 있다. 2012학년도 수능에서도 아랍어 1·2·3등급컷(추정치)은 각각 47·

2011 수능 제2외국어 원점수 등급컷

과목명	1등급	2등급	3등급
프랑스어1	47	44	41
중국어1	44	39	33
일본어1	44	38	31
아랍어1	43	20	16
한문	47	44	38

23 · 18점으로 독일어(47 · 45 · 39점), 중국어(49 · 46 · 41점) 등에 비해 상당히 낮은 수치를 나타내고 있다.

아랍어 과목에 고득점자가 상대적으로 적은 이유는, 외고에도 아랍어 강의가 개설되어 있는 학교가 많지 않기 때문이다. 독일어, 프랑스어, 스페인어, 중국어, 일본어, 러시아어 등 외고에 개설되어 있는 과목은 일반 고생이 선택하기엔 위험 부담이 크다. 이런 이유 때문에 외고생이 아닌 학생들은 아랍어를 선택할 확률이 상대적으로 높은 것이다. 게다가 아랍어는 6월, 9월 모의고사를 응시하는 학생들보다 수능에서 응시하는 학생들의 수가 3만 명 이상 많다. 6월, 9월 모의고사를 치르지 않은 이 3만 명의 학생들은 공부를 하지 않고 수능에 응시할 학생들일 확률이 높다. 그만큼 아랍어는 낮은 점수를 받는 학생이 많으며, 조금만 공부해도 성적을 올리기 쉬운 과목이라는 뜻이다.

응시생이 가장 많아 타 과목에 비해 안정적이라는 점 역시 부인할 수 없다. 외고생이나 제2외국어 · 한문 영역 중 한 과목에 특기를 갖고 있지 않은 학생이라면, 아랍어를 선택하는 것이 유리한 것이다.

아랍어의 단점도 분명 존재한다. 무엇보다 학교 내에 아랍어를 가르치는 교과가 개설되어 있는 학교가 거의 존재하지 않기 때문에 학교 공부 따로, 아랍어 공부 따로 해야 한다. 그래서 대부분의 아랍어 응시생이 학교의 제2외국어 과목은 포기하고 아랍어 인터넷 강의를 이용하고 있는 실정이다. 문제는 아예 공부를 하지 않고 점수를 오로지 운에 맡기면서 응시한다. 물론 운이 좋아서 등급이 잘 나오는 경우도 있겠지만, 이것은 운이 나쁜 경우를 결코 배제할 수 없는 도박과 같다.

나는 한문을 선택했는데, 한문을 어렸을 때부터, 그리고 학교에서도 선택해서 지속적으로 배워왔기 때문이었다. 한문 시험은 교과서와 EBS 교재에 나오는 내용의 수준과 형식을 벗어나지 않았다. 교과서와 EBS 교재에 나오는 어휘와 문학 작품을 해석하고 이해할 수 있다면, 고득점은 어렵지 않다는 이야기다.

한문 시험에 나오는 유형과 작품은 정해져 있다. 물론 기본적인 한자 어휘에 대한 소양은 단기간에 이루어지는 것이 아니지만, 한문 3~4급 정도의 수준을 갖춘 학생이라면 교과서와 EBS 교재만 반복해서 보아도 큰 어려움이 없다.

한문 과목의 핵심은 어휘다. 처음 보는 한시가 나왔다고 하더라도 어휘만 알고 있으면 해석하는 데 큰 지장이 없다. 문제는 이런 한자 어휘 수준을 갖추는 일이 쉽지 않다는 점이다. 한자 어휘의 개수부터가 상당할 뿐만 아니라 비슷하게 생긴 글자들도 많아 헷갈리기도 한다. 더구나 열심히 외워도 한동안 보지 않으면 잊어버리기 일쑤다. 어휘를 알면 더없이 쉬운 것이 한문이지만, 어휘를 모르면 더없이 어려워지는 것이 한문 과목이다. 다음은 이 어휘를 정복하기 위한 방법이다.

allKILL4

세 살 공부, 수능까지!

: 일상생활 속 점수 올리는 한문 :

평소에는 한문을 따로 공부할 시간을 낼 여유가 많지 않다. 다른 과목을 하기에도 바쁜데, 한문에 많은 시간을 투자할 여건이 되지 않는 것이다. 따라서 한문은 한문 수업 시간과 시험 기간을 이용해 최대한 효율적으로 공부하는 것이 좋다. 수업 시간에 팔짱을 끼고 앉아서 고개를 끄덕이며 수업을 듣기보다는, 손에 펜을 쥐고 한 자라도 더 직접 써보면서 손에 한자를 익히는 것이다. 시험 기간에는 벼락치기라도 최대한 많은 한자를 머릿속으로 그려보고 손으로 써보면서 암기하도록 노력하자.

쉽게 잊어버리기 쉬운 한자 어휘의 특성상 정기적인 반복이 한문 공부의 핵심이다. 영어 단어를 외우듯 하루에 10분씩이라도 투자해 눈도장을 찍어두는 것이다. 헷갈리는 어휘들이 있다면 포스트잇에 적어 책상이나 침대 머리맡에 붙여놓고 틈이 날 때마다 외우는 것도 좋은 방법이다. 책을 읽다가 고사성어나 사자성어가 나오면, 그때마다 사전을 찾아 암기장에 적어두는 습관도 좋다. 따로 시간을 내어 공부하려 ㅎ-기보다는 일상생활 속에서 틈을 내어 학습하는 것이다.

한문에는 공통된 부분을 갖는 한자끼리 같은 음을 가지면서 서로 다른 뜻을 갖는 한자들이 많다. 예를 들어 編(엮을 편), 篇(책 편), 遍(두루 편)은 '扁'을 공통으로 갖는 비슷한 모양의 글자들이지만, 뜻은 각기 달라 구분이 필요하다. 천편일률(千篇一律)에 들어가는 '편'이라는 글자와, 편찬(編纂)에 들어가는 '편'이 미묘하게 다름을 구별할 수 있어야 한다는 뜻이다.

음이 다르면서도 비슷한 모양을 가진 한자들도 유의해야 한다. 대표적으로 遺(남길 유), 遣(보낼 견), 追(쫓을 추)를 들 수 있다. 자세히 보지 않으면 자칫 다른 글자로 헷갈릴 수 있는 모양을 가지고 있는 것이다. 이런 한자들은 단어장을 따로 만들어 정리해두고 틈이 날 때마다 확인해 완전히 익혀두는 것이 좋다.

전교 70등, 이유 없는 추락 – 내게도 찾아온 슬럼프

고등학교 3학년 1학기 중순부터, 성적이 조금씩 떨어지기 시작했다. 모의고사뿐만 아니라 내신 시험에서도 성적이 별로 좋지 못했다. 처음에는 '한 번쯤이야' 라는 생각으로 대수롭지 않게 넘겼지만, 그런 실패들이 점점 누적되자 불안해지기 시작했다. 고등학교 1학년이나 2학년도 아니고, 왜 하필 3학년 때 이런 일이 벌어지는지 두려웠다.

그리고 그런 불안감은 점점 더 구체화되어가기 시작했다. 심지어 평가원에서 치르는 6월 모의고사에서도 실망스런 성적을 거두었다. 6월 모의고사가 끝난 다음 날 대학교 탐방을 할 때도 마음은 더없이 무거웠다. 자존심 때문에 겉으로는 아무렇지 않은 척 웃었지만, 속은 타들어가고 있었다. 만회를 결심했던 7월 모의고사에서는 130명이 조금 안 되는 문과 학생들 중에서 석차가 70~80등까지 떨어졌다. 커다란 충격이었다. 게다가 가장 자신 있는 과목이었던 수학은 반에서도 하위권을 기록할 정도로 떨어졌다.

충격은 한 번 더 있었다. 독한 마음으로 공부하던 중 3학년 1학기 내신이 발표되었다. 3학년 1학기 내신은 서울대학교 수시에 들어가는 마지막 내신이었기 때문에 내게는 정말 중요했다. 상승 곡선, 아니 적어도 지금까지 받아왔던 대로의 내신 성적을 거둬야 했다. 내신만큼은 자신이 있었기 때문에 희망을 갖고 있기도 했다. 그러나 결과는 더없이 충격적이었다. 거의 모든 과목에서 기대했던 것보다 낮은 등급을 받았다. 믿었던 내신에 걸었던 기대조차 무너져 내리는 순간이었다. 교무실에서 선생님께 내신 성적표를 받아들던 때의 그 심정은 지금도 잊을 수 없다. 나에 대한 분노와 함께 그냥 다 포기하고 주저앉고 싶었다.

가장 힘들었던 것은, 나는 분명히 최선을 다했다는 점이었다. 그 어떤 때보다 최선을 다해 공부했는데 결과는 그 어떤 때보다 좋지 않았던 것이다. 내게 이런 시련을 주는 하늘이 원망스러웠고, 앞이 깜깜했다. 부모님께도, 선생님께도, 친구들에게도 이런 심정을 털어놓을 수 없었다. 선생님들의 시선은 점점 차가워졌고, 냉소를 보내는 친구들도 있었다. 부모님의 꾸중도 견디기 힘들었다. 나는 외로운 싸움을 해야 했다. 눈물도 많이 흘렸다.

하지만 견뎌내야만 하는 시련이었다. 수능을 얼마 남겨두지 않은 여기서 무너지면 더 깊은 나락으로 떨어질 뿐이라는 생각이 들었다. 빨리 일어서야 했다. 공부 외에 모든 것을 내려놓고자 머리를 밀었고, 혼자 성찰하는 시간을 많이 가졌다. 최선을 다했는데 왜 실패했는지, 원인을 알아내야 했다. 내 문제점이 두엇인지, 어떻게 고쳐나가야 하는지 밤낮으로 고민하고 또 고민했다. 내 생애 가장 무더웠던, 그리고 가장 지독했던 여름이었다.

'이것 또한 곧 지나가리라'라는 구절이 있다. 어떤 시련이든 참고 견디다 보면 결국 이겨낼 수 있는 힘을 얻게 된다는 뜻이다. 그 이후로도 매 시험이 있을 때마다 크고 작은 실패와 좌절을 겪었지만, 힘들었던 여름방학이 끝나자 조금씩 희망이 보이기 시작했다.

271

정말 지독하게 공부한 만큼 성적이 다시 조금씩 오르기 시작했다.

수능을 보고 나서 나는 그 모든 실패가 수능이라는 빛나는 결과를 위한 것임을 깨달을 수 있었다. 숱한 실패를 통해 뼈아프게 배운 수많은 경험들이 한 문제 한 문제 고비를 만날 때마다 힘이 되어 주었던 것이다. 가채점을 끝내자 지난 1년 동안 수없이 겪었던 실패와 좌절, 수없이 흘렸던 눈물들이 파노라마처럼 스쳐 지나갔다. 1년간 고생한 내 자신이 대견했다.

누구나 슬럼프를 겪는다. 강도와 시간의 차이는 있겠지만, 누구에게나 좌절의 시간은 있다. 아무리 공부해도 성적이 오르지 않고 정체하는 시간들이 고등학교 3년 동안 적어도 한 번은 있기 마련이다. 그것은 앞이 보이지 않을 정도로 커다란 슬럼프일 수도 있고, 바로 다음 시험에서 점수를 회복하는 경우처럼 작은 슬럼프일 수도 있다.

이런 슬럼프들의 원인과 해결책은 크게 두 가지로 나누어볼 수 있는데, 첫 번째 원인은 게으름이다. 혹시 자신의 게으름을 슬럼프라는 말로 위장하고 있지는 않은지 돌아봐야 한다. 나는 3학년 1학기 때 최선을 다했다고 생각했지만, 냉철하게 되돌아보니 내 안에 숨어 있던 게으름을 찾아낼 수 있었다. 절박함이 없었고, 교만해져 있던 내 자신을 발견할 수 있었다. 남들은 모두 달려가는데 나만 걷고 있다면, 그것은 슬럼프로 이어진다.

두 번째 원인은 심리적 요인에서 찾을 수 있다. 학년이 올라갈

수록, 특히 고3이 되고 수능이 가까워올수록 수험생들의 심리적 부담감은 점점 커진다. 부모님과 선생님들의 압박, 그리고 잘해야만 한다는 스스로의 압박이 자신을 점점 짓누르기 마련이다. 문제는 이런 중압감과 예민해진 신경 때문에 시험을 망치는 일이 허다하다는 것이다. 시험을 잘 봐야만 한다는 강박관념이 지나치면 오히려 시험을 망치는 주범이 될 수도 있음을 상기해야 한다. 한 번 시험을 망치고 나면 그것이 트라우마가 되어 계속해서 다음 시험에 영향을 주는 경우도 있다.

그래서 필요한 것이 바로 대범함과 긍정적인 마인드다. 내일이 시험이라고 안절부절 초조해할 것이 아니라, '내일이 시험이니 한 번 제대로 붙어보자!' 라는 대범함을 가져야 한다. 그리고 '혹시 시험을 망치거나 못 보면 어떻게 하지?' 라는 생각보다는 '나는 잘 볼 수밖에 없어!' 라는 강한 자신감을 갖는 것이 좋다.

VI

수능올킬TIP!

실전 수능 지침서

    수능은 1년에 한 번뿐이다. 대입에서 결정적 영향력을 행사한다는 점 외에도, 수능이라는 단어가 주는 부담감이 큰 이유는 1년에 한 번뿐이라는 점이다. 일단 시험이 끝나면 점수를 되돌릴 수 없고, 불가피하게 한 번의 수능을 더 치르고 싶다면 1년을 더 기다려야만 한다. 게다가 수능은 상대평가다. 등급이 존재하고 표준점수가 존재한다. 70만 명의 수험생들과 경쟁함으로써 자신의 위치를 증명하는 시험인 것이다.

    수능 때문에 수많은 사람들이 울고 웃는다. 시험을 치르는 학생들뿐만이 아니라 부모님, 친척들, 선생님들까지. 그간 학교에서 공부해온 결실이 하루의 시험으로 평가되기 때문에, 수능이 끝나면 잘 본 학생이든 못본 학생이든 깊은 허무감에 빠지곤 한다. 역대 모의고사에서 거둔 점수보다 최저점을 거두는 학생이 있는가 하면, 지금까지 봐왔던 어떤 시험보다 높은 점수를 거두는 학생도 있다. 한 문제 한 문제에 희비가 분명히 갈리는 시험이기 때문에 수능이 끝나고 등급이 발표되는 시점까지도 안심할 수가 없다.

어찌 될지 예측하기 힘든 수능이지만, 분명히 제 실력을 발휘할 수 있는 방법이 있다. 아니, 평소 실력보다 충분히 더 잘 볼 수 있는 방법이 있다. 수능은 결코 모의고사보다 어렵지 않다. 그렇기 때문에 '수능 대박' 역시 어렵지 않다. 평소 모의고사를 보듯이, 편안한 마음가짐으로 제 실력만 제대로 발휘해도 그것은 수능 대박으로 이루어질 수 있다. 실제 수능에서 제 실력을 제대로 발휘하는 학생이 많지 않기 때문이다.

두 가지 핵심적인 키워드인 '만반의 준비'와 '마인드 컨트롤'만 제대로 이해하고 실천한다면, 수능 대박은 바로 내 것이 될 수 있다. 물론 여기서 '만반의 준비'란 단순한 공부가 아니라 수능 날 최적의 컨디션을 유지하고 어떤 환경에서도 최고의 실력을 발휘할 수 있도록 준비하는 것을 뜻한다. 수능 당일 어떤 일이 일어나더라도 침착하게 대처할 수 있는 준비를 해야 한다.

이 단원은 만반의 준비와 마인드 컨트롤을 중심으로 구성한 '실전 수능 지침서'다. 직접 수능을 치러본 수험생이기에 이야기할 수 있는 실제 수능에 대한 이야기이며, 수능이 다가오는 것을 체감하게 되는 그 순간부터 수능이 끝나는 종이 울리는 그 순간까지의 모든 것을 담은 매뉴얼이다.

결전의 날, 긴장하지 않고 제 실력 100퍼센트를 발휘할 수 있는 비법을 공개한다.

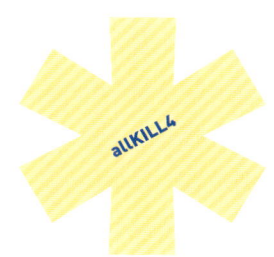
allKILL4

EBS Q&A 게시판을 이용하라

　수능이 다가올수록, 개념을 정리해나갈수록 자신의 부족한 점은 더욱 눈에 띈다. 특히 만점을 목표로 공부하는 상위권 학생들에게 개념에 허점이 보인다는 것은 치명적일 수 있다. 쉬운 수능 체제 속에서는 한 문제 한 문제가 중요하기 때문이다. 하지만 이렇게 부족한 점이 눈에 많이 띄어도, 이 의문들을 풀어줄 만한 해결사는 별로 없다. 학교의 담당 과목 선생님을 찾아가 여쭤보는 것이 좋지만, 수능이 다가올수록 자습 시간이 늘어나면서 선생님을 뵐 기회가 적어진다. 쉬는 시간이나 점심시간을 이용해 교무실까지 찾아가도 선생님께서 자리를 비우신 경우가 많다. 이래저래 시간만 뺏길 수 있다는 뜻이다.

　나도 이런 고민을 많이 했는데, 학원도 다니지 않고 인터넷 강의도 듣지 않는 나는 따로 의문점을 해결할 만한 창구가 없었다. 그러던 중 찾아낸 것이 EBS 홈페이지의 Q&A 게시판이었다.

EBS Q&A 게시판의 장점은 이렇다. 첫째, 언제 어디서든 인터넷만 있으면 이용할 수 있다는 점이다. 더 이상 선생님을 찾으러 뛰어다닐 필요가 없다. 인터넷만 있으면 즉각적으로 질문을 할 수 있다.

둘째, 신속하고 질 좋은 답변을 받을 수 있다. Q&A 게시판에 답변을 해주시는 분들은 대부분 국내 유수의 고등학교에서 직접 학생들을 가르치시는 경험 많은 분들이다. 우수한 교사진을 바탕으로 질문에 대한 자세하고 알찬 답변을 제공하고 있는 것이다. 뿐만 아니라 질문을 올리면 오래 걸려야 하루 이내에 답변을 얻을 수 있다. 심지어 나는 수능 전날인 11월 9일까지도 질문을 올렸고, 신속하고 알찬 답변을 받을 수 있었다.

셋째, EBS 교재에 대한 질문이 용이하다는 점이다. EBS 홈페이지에 들어가면 교재별로 인터넷 강의가 마련되어 있는데, 그곳에 교재에 대한 질문을 게시판에 올리면 된다. 질문은 해당 강의를 수강하지 않았더라도 자유롭게 올릴 수 있는데, 다음과 같은 방식으로 올리면 된다.

> **Q** 178쪽 18번 선지 2번에 대한 해설 관련 질문입니다.
> 사회문제에 대한 책임을 개인에서 찾는 것은 미시적 관점이라고 설명하고 있는데, 기능론에서도 사회문제의 원인을 사회 구조가 아닌 일부 비정상적인 개인의 문제로 파악하지 않나요?

특히 출제 범위 내 EBS 교재는 상당히 중요하기 때문에, 문제의 해설이 이해가 가지 않거나 납득하기 어려우면 꼭 짚고 넘어가야 한다.

나는 9월 10일부터 11월 9일까지 총 80개의 글을 올렸는데, 각 게시물당 2~5개 정도의 질문을 올렸으니 총 200개 정도의 질문을 올린 셈이다.

Q&A 게시판을 통해 부족한 점을 하나하나 채워나갈 따마다 개념이 탄탄해질 수 있었고, 수능 전날까지도 활용할 수 있어 든든한 마음으로 잠자리에 들 수 있었다.

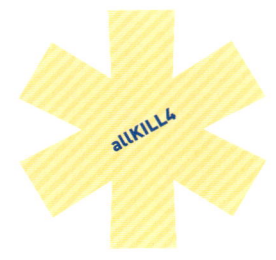

allKILL4

D-30,
컨디션 관리가 생명이다

수능이 30여 일 정도 남았다면, 무엇보다 컨디션 관리에 주의를 기울여야 한다. 이때 수능을 얼마 남겨두지 않은 급박한 마음으로 잠을 줄여가며 무리하게 공부를 하는 학생들이 있는데, 자칫 몸살이라도 나면 학습에 미치는 영향은 치명적일 수 있다. 이때는 얼마나 공부를 많이 하는가보다도 얼마나 효율적으로, 얼마나 규칙적으로 공부하느냐가 중요하다. 실제 수능 시간표에 맞게 리듬을 맞춰 공부해야 하는데, 컨디션 관리에 실패하면 이런 리듬이 흐트러진다. 한창 최고조를 향해 달려가던 실력이 한풀 꺾여 다시 제 궤도를 찾는 데 며칠씩 소요될 수 있다. 나도 수능 두 달 전쯤에 골반에 무리가 가서 등교조차 하지 못한 적이 있는데, 원인은 '너무 오래 앉아 있었기 때문'이었다. 무리하게 공부를 한 탓에 치료하느라 오히려 수많은 시간을 날려버리고 만 것이다.

이때는 실제 수능에서 시험을 보는 시간 동안 최대의 집중력을 발휘해 공부하고, 나머지 시간에는 쉬엄쉬엄하는 것이 좋다. 이렇게 해야 몸과 마음에 무리도 덜 가고 실제 수능에 생활 리듬을 맞출 수 있다. 저녁에는 한 시간 정도 공부했다면 잠깐 나가서 바람을 쐬든가, 친구들과 잠시 수다를 떤다든가 하는 요령이 필요하다. 심한 스트레스를 받는 시기이기 때문에 너무 심하게 밀어붙이면 오히려 균형이 깨질 수 있다.

수면 시간에 대한 조절도 필요하다. 한 달 전까지 새벽 3~4시에 잠들었던 학생이라도 30일 전부터는 늦어도 12시 전에는 잠들어야 한다. 수능 당일 아침에는 고사장까지 가는 시간까지 고려해 일찍 일어나야 하기 때문에 이른 수면이 필요한데, 평소에 늦게 자는 학생이 수능 전날만 일찍 잠든다는 것이 힘들기 때문에 미리미리 수면 시간을 수능에 맞게 조절해 수능 당일에도 편안한 수면을 취할 수 있도록 해야 한다.

allKILL4

수능 시뮬레이션,
마인드 컨트롤

    수능 날이 다가올수록 수험생들의 실력 격차는 점점 줄어든다. 어느 정도 위치에 다다른 상위권 학생들은 실력을 유지하면서 부족한 부분을 조금씩 채워가는 반면, 다른 학생들은 공부를 통해 얼마든지 점수를 크게 상승시킬 수 있는 여력이 많이 남아 있기 때문이다. 따라서 수능을 보는 순간만큼은 그동안 쌓아온 실력의 작은 차이보다도 당시의 마인드가 더 중요할 수 있다. 너무 긴장하면 아는 문제도 틀릴 수 있고, 대범하고 자신감 있게 풀어나가면 시간을 단축해 평소 같으면 못 풀었을 문제도 얼마든지 풀어낼 가능성이 생기기 때문이다.

    이 부분은 자신의 실력을 100퍼센트 끌어낼 수 있는, 자신의 마음에 대한 이야기다.

최악의 환경을 상상하라

수능은 모의고사와 다르다. 시험장도 다르고, 나를 둘러싼 주변 사람들도 다르고, 분위기도 다르며 감독관도 훨씬 더 엄격하다. 화장실도 더러울 수 있고, 방송의 음질도 조악할 수 있다. 그래서 어쩌면 수능 당일의 환경은 지금까지 겪어왔던 그 어떤 시험보다도 열악할 수 있다. 이런 상황을 미리 예상해야 하는 이유는 바로 당일에 당황해서 시험을 망치는 경우를 예방하기 위해서다. 사실 시험에 집중하게 되면 그런 환경은 크게 신경 쓰이지 않지만, 마음의 준비가 되지 않은 상태에서 그런 상황을 마주하게 되면 심리적으로 상당한 압박감을 느끼게 된다. 나를 당황하게 할 모든 악조건들을 미리 생각해보고 그에 대한 대처법도 마련해놓자. 이러한 작은 대비가 마음을 한결 든든하게 만들어줄 것이다.

끊임없는 자기암시로 자신감 충전!

수능에서 제 실력을 발휘하는 데 있어 가장 중요한 것은 자신감을 갖는 일이다. 심리적으로 위축되어 있거나 지나치게 긴장하면 문제를 제대로 풀 수가 없다. 평소 같으면 쉽게 답을 고르고 지나쳤을 문제도 불안한 마음에 자꾸 다시 보게 되고 사고가 경직돼 잦은 실수를 하게 된다. 아무리 대범한 학생이라도 막상 수능이 닥쳐오면 엄습하는 긴장감은 어쩔 수가 없다.

그렇기 때문에 수능이 다가올수록 수험생들은 끊임없는 자기암시를 통해 스스로 자신감을 불어넣어야 한다. 수능의 성패는 심리적 요소에 의해서도 충분히 좌우되기 때문이다. 나는 '나는 할 수 있고, 해내고야 만다' '나는 완벽하다. 나는 완벽한 생각을 한다' '수능 당일, 나는 기적의 주인공이 된다. 전설이 된다'와 같은 생각을 수시로, 그리고 끊임없이 했다. 수능 당일 만점을 거두는 내 모습을 상상하면서 당시의 기쁨을 그대로 느끼고자 했다. 또 그런 내용을 적은 메모들을 전자사전, 책상 등 눈에 잘 띄는 곳에 붙여놓았다. 그런 부단한 마인드컨트롤을 통해 나는 커다란 자신감을 갖고 수능 시험장으로 향할 수 있었다.

수능날 아침, 나는 선생님과 부모님께 문자 메시지를 보냈다.

'모든 게 완벽해요. 전설이 되어 오겠습니다.'

수능 당일을 시뮬레이션하라

마인드컨트롤의 마지막 단계는 시뮬레이션이다. 수능 당일의 모든 순간순간을 머릿속으로 구체적으로 그려보는 것이다. 첫째로 아침에 일어난 그 순간부터 고사장에 가는 과정, 각 영역별 시험의 행동 요령, 쉬는 시간과 점심시간…… 마지막 시험이 끝나는 그 순간까지의 모든 과정을 시뮬레이션한다. 각 시간대별로 어떻게 행동해야 하는지 구체적인 매뉴얼을 짜놓는 것이다. 고사장에 도착해서는 어떤 일부터 해야 하는지, 각 영역별로 시험을 치를 때 주의해야 할 점과 나만의 풀이 전략이 무엇인지 미리 숙지해놓는다. 그렇게 그날 하루만큼은 완벽한 계획 내에서 행동할 수 있도록 해야 한다.

둘째로 시험 당일 일어날 수 있는 돌발 상황에 대해 시뮬레이션한다. 수능날 예상치 못한 당황스러운 일이 발생하면 심리적으로 큰 타격을 입을 수 있기 때문에 각 상황별 매뉴얼을 만들어놓아야 하는 것이다. 예를 들어 시험을 치를 때 시간이 촉박한 경우, 감독관이 내가 가져간 디지털 시계의 소지를 허용하지 않는 경우, 듣기 방송이 잘 들리지 않는 경우 등 다양한 상황을 상상하고 어떻게 대처해야 할지 생각해놓아야 한다.

이러한 시뮬레이션은 모의고사를 볼 때 직접 실천해볼 수 있다. 수능 직전에는 몇 번의 사설 모의고사를 보기 마련인데, 이때 시험을 진짜 수능이라고 생각하고 모든 과정을 시뮬레이션한 대로 실천해보는 것이다. 처음에는 생각대로 되지 않을 수 있지만, 훈련을 통해 수능 당일에 해야 할 행동과 생각들을 완벽히 체화시킬 수 있다.

수능, D−1!

 시험장 완전 정복

수능 전날에 꼭 해야 할 일 중 하나는 바로 시험장에 가보는 것이다. 시험장에 가보는 이유는 세 가지가 있다.

첫째로 시험장으로 가는 교통편을 확인하고 실제로 시험을 치르는 곳의 위치 정보를 확인하는 데 있다. 먼저, 교통이 막히는 곳은 아닌지, 어떤 대중교통을 이용해야 하는지, 시간은 어느 정도 소요되는지 등 교통에 관한 정보를 숙지해야 한다. 교통편을 확인해두지 않으면, 매 수능마다 화제가 되는 '경찰 오토바이를 타고 시험장에 가는 웃지 못 할 이야기'의 주인공이 될 수도 있다. 고사장에 도착해서는 고사본부나 화장실과 같은 주요 시설의 위치를 머릿속에 그려두고, 점심을 먹을 만한 장소도 미리 물색해놓는 것이 좋다. 쉬는 시간에 나와 잠시 바람을 쐴 만한 장소도 찾아놓아야 한다.

둘째는 직접 교실 안에 들어가 내가 시험을 치를 책걸상의 위치와 상태를 파악하기 위해서다. 원칙적으로 교실 출입은 금지되어 있지만, 이른 시간에 도착하면 학생들이 하교하기 전에 잠깐 들어가 볼 수 있다. 이때 책걸상의 위치와 상태를 확인해야 하는데, 책상에 심한 스크래치가 있지는 않은지(수학 시험을 풀 때 상당히 불리하게 작용한다), 의자의 다리 길이가 각각 달라 덜컹거리지는 않는지 확인해야 한다. 만약 상태가 좋지 않다면 내일 아침 고사본부에 문의할 수 있도록 메모를 해두는 것이 좋다. 스피커의 위치도 확인해두어야 한다. 자신이 스피커와 너무 멀리 떨어져 있거나, 혹은 너무 구석에 있다면 자리를 조금씩 옮기는 방법도 추천한다. 하지만 무엇보다 중요한 것은 시험을 보는 위치 때문에 절대 주눅들 필요는 없다는 것이다. 듣기 방송은 충분히 큰 음량으로 나오고, 막상 시험을 보게 되면 집중하느라 그런 단순한 방해 요소는 잘 느껴지지 않는다. 다만 중요한 것은 이런 상황들을 미리 알고 대처함으로써 시험 당일에 당황하지 않도록 마음을 다잡는 것이다.

세 번째 이유는 직접 시험장의 분위기를 느껴보는 데 있다. 전운이 감도는 시험장을 둘러보면서 실전 수능의 시뮬레이션도 해보고, 마지막으로 각오를 다지는 것이다. 바로 내일 수능 대박을 터트릴 기적의 공간을 바라보며 '할 수 있다' 라는 자신감으로 충전하고 돌아오자.

가방 챙기기

수능 당일에는 평소보다 일찍 일어나서 준비해야 하기 때문에, 가방은 전날 미리미리 챙겨두는 것이 좋다. 무엇보다 수험표와 신분증, 필기구와 시계 등은 필수적으로 점검해야 한다. 수험표는 보통 수능 전날 학교에서 지급하는데, 구겨지거나 잃어버리지 않도록 꼭 얇은 클리어파일에 넣어 보관하자. 신분증 역시 클리어파일에 함께 넣어 내일 책상 위에 깔끔하게 올려놓자. 수험번호는 웬만하면 외워두고 혹시 모를 경우를 대비해 메모 해두는 것이 좋다.

시계 역시 중요한데, 평가원에서는 '현재 시각 표시와 교시별 잔여 시간 표시 이외의 기능은 부착되지 않은 일반 시계'만을 허용하고 있다. 시중에서 파는 '수능 시계' 역시 이 조건을 만족하지만, 일부 감독관은 '수능 시계'가 아날로그가 아닌 디지털시계라는 점 때문에 소지를 불허할 수도 있다. 따라서 시험장에 갈 때는 디지털시계인 수능 시계와 함께 따로 손목에 찰 수 있는 아날로그시계를 꼭 챙겨 가도록 하자.

필기구 또한 중요하다. 수능 시험장에서 샤프와 컴퓨터용 사인펜을 제공하지만, 2011학년도 수능의 샤프심 사태처럼 어떤 상황이 발생할지 알수 없다. 따라서 자신이 평소에 즐겨 쓰거나 편하게 사용하는 질 좋은 샤프와 샤프심을 준비해두는 것이 좋다. 원칙적으로 시험장에서 제공하는 필기구를 사용해야 하지만, 미리 감독관의 허락을 받으면 자신이 가져간 필기구를 사용해도 무방하다. 자신에게 익숙한 필기구를 사용하면 심적으로도 훨씬 안정감을 느낄 수 있기 때문에 도움이 된다. 걱정이 된다면 수능 얼마 전부터 시중에서 판매하는 '수능용 샤프'를 미리 구입해 손에 익도록 연습하는 것도 좋다. 뿐만 아니라 컴퓨터용 사인펜(예비 마킹 기능이 없는 것으로)도 꼭 여분을 준비하고, 지우개와 수정테이프는 얼룩이 번지지 않도록 깨끗한 것으로 준비하자. 대신에 필요 없는 색깔펜 등은 모두 빼서 시험을 치를 때 필요한 필기구를 찾느라 헤매는 경우가 없도록 하자. 필통에는 꼭 필요한 필기구만 넣는다.

도시락은 인터넷에 검색해보면 '수능 도시락'에 대한 검색 결과가 많이 나오는데, 요약해보면 보온도시락에 반찬은 부드럽고 담백하게 서너 가지 정도로, 단백질이 풍부하고 소화가 잘되는 음식을 준비하는 것이 좋다. 다만 점심 때 과식하는 것은 절대 금물이다. 외국어 혹은 탐구영역 시험을 치를 때 졸음이 올 수 있고, 긴장하면 소화가 되지 않아 탈이 날 수도 있기 때문이다. 쉬는 시간에 간식으로 되도록 배고픔을 달래고, 점심은 평소보다 약간 적게 먹는 것이 좋다. 보온병을 준비해 따뜻한 물이나 차를 준비해가는 것도 도움이 된다. 그러나 녹차와 같은 일부 차의 경우에는 이뇨 작용을 촉진해 화장실에 자주 가게 될 수 있으므로 차의 종류도 잘 선택해야 한다.

다음으로 준비할 것은 간식이다. 나는 고사장을 전주고등학교로 배정받았는데, 친구와 함께 고사장을 둘러보고 나오면서 바로 주변의 마트로 향했다. 수능 당일 먹을 간식을 챙기기 위해서였다. 시험을 치를 때 배가 고프면 시험에 제대로 집중할 수 없다. 또 머리가 아프거나 졸음이 올 때 섭취할 수 있도록 간단한 먹을거리를 준비해두는 것이 좋다. 특히 수능 시험에는 그 어느 때보다도 집중력을 많이 발휘하기 때문에 빨리 배가 고파지기 마련인데, 그래서 간식 준비는 정말 중요하다. 나는 각 영역이 끝났을 때 출출한 배를 달랠 수 있도록 브라우니와 귤을 준비했다. 브라우니는 달콤해서 긴장을 완화시켜주고 스트레스를 풀어줄 뿐만 아니라 배도 채워준다. 귤은 새콤해서 기분을 전환해주고 비타민C가 많아 피로 회복에도 도움을 준다. 이밖에도 시험 중간중간에 졸음이 오거나 피로가 올 때 먹으려고 비타민 분말을 몇 개 준비해 필통에 넣어 갔다.

수능 당일 입을 옷과 신발도 준비한다. 수능은 보통 11월 두 번째 목요일에 치르는데, 날씨가 쌀쌀한 경우가 많다. 따라서 옷을 따뜻하게 입되, 얇은 옷을 여러 겹 입는 것이 낫다. 고사장 안은 난방이 되어 더울 수도 있기 때문에, 상황에 맞게 쉽게 입고 벗을 수 있도록 하는 것이다. 특히 전날 확인한 자신의 위치가 출입문 쪽이나 창가, 혹은 난방기구 근처에 위치했다면 더욱 세심한 주의가 필요하다. 신발 역시 편하고 가벼운 신발로 준비해 바로 신고 나갈 수 있도록, 그리고 발이 시리거나 땀이 차지 않도록 하는 것이 좋다.

마지막 점검, 그리고 일찍 잠들기!

수능 전날 컨디션을 유지한다는 핑계로 아무것도 하지 않고 있으면 에너지가 소비되지 않아 밤에도 잠이 오지 않을 수 있다. 게다가 수능은 문제를 푸는 감 자체도 중요한 시험이기 때문에 전날에도 책상에 앉을 필요가 있다. 이때는 문제를 풀다가도 오답이 발생하면 불안감이 심해질 수 있으니, 새로운 문제를 풀기보다는 익숙한 기출문제를 본다. 나는 2011학년도 수능 기출문제를 다시 풀었는데, 많이 풀어본 문제라 쉽게 풀 수 있었고, 더불어 실전 수능에 대한 감을 마지막으로 점검할 수 있었다. 불안하다면 미리 만들어놓았던 탐구영역의 총정리 노트를 훑어보는 방법도 추천하고 싶다. 특히 암기할 사항이 많은 과목이나 복잡한 개념은 마지막이라 생각하고 눈여겨보는 것이 좋다.

마지막 점검을 마쳤다면, 일찍 잠자리에 드는 것이 좋다. (하지만 낮잠을 절대 금물이다. 밤에 잠이 오지 않아서 낭패를 볼 수 있다.) 물론 수능 전날은 폭풍전야와 같아서 잠이 잘 오지 않을 것이다. 기대감, 설렘, 긴장감 혹은 두려움 때문에 이불을 덮고 누워도 잠이 잘 오지 않는다. 이때는 따뜻한 물로 샤워를 한 뒤에 10시쯤 이불을 덮고 눕자. 잠이 오지 않더라도 내일 일어날 일을 몇 번 시뮬레이션해보고, 긍정적인 생각을 통해 자신감을 쌓다 보면 어느새 잠이 들어 있을 것이다. 주의할 것은 시험에 대한 생각을 계속 하다 보면 너무 긴장되어 오히려 잠이 오지 않을 수 있으니 시뮬레이션을 끝냈다면 기분 좋은 상상으로 넘어가는 것이 좋다는 점이다. 사실 수능 전날 밤에 잠을 푹 자는 사람은 많지 않다. 나도 10시 반이 안 되어 누웠지만 11시가 넘어서야 겨우 잠들 수 있었고, 새벽 1시와 4시에 한 번씩 깨곤 했다. 이처럼 수능 전날 밤은 잠이 잘 오지 않을 수 있으니 할 일을 미리 끝내고 일찍 잠자리에 드는 요령이 필요하다.

D—Day

아침, 시험장으로 가는 길

수능 당일은 평소보다 조금 일찍 일어나는 것이 좋다. 일찍 일어나서 여유 있게 준비를 마친 다음, 아침을 든든히 먹고 전날 미리 챙겨놓았던 가방과 짐을 챙겨 출발한다. 이때 마지막으로 빠진 준비물은 없는지 점검한다. 실제로 같은 고사장에서 시험을 치렀던 한 친구는 수험표를 챙겨오지 않아 감독관으로부터 시험 응시가 불가능하다는 통보를 받았다. 나중에 신분이 증명되긴 했지만, 수학 시험을 치를 때까지도 그 친구는 큰 불안감에 휩싸여 시험을 제대로 치르지 못했다. 이런 불상사를 막기 위해서는 마지막까지 철저히 점검하고, 고사장에도 미리미리 도착해 있는 것이 좋다.

일찍 도착했다면 학교 안을 둘러보며 바람을 충분히 쐬자. 일단 시험이 시작되면 점심시간까지는 건물 밖으로 나올 수 없어 많이 답답할 수 있다. 그러니 맑은 공기를 충분히 마시면서 오늘 하루 일어날 일에 대해 천천히 생각해보자. 친구들과 이런저런 이야기를 나누며 긴장을 푸는 것도 좋다. 수능 당일 아침에는 누구나 긴장되기 마련인데, 지나친 긴장은 시험에 해로울 수 있으므로 긴장을 풀려는 노력이 필요하다. 이럴 때 가장 도움이 되는 것이 바로 3년 간 동고동락하며 수험 생활을 함께해온 친구들이다. 말을 너무 많이 하며 에너지를 낭비해서는 안 되겠지만, 농담 섞인 긍정적인 대화들은 자신감과 활력을 불어넣어 줄 수 있다.

다음으로 할 일은 시험장에 충분히 적응하는 일이다. 책상에 스크래치가 있다면 테이프를 붙이고, 의자 다리의 높낮이가 맞지 않다면 미리 준비해 간 신문지 등으로 흔들리지 않게 높이를 맞추자. 자리가 너무 구석이라면 위치를 조정하고, 서랍에 쓰레기 등 이물질이 있다면 미리미리 치워놓는다. 시험을 보는 동안 신경을 거슬리게 할 만한 낙서나 물건 등도 제거해두는 것이 좋다. 화장실의 위치와 쉬는 시간에 바람을 쐴 만한 장소, 점심을 먹을 만한 장소 역시 파악하고 동선을 체크해두자.

시험을 볼 준비가 갖춰졌다면, 머리를 깨우는 일이 필요하다. 미리 준비해 간 언어영역 지문 세 개 정도를 읽으면서 1교시 언어영역에 대한 채비를 하자. 머리가 글자에, 언어영역에 익숙해지도록 해야 한다. 심호흡을 하고 계속해서 자기암시를 하며 결전의 순간에 대한 마음의 준비를 하자. '나는 할 수 있다'라고, '나는 오늘 기적의 주인공이 될 것이다'라고 자신감을 불어넣자.

1교시 언어영역

언어영역은 다른 영역의 시험 결과까지 좌우할 수 있는 중요한 영역이다. 제일 먼저 치르는 만큼, 언어를 잘 보았느냐 못 보았느냐가 다른 영역에까지 심리적으로 커다란 영향을 미칠 수 있다. 언어영역을 잘 보려면 '시간 관리'에 특히 주의를 기울여야 한다. 평소 같으면 가볍게 답을 고르고 넘어갔을 문제도 수능 때는 불안해서 계속해서 다시 보게 되는 경우가 많은데, 이렇게 하다 보면 시간은 휙휙 지나가 버린다. 일단 앞에서 시간을 많이 뺏기면 뒷부분은 대책이 없다. 평소에 했듯이 자신감을 갖고, 한 문제에 너무 오랜 시간을 투자하지 않도록 해야 한다. 5분 이상 풀리지 않으면 다음으로 넘어가는 요령이 필요하다. 시간 관리에 성공하면 언어영역의 반은 성공했다고 볼 수 있다. 그리고 언어영역을 무사히 끝냈다면, 수능의 반은 성공이나 다름없다.

2교시 수리영역

수리영역은 영역의 특성상 변별력을 위해 4점짜리 고난도 문제가 출제된다. 특히 난이도가 높은 수리 가형의 경우, 고난도 문제가 다수 출제되어 수험생들을 당황하게 할 수 있다. 실제로 이럴 때는 머리가 하얘지는 경우가 자주 발생한다. 2점도 아니고 4점짜리 문제의 풀이 방법을 찾을 수 없을 때는 그야말로 패닉에 빠지는 것이다. 하지만 1분 1초가 아까운 수능에서 이런 심리적 공황 상태는 실패로 가는 지름길이다. 이럴 때는

'나한테 어려우면 남들에게도 다 어려워, 난 할 수 있어' 라는 마음가짐을 가져야 한다. 변별력을 위한 문제는 어려울 수밖에 없기 때문이다.

한 가지 더 중요한 것은 '실수' 다. 내가 구한 답이 문제에서 제시하는 답의 조건과 범위에 합치되는지 꼭 확인하고, 계산 실수가 없도록 풀이 과정은 되도록 깔끔하게 정리하자. 복잡한 계산 과정이 필요한 문제들은 반드시 검토를 하고, ㄱ, ㄴ, ㄷ의 선지를 주고 진위를 판별하는 문제는 꼭 증명을 하거나 반례를 구해 완벽하게 짚고 넘어가야 한다. 실수는 그간 열심히 공부해온 자신의 노력에 대한 예의가 아님을 기억하자.

수리영역이 끝난 후에 서로 답을 비교해보는 행위는 절대 금물이다. 다른 영역에 비해 답을 비교하기가 쉬운 영역이기 때문에 점심을 먹으며 문제에 대한 토론을 벌이는 학생들이 많은데, 자칫 실수로 어떤 문제를 틀리기라도 하면 심리적으로 엄청난 타격을 입을 수 있다. 대화의 초점은 지나간 시험이 아니라 앞으로 남은 시험에 맞추자. 답은 시험이 다 끝난 뒤에 체크해도 늦지 않다.

3교시 외국어영역

외국어영역을 잘 보기 위한 키워드는 두 가지다. 첫 번째로 듣기 문제를 잘 풀어야 한다. 듣기 문제를 성공적으로 풀지 못하면 남은 문제들에 대한 부담감이 커질 수밖에 없다. 특히 듣기는 한 문제를 놓치면 다음 문제들까지 연쇄적으로 영향을 주기 때문에 반드시 만점을 목표로 공부하자. 설사 한 문제를 놓쳤다고 하더라도 거기에 연연하지 말고 바로 다음 문제로 넘어가는 결단력도 필요하다.

두 번째로는 시간 관리에 주의해야 한다. 외국어영역의 독해 문제 구성 상 어법이나 빈칸 완성 등 고난도 문제가 앞부분에 배치되어 있는 경우가 많다. 여기서 고민을 거듭하다가 시간을 많이 빼앗기면, 뒤에 나오는 복합 지문 등을 읽지 못해 대량 실점을 하게 될 수 있다. 특히 외국어영역은 언어나 수리영역에 비해 70분으로 그 시간이 가장 짧고, 듣기평가 시간을 제외하면 50분밖에 주어져 있지 않으므로 시간을 계속 체크해가면서 문제를 풀어야 한다.

4교시 탐구영역 / 5교시 제2외국어 · 한문

4, 5교시는 언어영역, 수리영역, 외국어영역이 모두 끝난 다음이기 때문에 마음이 풀어지기가 쉽다. 긴장도 어느 정도 풀린 상태이고, 체력적으로도 많이 고갈된 상태이기 때문에 집중력을 잃기 쉬울 때다. 나도 탐구영역을 풀면서는 체력적인 한계를 느꼈다. 머리가 지끈지끈 아팠고, 한문 시험을 보는 중에는 거의 탈진할 지경이었다. 막바지에 다다라서는 10억 원을 준다 해도 수능을 다시 보지는 않으리라는 결심까지 했다. 그만큼 힘들었다.

'이게 마지막 시험'이라는 생각으로 버텼다. 마지막인 만큼 후회 없이 하고 싶었다. 그동안 수많은 시험을 치르면서 많은 후회들이 남았지만, 수능만큼은 후회를 남기고 싶지 않았기 때문에 마지막 에너지까지 다 짜내려고 노력했다. 실제로 상위권 간의 싸움에서는 언어 · 수학 · 외국어보다도 탐구영역에서 변별력이 생기는 경우가 많다. 체력적으로, 정신적으로 힘들더라도 마지막 종이 울리는 그 순간까지 최선을 다해 시험에 임해야 한다.

탐구영역에서는 선택과목 코드를 마킹하는 데 특히 주의를 기울여야 한다. 과목이 여러 개이기 때문에, 경제 답안을 쓰면서 사회문화 과목 코드를 쓰는 일이 없도록 주의해야 한다.

수면 시간에 대한 진실

: Set the rhythm for the D-day :

　　수험생들이나 학부모들, 언론매체에서 가장 많이 묻는 질문을 꼽으라면 바로 '평소에 잠을 얼마나 잤는가?' 이다. 많은 사람들이 한때는 '4당 5락' 이라는 표현을 써서, 잠을 적게 자는 것이 공부를 잘하기 위한 필요조건이라고 생각했다. 또한 새벽 4시까지 불이 환하게 켜져 있는 하버드 대학교 도서관의 사진이 떠돌면서 잠을 많이 자는 것은 게으름과 무능력의 상징처럼 여겨졌다.

　　나도 처음에는 그랬다. 기숙사에서는 규칙적인 생활을 위해 12시에 소등하고 6시에 학생들을 깨웠지만, 유일하게 불이 켜져 있는 화장실에서 밤을 지새우며 공부하기도 했다. 다섯 시간도 자봤고, 네 시간도 자봤다. 그러나 남는 것은 아침에 밀려오는 피로뿐이었다. 그렇게 약 1년간 잠과 씨름해 얻은 결론은 '잠은 충분히 자야 한다' 는 것이었다. 수능 당일의 결과는 대개 아침에 결정되는 경우가 많다. 아침에 최고의 컨디션을 유지해야 한다. 그런데 일단 잠을 여섯 시간 이하로 줄이면, 아침에 상당한 피로가 밀려온다. 그래서 0교시나 아침 자습 시간에는 학생들이 소위 '전멸'하는 경우가 빈번히 발생한다.

생각해보면 아침에 공부할 에너지를 새벽에 쏟는 것은 상당히 비효율적인 일이다. 정작 수능은 새벽이 아닌 아침에 치르기 때문이다. 우리의 신체 리듬도 수능 당일을 위한 최적의 상태로 맞추는 것이 중요하다. 실전에서 자신이 갖고 있는 최대의 능력을 발휘하려면, 평소에도 그 시간대에 최대의 능력을 발휘하는 연습을 해야 하는 것이다. 또한 사람의 뇌는 기상 후 두세 시간이 지나야 활발히 활동할 수 있는 상태가 된다고 한다. 언어영역 시험이 시작되는 시간에 맞추려면 6시에는 기상해야 한다는 뜻이다.

그렇다면 잠은 몇 시간을 자는 것이 가장 효율적일까? 물론 공부량이 많은 수험생의 특성상 피로가 완전히 풀릴 때까지 푹 자라고 권할 수만은 없다. 현실적으로 수험생이 잘 수 있는 범위 내에서 최더의 효율을 낼 수 있는 수면 시간은 6~7시간이다. 사람마다 조금씩 다르겠지만, 평소에 잠이 많은 내게 가장 적합한 수면 시간은 일곱 시간이었다. 일곱 시간을 자면 몸이 완전히 충전되어 다음 날에도 졸음 없이 공부어 집중할 수 있었다. 이 리듬이 몸에 밴 뒤로는 수업 시간에도, 쉬는 시간에도, 잠들기 전까지 공부하는 어떤 시간에도 졸지 않고 시간을 효율적으르 사용할 수 있었다. 주변 친구들이 밤에 네다섯 시간씩 자면서 공부한다고 전혀 주눅들 필요는 없다. 그 친구들에 아침에 졸면서 수업을 들을 때, 또는 점심시간에 엎드려 잘 때 여러분은 그 시간에 집중해서 공부를 하면 된다.

한 가지 더 강조하고 싶은 것은, 규칙적인 생활이 최대의 효율을 만들어낸다는 점이다. 고1 때 담임선생님께서 해주신 말씀이지만, 당시에는 이 말이 잘 와 닿지 않았다. 하지만 학년이 올라가고, 바빠질수록 이 말의 의미를 이해하게 되었다. 주말이나 휴일, 혹은 시험이 끝났다고 해서 생활 리듬을 파괴해가면서 쉬면, 이것은 다음 날 더 큰 피로로 작용한다. 주중에는 꼬박꼬박 6시에 일어나는 학생이라도, 주말에 12시까지 잔다면 그것은 결코 바람직하지 못하다. 오히려 이 학생은 월요 증후군에 빠질 가능성이 농후하다. 특히 하루하루가 아까운 고등학교 3학년에게 있어 리듬을 잃어버리고 다시 회복하는 데 걸리는 시간은 큰 손해로 작용한다. 주어진 시간은 모든 수험생에게 있어 동일하다. 다만 그 시간을 얼마나 효율적으로 사용하느냐가 관건인 것이다. 그리고 그 효율은 규칙적인 생활이 결정한다.

Check,
OMR 마킹!

시험을 제대로 치렀어도 수능 결과 발표 당일까지 안심할 수 없는 이유는 마킹 실수에 대한 두려움 때문이다. 나는 9월 모의고사에서 마킹실수를 저질러 해당 과목의 전교 석차가 수십 등이나 내려가는 참담함을 맛보았기 때문에, 그 뒤로 마킹에 대한 대비를 철저히 했다.

흔히 하는 마킹 실수의 유형에는 세 가지가 있다.

첫째, 과목 코드를 잘못 표기하는 경우다. 탐구영역에는 수많은 과목이 있고, 각 과목에 맞는 과목 코드를 표기하고 마킹을 해야 하는데, 이 과정에서 실수가 발생할 수 있다. 예를 들어 과목 코드를 '12'라고 쓰고 해당 과목의 답을 마킹해야 하는데, '13'이라고 잘못 마킹하게 되면 과목 코드 13에 해당하는 과목의 답으로 인식되어 완전히 다른 답이 적용되는 것이다. 실제로 이런 경우는 빈번히 일어난다. 과목 코드는 확인, 또 확인해야 한다.

둘째, 답을 밀려 쓰거나 밀려 고치는 경우다. 이 실수는 시간이 촉박할 때 자주 발생하는데, 답을 급하게 적다 보니 한 문제를 뛰어넘고 마킹하지 않거나, 한 문제에 답을 두 개 마킹하게 되는 경우가 있다. 때로는 아직 풀지 못한 문제를 건너뛰고 마킹하다가 실수를 범하는 경우도 있다. 이러한 실수를 예방하려면, 마킹을 하고 나서 꼭 한 문제 한 문제 문제지에 표기한 답과 OMR에 마킹한 답이 일치하는지 확인하는 작업이 필요하다. 종이를 넘기는 시간이 너무 오래 걸린다고 생각된다면, 수험표 뒤에 부착해놓는 가채점을 위한 정답 표기표와 대조하는 것도 좋은 방법이다. 이렇게 마킹을 한 후에 또다시 검토를 하면 마킹으로 인한 실수를 줄일 수 있다.

셋째, 답을 옮기는 과정에서 실수가 발생하는 경우다. 문제지에는 4번이라고 적었는데 OMR카드에는 5번이라고 적거나, 엉뚱한 곳에 마킹을 하는 경우다. 때로는 사인펜이 번지거나 작은 점이 찍힌 경우에도 리더기가 인식해 오답으로 처리되는 경우가 있으니 주의가 필요하다. 마킹을 할 때는 반드시 소매를 걷고 한 문제 한 문제 세심하게 해야 한다. 또 답 자체를 잘못 적는 경우가 없도록 문제지에 답을 표기할 때 해당 선지의 번호에도 동그라미를 쳐두는 등 실수를 방지하려는 노력을 해야 한다.

이러한 마킹 훈련은 평소에도 이루어져야 하겠지만, 수능 당일 반드시지켜야 하는 원칙으로는 '10분 원칙'이 있다. 시험 종료 10분 전이 되면 방송에서, 그리고 감독관이 종료 10분 전임을 알려준다. 이때는 무슨 일이 있어도 반드시 마킹에 들어가야 한다. 그러나 실제로는 이 원칙을 지키기 쉽지 않은 경우가 있다. 10분 전까지 풀지 못한 문제가 있거나, 풀릴 듯 안 풀릴 듯 아리송한 문제가 있는 경우다. 문제를 조금만 더 보면 풀릴 것 같아서 마킹을 미뤄두고 있다 보면 10분 원칙은 쉽게 깨질 수 있다.

진짜 문제는 그 다음이다. 사실 마킹은 3분이면 충분히 정확하게 할 수 있다. 그러나 10분이 남았을 때 마킹을 하는 것과 5분이 남았을 때 하는 것은 심리 자체가 다르다. 5분이 남았을 때는 시간 내에 다 마킹을 하지 못할 수도 있다는 압박감이 생기기 쉬워 손이 바들바들 뜰리는 증상을 경험할 수도 있다. 더욱이 수능 시험장의 감독관은 학교 선생님들과 달리 관대하지 않다. 특히 시간제한에 대해서는 매우 엄격하기 때문에, 낭패를 보지 않으려면 마킹은 반드시 '10분 원칙'을 지켜야 한다.

치열한
입시경쟁,
화려한
스펙으로
말하다!

: 스펙 쌓는 법, 관리하는 법 :

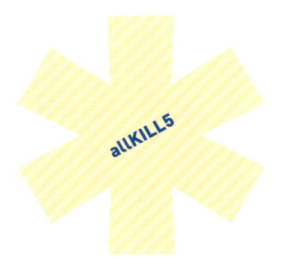

allKILL5

공부만 잘하면 다야?
스펙의 필요성

수능 또는 내신 성적을 기계적으로 변환해 학생들을 선발하는 대부분의 정시와는 달리, 수시에 합격하려면 여기에 '+α'를 갖춰야 한다. 그리고 우리는 그 '+α'를 '스펙'이라 부른다.

스펙은 Specification의 약자로 원래 직장을 구하는 사람들 사이에서 학력이나 학점, TOEIC 점수 따위를 종합한 평가 요소를 지칭했다. 그러나 입시 경쟁이 치열해지고 수시 비중이 확대되면서, 스펙은 수시를 공략하는 학생들이 갖추는 수상 경력이나 특별 활동, 봉사 활동 등을 지칭하는 말로 변용되기 시작했다.

2012학년도 대입에서 수시가 차지하는 비중은 약 62퍼센트였고, 2013학년도는 63퍼센트로 전망된다. 또한 입학사정관제를 비롯한 수시의 비중은 앞으로도 계속 늘어나 약 70퍼센트까지 확대될 전망이라고 한다. 이 말은 곧 스펙의 중요성 역시 커진다는 뜻이다.

뿐만 아니라 평가원에서 '쉬운 수능' 방침을 이어나갈 것으로 발표하면서 수능의 변별력은 전보다 약해질 전망이다. 수능의 변별력이 낮아지면 자연스레 스펙의 중요성은 높아질 수밖에 없다. 또한 입학사정관제를 실시하는 대학들이 늘어나면서, 스펙은 이제 선택이 아닌 필수 준비 사항이 되었다.

allKILL5

스펙은 입시 도구가 아니라,
빛나는 꿈의 결정체다!

: 스펙의 진정한 의미 :

많은 사람들이 스펙을 단순히 '보여주기' 위한 활동으로 오해하고 있다. 그러나 스펙은 자신이 세운 목표와 꿈을 이루기 위해 일관되게 쌓아온 노력들을 증명하는 하나의 과정이다. 스펙에 대한 오해와 진실들을 통해 스펙의 진정한 의미를 알아보자.

오해 1

스펙은 많을수록 좋다?

No! 무조건 많이 쌓는다고 좋은 것이 아니다. 진실성과 일관성이 있어야 한다

많은 사람들이 스펙은 많을수록 좋다는 편견에 사로잡혀 있다. 그래서인지 스펙에 대한 사교육이 열풍이 일고, 어렸을 때부터 스펙을 체계적으로 관리해준다는 학원까지 등장했다. 어떤 상이든, 자격증이든, '일단 따놓고 보자'는 인식이 확산되고 있다.

그러나 꿈에 대한 진지한 고민과 목표를 이루기 위한 진정성이 담겨 있지 않은 무분별한 스펙 쌓기는 바람직하지 않을뿐더러 좋은 평가를 받을 수도 없다. 예를 들어 일어교육학과에 지원한 학생이 수학 경시대회에서 상을 타고, TEPS 점수가 높다고 해서 좋은 평가를 받을 수 있을까?

일어교육학과

학생A	학생B
국내 유명 수학 경시대회 금상	교내 일본영화연구회 활동
TEPS 920점	JLPT 3급
교내 경제 학술 동아리 활동	저소득층 아이들 학습 지도 봉사

당신이 일어교육학과의 교수이고 위 두 학생 중 한 사람만을 뽑아야 한다면 어떤 학생을 뽑겠는가? 아마 대부분은 학생B를 선택할 것이다.

'나는 이러이러한 목표를 이루기 위해 이러이러한 활동을 했습니다'라고 자신을 소개할 때, 그 활동들을 증명하기 위해 보여주는 것이 스펙이다. 스펙의 키워드는 바로 '진정성'과 '일관성'이다. 진정성이란 내가 정말로 이 학과에 들어가기 위해 3년 동안 어떠한 노력을 했는지 그 진심이 느껴져야 한다는 뜻이고, 일관성이란 해당 학과와 자신의 꿈을 위해서 일관되고 꾸준하게 노력해왔음을 증명해야 한다는 뜻이다. 이 두 가지 요건이 갖춰졌을 때에야 비로소 스펙이라는 이름을 붙일 수 있는 것이다. 그저 생활기록부의 수상 기록 혹은 활동 칸만을 채우려는 마구잡이식의 스펙 쌓기는 지양해야 한다.

No! 진실성과 꾸준함, 나아지는 실력만 보일 수 있으면 된다

스펙이 굳이 화려할 필요는 없다. 큰 대회의 수상 경력이나 높은 공인 점수가 없어도, 남들이 다 필수적으로 갖춘다는 자격증이 없어도 상관없다. 스펙은 당신의 이야기다. 스펙을 통해 당신만의 매력을 보여줄 수 있다면 그뿐이다. 한두 번의 수학 경시대회의 수상 경력보다는, 꾸준히 상승해온 모의고사, 내신의 수학 등급이 훨씬 매력적일 수 있다는 뜻이다. 수학 경시대회에서 상을 타는 학생들은 많다. 운이 좋아서 상을 탈 수 있었던 것인지, 진짜 실력으로 받은 것인지 알기도 어렵다. 게다가 이렇게 수상 경력을 갖춘 학생의 수학 내신이나 모의고사 등급이 들쭉날쭉이라면 신빙성은 완전히 사라져버린다.

반면에 성적을 꾸준히 상승 혹은 유지해온 학생은 흔하지 않다. 크게 드러나는 화려함은 없더라도 그 학생의 의지와 성실함을 생활기록부를 통해 느낄 수 있다. 당신이 감독관이라면 '저는 어렸을 때부터 수학을 좋아해서 고등학교 때 경시대회도 나가고 상도 탔습니다'라는 설명과 '저는 원래 수학에 재능이 있는 편은 아니었지만 수리통계학부로 진로를 정한 뒤 꾸준한 노력을 통해 결국 1등급을 받을 수 있었습니다'라는 설명 중에 어떤 말이 더 와 닿겠는가.

만약 경시대회나 각종 공인 시험에 응시하려고 마음먹었다면, 꾸준히 출전해 꾸준함과 일관성을 보여주어야 한다. 그저 생활기록부의 한 줄을 채우기 위해서가 아니라 해당 분야에 진정으로 관심을 가지고 실력을 점검하기 위해 응시했다는 점을 강조해야 하는 것이다. 물론 그 과정에서 성적의 상승을 보여줄 수 있으면 더할 나위 없이 좋다.

높은 공인 점수나 관련 자격증도 필수는 아니다. 공인 시험과 자격증을 준비하는 이유는 그것이 해당 학생의 실력, 그리고 그 분야에 관심이 있다는 것을 객관적으로 보여주기 때문이다. 그런데 이밖에 다른 방법으로 자신의 열정과 관심을 보여줄 수 있다면, 그런 지표들은 굳이 필요가 없다. 컴퓨터 관련 학과에 지원하려는 학생이 있다고 하자. 물론 다양한 컴퓨터 프로그램에 대한 자격증을 따는 것도 좋은 스펙이 될 수 있다. 하지만 굳이 자격증들을 따지 않더라도, 직접 UCC를 만들어 학교 축제 공연에 사용했다든지, 관련 대회에 출품했다든지, 고등학교 때 영상편집 동아리에서 활동했다든지 하는 기록과 결과물들이 오히려 더 좋은 인상을 심어줄 수도 있다. 수많은 학생들이 준비하는 영어 공인 시험도 마찬가지다. TOEFL의 높은 Speaking 점수보다도 학교 영어 토론 동아리 활동이나 교내 영어 말하기 대회의 참가 혹은 수상 경력이 매력적일 수 있고, TEPS 점수보다도 영어 통역 봉사 활동이나 영자신문 발간 경험 등이 입학사정관의 마음을 끌어당길 수 있다.

오해 3
스펙만 빵빵하면 된다?

No! 입학사정관이 보는 것은 수상 기록이나 화려한 대외 활동, 봉사 활동만이 아니다

스펙의 범위는 많은 사람들이 생각하는 것과 달리 매우 넓다. 수상 경력과 공인 점수, 자격증 등의 활동만이 스펙을 완성하지는 않는다. 사람에 따라서 이것들이 차지하는 범위는 매우 제한적일 수 있다. 실제로 입학사정관이 보는 것은 이런 것들에 제한되지 않는다. 생활기록부와 내신, 때로는 수능 성적까지 그 학생에 대해 알려주는 정보는 모두 고려한다.

그 중에서도 생활기록부는 그 학생의 3년 동안의 삶을 말해주는 객관적이고 신빙성 있는 지표로서 매우 중요하다. 내신은 말할 것도 없고, 학교에서 해온 모든 활동들이 그 속에 담기기 때문이다. 영어 공인 점수가 아무리 높아도 학교 내신이 형편없다면, 그 공인 점수는 빛이 바래버리고 만다. 역사에 관심이 많아 사학과에 지원했다고 자기소개서에 쓴 학생의 역사 내신이 들쭉날쭉하다면, 입학사정관은 '아, 이 학생은 자기 수능 점수에 맞춰 지원한 학생이구나'라고 평가할 수밖에 없다. 또 성실함을 강점으로 내세운 학생이 생활기록부를 보니 지각과 결석이 잦다면, 이 역시 진실성을 인정받기 어렵다.

이처럼 자기소개서와 증빙서류로 보여줄 수 있는 자신의 모습은 제한적인 반면에, 생활기록부는 많은 것을 보여줄 수 있다. 따라서 어떤 활동이든 담당 선생님께 생활기록부에 적어달라고 반드시 요청해야 한다. 어떤 대회에 나갔다든가(수상을 하지 못했더라도 참가 자체에 의의가 있다), 어떤 프로그램에 참가했다든가, 어떤 유명인사의 강연을 들었다든가 등 모든 활동을 적어달라고 하자. 당장에는 별로 중요하지 않아 보이고, 특별한 성과를 얻지도 못해 의미가 없는 것 같아도, 나중에는 그것이 다 자신을 어필하는 자료가 된다. 나는 1학년 때 법학, 물리학, 컴퓨터과학 등 다양한 분야에 관심이 많아 여러 활동에 참여했었다. 내가 지원한 경영학과와 전혀 관련이 없어 보이지만, 이런 활동들조차 내가 자기소개서에서 강조한 '도전 정신'을 어필하는 데 활용할 수 있었다.

결론은 하나다. 남에게 보이기 위한 수단보다는, 내가 꿈을 향해 나아가기 위한 과정에서 얻어낸 결정체들이 바로 스펙이 되는 것이다. Open Your Eyes! 기회는 항상, 그리고 어디에나 있다. 먹이를 찾는 사자처럼 눈을 크게 뜨고 기회를 찾아보자. 물론 준비된 자만이 다가온 기회를 잘 살릴 수 있다는 것은 명심해야 한다.

나의 생활기록부

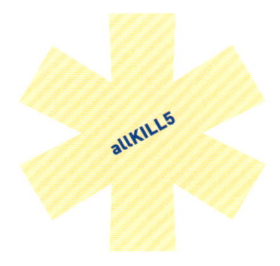

allKILL5

공부하기도 바쁜데,
스펙은 언제 쌓지?

: 바쁜 수험 생활, 스펙 쌓는 비결 :

우리나라 고등학생은 바쁘다. 수능 공부하랴, 내신 관리하랴, 논술 준비하랴. 이 모든 것을 하다 보면 스펙 쌓을 시간은 엄두조차 안 난다. 내게도 바쁜 수험 생활 때문에 스펙 같은 건 그림의 떡처럼 느껴지던 시절이 있었다. 고등학교 1학년 겨울방학 때였다. 경제 경시대회를 휩쓰는 수상자들의 명단을 보면서 나는 열등감에 빠졌다. 세상은 넓은데 나는 지금 무엇을 하고 있는 건지 회의감이 들었다. 다양한 교육 프로그램을 갖춘 자립형 사립 고등학교를 다니면서도, 나는 그처럼 스펙이 멀게만 느껴졌었다. 게다가 지방에 사는 학생들은 주로 수도권에서 열리는 다양한 캠프나 프로그램에 참여하기도 어렵다. 내가 속한 경제학술 동아리에서도 서울에서 열리는 전국총회에 한 번 가려면 버스를 대절해야 했다. 시간으로 보나 비용으로 보나 여러 모로 불리한 점이 많았다.

다음은 이처럼 바쁜 수험 생활 중에 스펙 때문에 고민하는 학생들을 위한 내용이다. 어떤 환경에 있든, 기회는 언제나 우리 주변에 있다. 문제는 우리가 그 기회들을 잘 찾아내지 못한다는 데에 있다.

코앞에 두고 뭘 고민해. 교내 활동을 이용하라!

스펙을 쌓는 가장 쉬운 방법은 학교에서 열리는 다양한 대회와 프로그램에 참여하는 것이다. 먼저 교내에서 열리는 수학 · 영어 경시대회, 글짓기 대회, 토론 대회, 퀴즈 대회 등 다양한 대회에 도전하라. 특히 자신의 목표나 진로와 연관성이 있는 대회라면 실력도 쌓고, 스펙으로도 보여줄 수 있어 더할 나위 없이 좋다. 목표를 아직 찾지 못했다 해도 다양한 대회에 참여하면서 진로를 찾기 위한 진지한 고민을 보여줄 수도 있다. 교외 대회에 비해 시간이나 비용도 많이 절약할 수 있고, 선생님들께 즉각적인 정보나 피드백도 얻을 수 있다. 특히 주변에 이미 그 대회에 출전해본 친구들이나 선배들이 있다면 도움을 받을 수도 있으니 일석이조인 셈이다.

교내 여러 프로그램에도 적극적으로 참여하는 것이 좋다. 교내 자치 법정, 유명 인사들의 강연이나 세미나 등 학교마다 특색 있게 갖추고 있는 프로그램들이 있다. 이런 프로그램들에 적극적으로 참여하면 참여하는 만큼 많이 얻어갈 수 있고, 나중에는 다 자신을 드러내는 지표가 된다.

다만, 경계할 것은 단순히 생활기록부에 한 줄을 채우고자 이런 활동들에 참여하는 것이다. 이왕 소중한 시간을 내어 하는 만큼 정말 무언가를 얻어 가고야 말겠다는 도전 정신과 적극성이 있어야 시간 낭비를 하지 않을 수 있다.

학교 게시판을 이용하라!

　학교 게시판이나 홈페이지에는 시나 도에서 열리는 각종 대회나 프로그램에 대한 광고가 많이 붙는다. 이런 것들을 항상 주의 깊게 봐두자. 눈을 크게 뜨고 있어야 좋은 기회들을 많이 잡을 수 있다. 게시판이나 홈페이지를 정기적으로 체크하면서 어떤 활동에 참여할 수 있을까 고민해보자. 일정을 잘 고려해서 선택한 다음 도전해보는 것이다. 정보가 부족해잘 모른다고 해도 그런 문제는 담당하시는 선생님께 도움을 받거나 친한 선생님을 찾아가면 모두 해결된다. '내가 이런 대회에 나가도 될까? 상도못 타고 돈만 낭비하는 것은 아닐까?'와 같은 걱정은 접어두고 당당히 교무실의 문을 두드리자. 사람이 정말 후회하는 것은 실패한 일에 대해서가아니라 아예 도전하지 않고 포기한 일이라고 했다. 해보지 않고 후회하느니, 도전해보고 실패하는 것이 낫다. 꼭 대회나 경쟁하는 형식의 프로그램이 아니더라도, 어떤 주제에 관한 토론회나 세미나, 봉사 활동 등 정보의 원천이 되는 것이 바로 게시판이다.

방학을 이용하라!

　방학, 수많은 학생들이 플래너를 **빽빽하게** 칠해가며 한두 달간의 대장정을 계획한다. 계획표만 보면 세계 일주를 하고도 남을 정도다. 그러나그 계획표대로 실천하는 학생은 결코 많지 않다. 어차피 집중력도 떨어지고 해이해지기 쉬운 방학이라면, 무리한 공부 계획보다는 스펙 쌓기에 도전해보자. 잠시 내신의 압박에서 벗어날 수 있는 방학은 스펙을 사냥하기에 최적의 계절이다.

나 또한 1학년 겨울방학 때, 전 과목을 다 충실히 공부할 계획을 세워놓았다. 모든 과목을 매일 꾸준히 하긴 했지만, 계획대로 실천하기는 정말 어려웠다. 좋아하는 과목 공부만 해도 지겨운데, 다른 과목에까지 온전한 집중력을 쏟기는 어려웠다. 결국 나는 좋아하는 수학과, 2학년 때 배울 경제를 집중적으로 공략했고, 그중에서도 경제 과목에 재미를 붙였다. 《맨큐의 경제학》을 구해 읽기 시작했는데, 연습문제를 풀기엔 수준이 모자라 소설책을 읽듯이 읽어나갔다. 또한 경제 과목 자습서를 한 권 구해 이론은 맨큐로, 문제풀이는 자습서로 다져나갔다. 다른 역사 과목 등과 달리 지루하지 않아 깊이 빠져들었다. 그렇게 독학한지 한 달 만에, 시험 삼아 나간 경제 경시대회에서 수상하는 행운을 누렸다. 비록 작은 상이었지만, 스스로 공부해서 얻은 결실이라는 점에서 정말 보람 있는 일이었다.

2학년 여름방학 때는 TEPS를 집중적으로 공략해 1학년 때 740점이었던 TEPS 점수를 894점까지 상승시킬 수 있었다. 이때는 학교에서 실시하는 방학 특강과 함께 다량의 TEPS 문제를 풀면서 연습했다. 이밖에도 역사 공부를 하면서 한국사 능력 검정시험에 응시할 수도 있고, 경제 공부를 하면서 경제 경시대회에 출전할 수도 있다. 이 스펙들의 공통점은 바로 학교에서 배우는, 그리고 수능에서 응시할 교과목과 연계된 스펙이라는 점이다. 솔직히 바쁜 수험생들에게 수능 따로 스펙 따로 생각할 여유는 없다. 그렇기 때문에 아예 교과목과 연계된 스펙에 도전하면 두 마리 토끼를 다 잡을 수 있다.

이런 식으로 방학을 잘 활용하면 실력을 쌓으면서 자연스레 스펙도 관리할 수 있는데, 중요한 것은 '선택과 집중'이다. 이번 방학 때는 어느 부분에 좀 더 중점을 둘 것인지 미리 정하고, 일단 정했다면 최선을 다해 매달려야 한다. 괜히 이것저것 다 해보겠다고 나서면, 시간과 비용만 낭비하고 아무 소득 없이 끝날 수도 있다.

한 가지 더 강조하자면, 고등학생의 경우 전 과목, 특히 언어 · 수학 · 외국어만큼은 매일 꾸준히 공부해야 한다. 방학을 보내는 주된 목적이 스펙 쌓기라고 생각하기보다는 공부를 하는 과정에서 부수적으로 얻어지는 결과물이라고 생각하자.

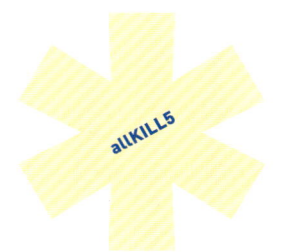
allKILL5

나의 스펙!
: 김승덕의 스펙 관리 실례 :

    나는 서울대학교 경영대학에 지원하면서, 서울대학교에서 요구하는 증빙서류 10가지를 제출해야 했다. (증빙서류는 자기소개서에서 자신이 고등학교 3년 동안 쌓아온 스펙을 소개할 때, 그 스펙이 사실임을 증명하는 자료다.) 사실 그것도 전년도 까지는 증빙서류의 개수 제한이 없어 수십 가지의 증빙서류를 제출하는 경우도 다반사였다고 한다. 실제로 전년도에 같은 대학에 지원한 한 선배 의 경우에는 증빙서류만 커다란 성경책 두께로 두 권을 제출하기도 했다. 하지만 그 과정에서 불필요한 자료가 많이 포함되고 스펙의 인위적 관리 와 사교육을 조장한다는 비판이 일자 증빙서류를 10개로 제한하기 시작 했다고 한다. 다음은 내가 서울대학교에 제출한 증빙서류를 분야별로 정 리하고 준비한 과정을 소개한 내용이다. 스펙이라 말하기 부끄러운 부분 도 있고 지원하려는 대학과 학과도 다르겠지만, 각자의 진로와 전공에 맞 게 참고하면 된다.

수학 전국 수학 경시대회 수상 실적 증명서

1. 한국수학인증시험(KMC) - 한국수학교육학회
    21회 장려상
    23회 예선 전국 2위, 본선 동상

2. 전국 수학학력경시대회 - 성균관대학교
    19회 장려상

수학의 경우는 수학 경시대회 수상 실적 증명서를 제출했다. KMC와 성균관대 주최 수학 경시대회에 주로 참여했는데, 이 두 대회는 초등학교 때부터 꾸준히 응시해온 시험이다. 내 실력을 전국 단위에서 점검하기 위해서였다. 하지만 시험 일정이 학교 시험과 겹쳐 응시할 수 없는 경우가 많았다. 장려상으로 기록된 21회 KMC의 경우에도, 본선 날짜가 학교 시험 기간과 겹쳐 도저히 광주까지 가서 본선 시험을 치를 시간을 낼 수 없어 포기해야 했다.

그렇지만 시험을 볼 수 있을 때는 최선을 다해 준비했다. 기출문제집을 구해 최소한 최근 5개년도의 기출문제는 풀고 시험에 응시했다. 바쁜 중에도 준비도 없이 시험만 치르는 것은 그 시험에 대한 예의가 아니라는 신념 때문이었다. 그렇게 준비한 끝에 성과를 거둘 수 있었고, 내신에서 꾸준히 좋은 성적을 유지했기에 수상 실적에 더욱 신빙성을 부여할 수 있었다.

영어 TEPS Score Report

1. 2009.6.7 : 2+ 등급
2. 2010.6.6 : 2+ 등급
3. 2010.8.1 : 1 등급
4. 2011.3.19 : 1 등급
5. 2011.4.3 : 1 등급
6. 2011.5.14 : 1+ 등급

TEPS는 내 실력을 점검하기 위해 1학년 때부터 3학년 초까지 꾸준히 보았다. 사실 고득점이 목표였다기보다는 점차 나아지는 내 실력을 점검하는 것이 목표였다. 그래서 처음에는 700점대 중반이었던 TEPS 점수를 150점가량 상승시킬 수 있었다. 영어 내신 역시 처음에는 3등급이었다가 차츰 학년이 올라가면서 1등급으로 상승시켰기에, 역시 일관성과 신빙성을 부여할 수 있었다.

경제 수상 실적 및 성적 인증서

1. 매경 TEST – 청소년금융교육협의회, 매일경제신문사
   1) 제4회 : 고교생 챔피언십 장려상(전국 4위), 단체 챔피언십 우수상
   2) 제5회 : 고교생 챔피언십 최우수상(전국 2위), 단체 챔피언십 우수상

2. TESAT(경제이해력검증시험) – 한국경제신문사, 한경테샛위원회
   1) 제6회 장려상
   2) 제8회 우수상(전국 3위)
   3) 제11회 장려상

경제는 내가 가장 심혈을 기울인 과목 중 하나다. 실력을 점검하기 위해 경제 경시대회에 출전할 때는 직접 기출문제집과 이론 교재를 구해 공부했다. 내신 경제 시험을 준비할 때조차도 수 권의 문제집을 풀었다. 사실 처음에는 작은 상이라도 받게 될 것이라고 상상조차 하지 못했지만, 이런 노력들이 차츰 쌓이다 보니 점차 큰 상으로 이어졌다.

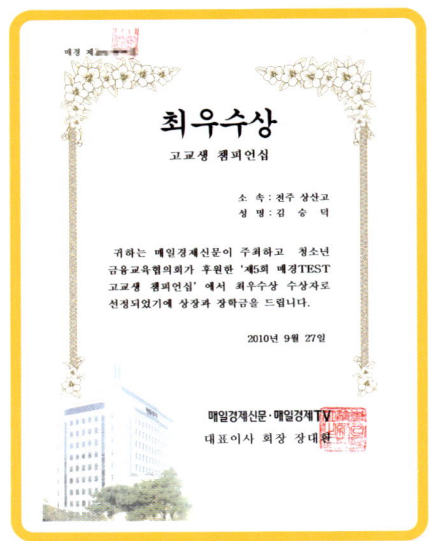

처음에는 이런 전국 단위의 상들이 멀게만 느껴졌지만, 막상 노력을 통해 그 위치에 올라갈 수 있게 되자 '하면 된다'는 희열을 느낄 수 있었다. 학교 경제 내신에서도 거의 항상 1등을 유지하면서 입학사정관에게 꾸준함을 보여줄 수 있었다.

기타

1. 상산고등학교 성적 우수 장학증서(전 학기) - 상산고등학교
2. 전 학년 전국연합학력평가 성적 통지표 - 시도교육청, 한국교육과정평가원
3. 교내 경제 학술 동아리 CELS 활동 자료 및 전국고등학교경제연합(UHEC) 활동 자료(경제신문 〈ECONTEEN〉 기고문)
4. 봉사 활동 확인서(저소득층 자녀 방과 후 학습 지도) - 전주 시립 효자청소년문화의 집

5. 개인 연구 논문 2편
   1) 21세기 글로벌 경영 전략에 관하여 : 윤리 경영과 디지털 경영의 메커니즘과 그 활용 방안(지도 : 전북대 윤석민 교수)
   2) 새로 떠오르는 시장 아프리카 경제 전망 : 우리나라의 진출 현황과 전략, 비전에 관하여(지도 : 상산고 이종훈 교사)
6. 한자 국가공인자격증
   1) 2급(대한검정회)   2) 3급(한자교육진흥회)

1번과 2번은 고등학교 3년 동안 꾸준히 그리고 성실하게 공부해왔음을 증명하는 용도로 제출했다. 학교 생활을 소홀히하지 않그, 일관성 있게 좋은 성적을 유지해왔다는 증거 자료인 셈이다.

3번은 나의 경제학에 대한 관심을 보여주기 위해 경제학술 동아리 활동 자료를 제출한 것이다. 단순히 경제학 책만 들여다본 것이 아니라, 동아리 활동을 통해 경제학을 좀 더 다양한 방식으로 학습했음을 증명한 것이다.

4번은 매주 일요일마다 저소득층 학생들을 가르친 봉사 활동 기록이다. 자기소개서에는 고등학교 때 행한 특별 활동 세 가지를 적는 부분이 있는데, 그중 한 가지로 봉사 활동을 적었고, 그에 따른 증빙서류를 제출한 것이다.

5번에는 고등학교 재학 중에 작성한 논문 두 편을 담았다. 사실 전문성이 많이 떨어지는 논문들이지만, 개인 연구 프로그램 자체가 우리 학교의 특별 프로그램 중 하나였기 때문에 제출할 가치가 있다고 판단했다.

6번은 고등학교 재학 중에 취득한 한자 국가공인자격증이다. 지원하려는 학과와 큰 관련은 없지만, 고등학교 3년 동안 교과 과정에서 계속해서 한문을 배워온 성과를 증명하기 위해 제출했다.

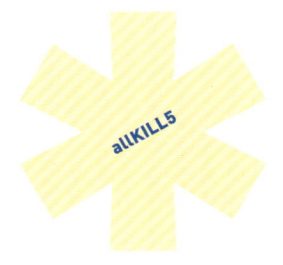

공부벌레는 No,
다양한 활동을 통해
가치를 높여라!

　새로 고등학교에 입학한 1학년들 사이의 가장 큰 화제는 동아리다. 요즘 동아리는 예전처럼 단순히 좋아하는 활동을 함께 하려는 목적 외에, 비교과 활동의 스펙으로도 쓰일 수 있어 선택이 매우 중요해졌다. 특히 수시 전형이 확대되면서 어떤 동아리에서 어떤 활동을 했느냐가 점점 강조되고 있다. 그래서 요즘은 학생들의 경쟁력을 높이면서도 스펙을 창출할 수 있는 동아리들이 생겨나고 있다. 발명과 경영, 경제를 접목시킨 신제품 개발 동아리, 영어 원서를 함께 읽고 토론하는 영어 에세이 및 토론 학습 동아리, 도우미견 봉사 활동 동아리 같은 이색 동아리들이 생겨나는 것도 그 때문이다.

　봉사 활동도 마찬가지다. 동아리를 통해 봉사 활동을 하면 혼자 했을 때보다 좀 더 체계적이고 조직적으로 할 수 있다. 특히 요즘은 봉사 활동의 꾸준함과 진실성이 요구되는 추세라서, 한두 번의 해외 봉사 활동 같은 경우는 그저 스펙을 위한 봉사 활동으로 취급되어 인정받지 못하는 추세다.

　나는 세 개의 동아리 활동을 했는데, 태권도 동아리, 경제 학술 동아리, 봉사 활동 동아리였다. 사실 내가 처음 동아리들에 들어갈 때는 '스펙을 쌓기 위해서'라는 생각은 거의 없었다. 단지 내 흥미와 관심에 따라 동아리를 선택했을 뿐이다. 특히 패기가 넘치는 1학년 때는 이것저것 모두 도전해보고 싶은 마음도 있었다. 처음에는 그렇게 시작했지만, 각 동아리마다 성격이 분명하면서도 알차게 활동했기 때문에 대입을 위해 자기소개서를 쓸 때는 알찬 스펙으로도 활용할 수 있었다.

 ## 고교 생활의 꽃, 동아리 활동 – 싸울아비(태권도 동아리)

　스펙을 떠나서 이야기해도, 고등학교 3년은 공부만 하기에는 너무 힘들다. 동아리 활동을 통해 스트레스도 풀고, 친목도 다질 기회가 필요하다. 동아리가 잘 활성화되지 않은 학교들도 있겠지만, 대부분의 학교에서는 학교 공식 동아리 외에도 학생들이 자체적으로 조직한 많은 동아리들이 있다. 나는 상산고등학교에서 가장 규모가 큰 '싸울아비'라는 태권도 동아리에 가입했는데, 정말 표현할 수 없을 만

큼 많은 것들을 얻을 수 있었다. 친구들과의 관계 속에서, 그리고 함께 활동하는 새로운 경험 속에서 나는 사람들과 어울리는 방법을 배웠고, 소중한 인연도 쌓을 수 있었다. 특히 축제 때는 태권도 격파 시범 공연을 준비하고, 연극을 제작해 연습하고, 장터에서 팔 음식을 준비하는 등 많은 활동을 했는데, 이러한 과정들은 모두의 단합이 필요했다. 심지어 격파 한 장면에도 동선을 맞추기 위해 40명 전체의 협동이 필요했기 때문에, 학업으로 바쁜 중에도 꼭 연습에 참여하며 책임감을 갖게 되었다. 공연은 비록 관객에게는 30분도 안 되는 짧은 퍼포먼스로 보였겠지만, 우리들에게는 태권도장에서 수없이 많은 땀과 눈물을 쏟으며 함께 만들어낸 보람 있는 성과물이었다. 특히 내가 공연을 할 때보다도, 수능이 끝나고 후배들이 축제에서 공연하는 모습을 보았을 때는 정말 울컥했다. 저 한 장면 한 장면을 위해 얼마나 많은 연습을 했을지 알고 있었기 때문이다. 연습 중 다치기도 하고 어려움도 많았지만 그렇게 함께하며 공동의 목표를 위해 모두가 하나 되었던 지난 2년의 시간은 지금 돌이켜보면 무엇과도 바꿀 수 없는 정말 소중한 시간이었다.

이밖에도 사물놀이, 오케스트라 등 다양한 분야의 동아리가 있으니 잘 선택하는 것이 좋다.

하지만 이런 '학업과 관련되지 않은' 동아리에 참여할 때는 주의할 점이 있다. 바로 학업과 동아리 활동 사이에 균형을 맞춰야 한다는 점이다.

이런 동아리는 하나면 충분하다. 수험생으로서 공부를 하다 보면 동아리에 투자하는 시간이 아깝기도 하고, 축제 준비 때는 많은 시간이 들기 때문에 시간 낭비처럼 느껴질 수도 있다. 나는 그래서 동아리 연습 후에는 회식이나 놀러 가는 것을 자제하고 바로 공부를 시작했다. 동아리는 많은 것을 가져다주지만, 수험생들의 주된 임무는 바로 공부다. 따라서 언제나 중점은 학업에 두되, 동아리에도 소홀히 하지 않는 방향을 택해야 한다. 동아리에서 두 시간 동안 열심히 활동했다면, 다른 친구들이 놀러갈 때 나는 두 시간 동안 더 앉아서 공부하는 의지가 필요하다.

나는 학술 동아리로 승부한다!

CELS(상산고 경제 학술 동아리)에서 UHEC(전국고교생경제연합)까지

동아리를 통해 학업과 스펙이라는 두 마리 토끼를 동시에 잡을 수도 있다. 학술 동아리에 가입하는 것인데, 이런 학술 동아리를 선택할 때는 자신이 전공, 지원하고자 하는 분야와 관련된 동아리를 선택해야 한다. 그래야 관련된 정보와 지식도 얻고, 나중에 자기소개서를 쓸 때도 지원 학과와 연계된 스펙으로 제시할 수 있다.

나는 CELS(Club of Economics Lovers in Sangsan)라는 경제 학술 동아리에 가입했다. CELS는 열정 있는 경제학도들이 모여 경제학을 함께 탐구하는 교내 공식 경제 동아리였는데, SSM, 교통 요금 인상 논란 등 시사 현안을 놓고 정기 토론회를 했다. 자료를 수집하는 과정에서 경제 문제를 보는 안목이 생겼고, 각자 역할을 나누어 진지하게 토론을 벌였다. 토론을 적극적이고 주도적으로 이끌면서 리더십을 기를 수 있었고, 토론이 끝난 뒤에는 요약 보고서를 작성했다.

또 인간의 비합리적 선택 과정을 조사하기 위해 학생들을 대상으로 한 행동경제학 실험을 수행했다. 부원들이 함께 창의적 아이디어를 모아 홍보를 하고, 사람들의 행동을 관찰하고, 설문지를 나눠주는 등 각각 역할을 나누어 체계적으로 진행했다. 이틀에 걸친 실험 끝에 의미 있는 결과를 얻을 수 있었다.

이외에도 기업의 마케팅에 담긴 상술을 폭로하는 캠페인을 벌였다. 관련 포스터를 제작해 교내 곳곳에 붙이고 홍보하면서, 경제학이 소비자의 현명한 선택을 이끌어낼 수 있는 실용적인 학문이라는 것을 느낄 수 있었다.

CELS의 활동은 교내에만 국한되지 않았다. CELS는 UHEC(전국고등학교경제연합)에 학교 대표로 소속되어 교외 활동에도 활발히 참여했다.

UHEC은 전국의 고등학교 경제 동아리들이 연합해 결성한 조직인데, 교류 및 협력을 통해 더욱 체계적이고 활발한 활동을 도모하고자 만들어졌다. UHEC 정기총회에서는 교수님들이나 청년 사업가, 기업의 CEO 등 유명 인사들의 강연을 듣고, 각 동아리의 활동 성과를 발표하는 시간을 가졌고, 경제 퀴즈 대회 및 여러 게임을 통해 경제학, 심리학 개념을 익히는 시간을 가졌다. 학교가 지방에 있어 주로 서울에서 열리는 행사에 매번 참여하기 어려워 아쉬웠지만, 주어진 환경을 최대한 이용해 버스를 빌려서 참여하곤 했다. 또 UHEC에서는 1년에 한두 번 전국 규모의 경제신문인 〈ECONTEEN〉을 발행하는데, 나는 여기에 '스트레스 테스트'에 관한 기사를 실었다.

이처럼 학술 동아리를 잘 선택하면, 자신의 전공이나 목표와 관련해서 여러 활동을 진행할 수 있다. 비록 고등학생들이 진행할 수 있는 활동이나 성과의 수준에는 한계가 있지만, 직접 참여하면서 얻게 되는 경험이나 안목은 무시할 수 없는 자산이다. 특히 UHEC과 같이 전국 학교, 학생과의 네트워크가 잘 구축되어 있는 곳에 소속되면, 동아리 하나의 힘으로는 경험하기 어려운 여러 활동에 참여할 수 있고 전국적인 인맥도 쌓을 수 있다.

열여덟,
누군가의 멘토가 되다!

 나누는 기쁨, 봉사 동아리

많은 학생들이 봉사 활동을 하고 싶어 하지만, 의미 있는 봉사 활동을 체계적으로 할 수 있는 기회는 많지 않다. 그저 공공기관이나 복지시설에 찾아가 일시적으로, 단기적으로 봉사 활동을 하는 경우가 대부분이다. 특히 요즘은 봉사 활동까지 스펙의 자료로 활용되면서, 의무 봉사 시간을 채우기 위해 열정 없이, 스펙을 쌓는다는 목표로 봉사 활동에 참여하는 경우가 많아졌다. 봉사 동아리는 이런 현실에 안주하지 않고, 진정으로 봉사 활동을 통해 보람 있는 일을 해보려는 학생들에게 적합하다. 나는 저소득층 아이들에게 수학을 가르쳐주는 봉사 활동을 했는데, 매주 일요일마다 3시간씩 수업을 진행했다. '재능 기부' 봉사를 한 셈이다.

이런 봉사 동아리의 매력은 일시적이고 단기적인 봉사 활동이 아니라,

체계적이고 장기적인 봉사 활동을 할 수 있다는 점이다. 꾸준히 참여하는 과정에서 진짜 봉사 활동의 의미를 찾을 수 있고, 혼자서는 할 수 없는 일들도 함께 힘을 모아 해결할 수 있다.

스펙으로도 마찬가지다. 굳이 해외 봉사 활동이나 일주일이 넘는 캠프 형식의 봉사가 필요한 것이 아니다. 진짜 봉사 정신이나 목표 의식을 갖고 활동한 것이 아니라면, 이런 화려한 활동들은 오히려 시간 낭비에 가깝다. 작은 활동이라도 꾸준히, 그리고 확실한 동기를 갖고 해야 남는 것이 있다. 시간 채우기용 봉사 활동을 떠나서, 진짜 봉사 활동을 통해 보람을 찾고 싶다면 봉사 동아리에 도전하자.

 ## 지식을 주고 감동을 얻다, TV!

나는 어릴 적부터 학원에 다니지 않고 자기주도적으로 공부해왔다. 이 습관은 바쁜 고교 생활에 큰 이점으로 작용했지만, 그 과정에서 모든 공부를 학교 수업과 독학으로 해내야 하는 어려움도 있었다. 그래서 나는 나와 같은 환경에 놓인 아이들의 길잡이가 되고 싶었다. 저소득층 자녀들을 돕는 봉사 활동을 하게 된 계기다. 동아리 이름은 TV(Teaching Volunteer)였는데, 면접을 통해 선발된 7명 정도의 선생님들(모두 교내 재학생들로 구성)이 개인당 서너 개의 반을 돌아가며 가르쳤다. 우리는 20~30명 정도 되는 학생들을 수준별·학년별로 나누어 각각 담당 반과 시간을 배정했다. 교재는 청소년문화센터의 지원을 받기도 했지만, 마음에 드는 교재가 없을 때는 직접 교재를 복사해 가거나 인터넷에서 문제를 출력해 갔다. 그렇게 수학과 영어를 가르쳤는데, 처음에는 생각처럼 잘 되지 않았다. 내가 아는 것을 남에게 이해시킨다는 것이 결코 쉽지 않음을 그때 배웠다. 갑자기 매일 우리를 가르치시는 선생님들이 대단해 보였고, 유난히 활달한 아이들을 진정시키느라 목이 쉴 때면 정말 선생님 말씀을 잘 들어야겠다는 결심을 절로 하게 되었다.

하지만 아이들과의 어색함도 점차 풀어지고, 가르치는 것에 익숙해지면서, 아이들의 눈으로 보는 법을 조금씩 알게 되었다. 나중엔 눈빛만 봐도 내용에 대해 이해를 하고 있는지 알 수 있었고, 산만한 아이들의 주의를 집중시키려면 어떤 방법을 써야 하는지, 어떤 부분을 특히 강조해서 가르쳐야 하는지에 대한 요령도 생겼다.

하지만 이 활동이 정말 의미 있었던 이유는, 교과 과목을 가르쳤다는 사실보다는 아이들과의 정서적 교감에 있었다. 우리는 단순히 지식만 전달한 것이 아니라, 같이 공도 차고 먹을 것도 나누면서 친밀한 사이가 되려고 노력했다. 내가 가르치던 한 초등학생은 나와 일대일로 수업을 하게 되었는데, 함께 얘기하던 중 아버지의 폭력을 호소하며 갑자기 울음을 터트렸다. 나는 너무 당황해서 아무 말도 할 수 없었고, 그저 그 아이를 꼭 끌어안아 주는 것 외에는 할 수 있는 일이 없었다. 하지만 그 일 이후 우리는 가장 친한 사이가 되었고, 봉사 활동이 끝난 뒤에도 문자를 주고받았다. 뿐만 아니라 아이들의 연애 상담, 진로 상담 등을 해주기도 했고, 쉬는 시간이면 놀이터로 뛰어나가 놀거나, 함께 피아노를 치며 놀았다. 단순히 지식을 전달하는 교사로서가 아니라 아이들의 인간적인 멘토로서 활동할 수 있었던 시간이었다. 눈높이를 맞춰 아이들의 마음을 이해하고 이해받았던 시간들은 지금도 잊을 수가 없다.

To. 봉사할 시간이 없다는 후배들에게

고등학생은 바쁘다. 공부만 하기에도 시간이 부족한데 봉사 활동을 할 여유를 갖기 어려울 수밖에 없다. 그럼에도 학교에서는 의무 봉사 시간을 요구하고, 요즘은 봉사 활동이 스펙의 하나로도 인정받으면서, 봉사 활동에까지 경쟁 아닌 경쟁이 번졌다. 순수한 마음으로 봉사를 하고 싶어도 시간이 없고, 친구들은 열심히 공부할 시간에 봉사 활동을 하고 있다는 것이 불안하기도 하다.

나도 그랬다. 처음에는 아이들을 잘 가르쳐보겠다는 열정으로 가득 차 있었지만, 시험 기간처럼 바쁠 때는 봉사 활동을 하러 가는 내가 옳은 것인지 갈등이 될 때가 많았다. 일요일에 세 시간씩 아이들을 가르쳤는데, 오고 가는 시간까지 합하면 약 네 시간이 소요되었다. 일요일 아침에 교회에 갔다가, 점심을 먹고 바로 봉사 활동을 하고 돌아와 저녁을 먹으면 주말은 공부할 시간이 거의 없었다. 게다가 활달하고 산만한 아이들을 가르치는 것은 쉬운 일이 아니었기 때문에, 세 시간 연속으로 강의하고 나면 몸이 녹초가 되었다. 주말은 고등학생에게 매우 중요하다. 평일에는 학교 수업과 과제 등으로 바빠서 주말에야 자기 공부를 할 시간이 생기기 때문이다. 그런데 그 주말 중 하루를 그렇게 보낸다는 것이 내게도 큰 부담이었다.

하지만 고등학교 3학년이 되고 시간이 지날수록 '왜 그 시간에 공부를 하지 않았을까'라는 생각보다는 오히려 '왜 그때 더 열심히 하지 못했을까' 라는 생각이 많이 들었다. 더 많은 봉사 활동을 하고, 더 많은 경험을 할 수 있었을 텐데 하는 아쉬움도 많이 남았다.

수많은 시행착오를 겪는 고등학생은 일상생활에서 많은 시간을 허비한다. 주말이면 충동적으로 놀러 나가기도 하고, 쓸데없는 일을 하다가 시간을 허비하는 일도 많다. 그렇게 무의미하게 흘러가는 시간에 비하면, 봉사 활동을 하는 데 들어가는 시간은 낭비라고 볼 수 없다. 특히 봉사 활동을 통해 새로운 경험을 쌓고, 공부에서 잠시 벗어나 재충전하는 시간을 가질 수 있다면, 그것은 여가 시간을 훨씬 더 의미 있게 사용하는 셈이다.

'인간은 항상 시간이 모자란다고 불평을 하면서 마치 시간이 무한정 있는 것처럼 행동한다' 라는 말이 있다. 시간이 부족하다고 불평을 늘어놓는 그 시간에도 시간은 흐르고 있다는 것이다. 시간이 없다는 평계로 봉사 활동을 미루고, 그렇게 얻은 시간들을 오히려 허비하고 있는 것은 아닌지 되돌아보자. 지금 당장은 곧바로 할 수 있는 한두 시간의 공부가 정말 소중해 보일지 모른다. 하지만 후일 되돌아보았을 때는, 없는 시간을 쪼개서라도 꾸준히 해온 봉사 활동의 경험과 추억들이 삶을 더욱 풍요롭게 만들어줄 것이다.

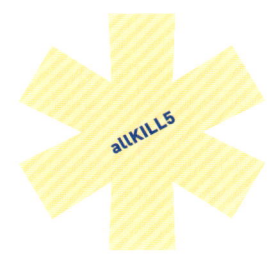

자기 PR의 시대,
진정한 나는 누구인가

: 자기소개서 · 추천서 :

 ## 자기소개서

　자기소개서는 나를 PR하는 글이다. 내가 누구인지, 왜 이 학과에 지원하게 되었는지를 포함해 나의 경쟁력을 보여줄 수 있어야 한다. '자기소개서쯤이야'라고 간단히 생각하는 사람들이 있다면 그것은 큰 오산이다. 때로 자기소개서는 그 어떤 화려한 스펙보다도 중요하다. 자기소개서는 추천서와 더불어 유일하게 그 학생에 대해 알 수 있는 설명 글이다. 단순 나열식인 스펙이나 생활기록부와 달리, 입학사정관이 그 학생에 대해 깊이 있게 볼 수 있는 유일한 글이다. 자기소개서를 어떻게 쓰느냐에 따라 그 학생이 3년 동안 노력해온 결과물이 금이 될 수도, 동이 될 수도 있다.

　나도 서울대학교에 지원하면서 자기소개서를 썼다.

335

1. 지원 동기와 진로 계획을 중심으로 서울대학교가 지원자를 선발해야 하는 이유에 대하여 기술하여 주십시오. (1000자)

2. 고등학교 재학 중에 지적 호기심을 가지고 학업 능력을 향상시키기 위해 노력한 내용을 기술하여 주십시오. (1000자)

3. 학내·외 활동 중 가장 의미 있다고 생각하는 활동을 3개 이내로 기술하여 주십시오. (활동별로 각각 700자)

4. 다음 주제 중 자신에게 해당하는 주제를 선택하여 구체적으로 기술하여 주십시오. (700자)
   · 자신의 장단점이나 특성
   · 특별한 성장 과정이나 가정 환경(생활 여건 등)
   · 고등학교 시절 겪었던 어려움과 그것을 극복하기 위한 노력

5. 읽었던 책 중 자신에게 가장 큰 영향을 준 책을 순서대로 3권 이내로 기술하여 주십시오. (각각 500자)

6. 증빙서류 목차

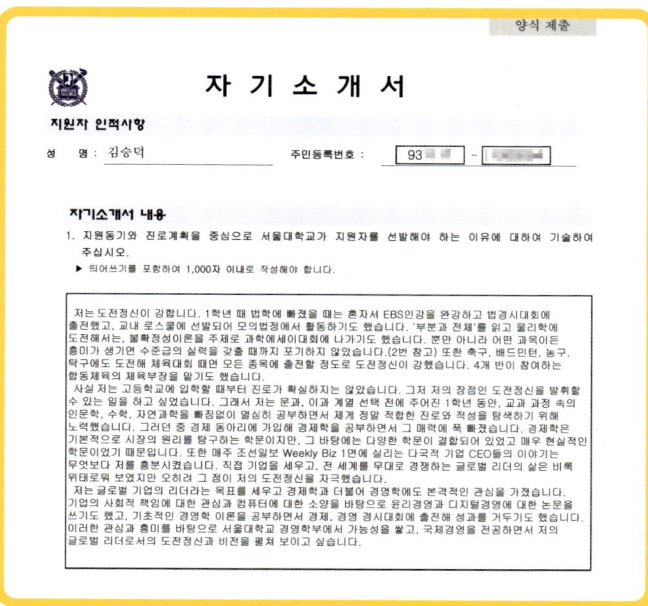

내가 제출한 자기소개서

이렇게 총 6개의 항목이 있는데, 한 항목도 완성하기가 결코 쉽지 않았다. 막상 쓰려니 막막하고, 어떻게 해야 남들과 차별화시킨 나만의 독특한 이야기를 담아낼 수 있을지 고민도 된다. 나중에는 더 쓸 말이 많은데 칸이 부족해 곤란을 겪기도 한다. 나도 수많은 고민을 했고, 수없이 수정하고 또 수정했다. 이 부분은 그렇게 고민하는 학생들을 위한 글이다.

 ## 진솔함이 경쟁력이다

자기소개서는 나의 이야기, 바로 '나'를 소개하는 글이다. 그런데 그런 글에 진솔함이 빠져 있다면, 그것은 자기소개서가 아니다. 좀 더 잘 보이기 위해서, 좀 더 멋있어 보일 것 같아서 자신을 포장하고 감추는 것은 바람직하지 못하다.

나도 처음에 지원 동기와 진로 계획을 쓸 때 나를 포장하고 싶었다. 다국적기업의 CEO가 되려는 꿈을 봉사 정신과 연결 지어보고 싶어서 '다국적기업을 통해 지역사회를 돕는, 사회적 상생을 추구하는 기업인이 되겠다'고 썼다. 그럴듯한 글이 나왔고, 만족스러웠다. 하지단 글에 무언가가 부족했다. 화려한 글인 동시에 누구나 지어서 쓸 수 있는 글이었다.

실제로 위선이나 허위 포장 같은 것은 입학사정관의 눈에 쉽게 드러난다. 진정한 마음으로 쓰는 학생의 글과는 그 감동이 결코 같을 수 없다. 조금 평범해 보이더라도 자신만의 이야기를 쓴 글이 오히려 더 깊은 울림을 줄 수 있는 것이다.

하지만 이러한 진솔함은 자신에 대한 깊은 성찰 없이는 제대로 나오기 어렵다. 나도 내가 누군지 깨닫기 위해 많은 고민을 했다. 내가 원하는 것이 무엇인지, 내가 누군지조차 모르고 지난 3년 동안 공부를 해왔나 하는 자책감도 들었다.

내가 왜 이 학과에 지원하고 싶은지, 나의 경쟁력은 무엇인지, 내가 어떠한 사람인지 혼자서 깊이 생각하는 시간을 많이 가져야 한다. 부모님도, 선생님도 진짜 나에 대해 규정해줄 수는 없다. 나를 가장 잘 아는 것은 나다. 나의 내면을 깊이 들여다보고 자주 대화를 나누자. 깊은 고민이 바탕이 되어 있을 때, 자기소개서도 그 깊이만큼의 수준이 나온다. 진솔함이 경쟁력이다.

구체적인 스토리를 담아라

서울대학교 수시를 준비하면서 처음 자기소개서를 썼을 때, 나는 기대에 부푼 맘으로 당당하게 담임선생님을 찾아갔다. 하지만 돌아온 것은 칭찬이 아니라 질타였다. 문제는 '글의 내용이 너무 추상적이고 남들과 비슷하다'는 점이었다.

실제로 '저는 경제학에 관심이 많고, 기업을 경영하는 CEO가 꿈입니다'라는 문장은 누구나 쓸 수 있는 문장이었다. 경제학에 관심이 많다는 것을 제대로 보여주려면 경제학에 대한 관심이 드러나는 자신만의 스토리를 제시해야 한다. 왜 경제학에 관심이 많은지, 그 관심을 어떻게 표현했는지에 대한 구체적인 이야기가 있어야 한다. '저는 경제학 중에서도 경제활동 이면에 숨겨진 사람들의 심리와 의사결정 과정을 연구하는 행동경제학, 경제심리학에 대한 관심이 많아 관련 분야의 책을 많이 읽었습니다. 이를 바탕으로 동아리에서 행동경제학 실험을 진행했고, 관련 개념을 부원들에게 직접 강의하기도 했습니다' 와 같은 내용이 더해지면, 이 부분은 자신만의 내용이 된다.

'저는 다국적 기업에서 일하기 위해 영어 공부도 열심히 했습니다' 라는 문장에 신빙성을 더하려면 어떻게 영어 공부를 했는지, 그래서 어떤 성과를 거두었는지에 대한 설명이 필요하다. '방학 때는 캐나다, 필리핀의 펜팔 친구와 이메일을 주고받았고 인터넷 전화로 매일 이야기를 나누며 자신감을 쌓았습니다. 또 학교 특강과 라디오 영어뉴스를 이용해 독해, 청해 능력을 길렀습니다. 이러한 노력은 축적되어 TEPS 점수도 700점대 초반에서 900점에 가깝게 올랐고, 부수적으로 내신도 상승했습니다' 와 같은 구체적인 내용이 있어야 하는 것이다. 단, 여기에 TEPS 점수와 같은 구체적인 수치를 제시하려면, 증빙서류에 관련 자료가 반드시 포함되어야 있어야 한다.

3번의 학내 · 외 활동을 쓰거나 4번 항목을 쓸 때도 구체적인 에피소드를 제시하면 글이 훨씬 풍부하고 깊이 있게 된다. 예를 들어 봉사 활동을 적었다면, 봉사 활동을 하는 과정에서 정말 기억에 남는 어피소드를 함께 적어주는 것이다. 성장 배경에 대해 쓰기로 마음먹었다면, 자신에게 가장 큰 영향을 주었던 일화를 제시하는 것이 좋다. 억지로 감동적인 스토리를 지어낼 필요는 없지만, 자신의 활동에 구체적인 이야기를 함께 제시하면 훨씬 더 진실성 있고 생동감 있는 자기소개서를 완성할 수 있다.

또 하나의 자기 PR 창구, 추천서!

추천서는 말 그대로 선생님께서 내가 지원하려는 대학에 나를 추천하는 글이다. 자기소개서와 더불어 입학사정관이 나에 대해 평가할 수 있는 중요한 자료이며, 추천서는 원칙적으로 학생이 볼 수 없게 되어 있다. 추천서는 잘 알고 지내던 선생님께 찾아가 부탁하는 게 좋다. 나의 장단점이나 특성, 생활 등을 잘 알고 계신 분이 나에 대해 깊이 있는 글을 써주실 수 있기 때문이다. 그래서 추천서는 담임선생님께 부탁하는 경우가 많다.

하지만 문제는 담임선생님은 많은 학생을 맡고 있다는 데 있다. 많은 학생들의 추천서를 써주다 보면 한 학생에게 돌아가는 주의와 관심이 분산될 수밖에 없는 것이다. 아무래도 글의 밀도가 떨어질 수밖에 없다.

따라서 추천서를 부탁할 때는 담임선생님 외에 추천서를 부탁할 만한 친한 선생님을 미리 염두에 두는 것이 좋다. 특히 자신이 전공, 지원하려는 학과와 관련된 교과목을 강의하시는 선생님이라면 해당 학과에 더욱 적합한 추천서를 써주실 수도 있다.

어떤 선생님께 추천서를 부탁할지 미리 생각해냈다면, 최대한 빨리 찾아가는 것이 좋다. 그 선생님께 다른 학생들도 추천서를 부탁할 수 있으므로 너무 늦게 찾아가면 거절당할 수도 있기 때문이다.

안녕하세요. ■■■■ 선생님.
지난달에 만나 뵙고 인사를 드리려고 했다가, 승덕이가 자기소개서나 추천서에 대한 마음가짐이 불분명하기에 돌아 왔습니다.
6월 모평이 끝나고, ■■■■ 선생님과 면담하고 나서 승덕이도 마음의 결정을 다한 듯 보입니다.
■■■ 선생님께서 우리 승덕이의 추천서를 써주신다는 것이 대단히 신뢰가가고, 마음 한구석의 무거운 짐을 덜게 되었습니다. 진심으로 감사드립니다. 이제 승덕이의 성장과정을 소개합니다.

1. 가훈
" 사람의 가치를 직접적으로 나타내는 것은 그가 가진 재산도 아니고 그가 행하는 행적도 아니고 오직 그 사람됨이다." - 아미엘 일기 中

저희 부부는 승덕이의 삶의 목표를 이루는 것에 만족하지 않고, 모든 일을 행함에 있어서 정직함과 겸손, 남에 대한 배려를 갖추었으면 하는 바램으로 교육을 시켰습니다.

2. 성장과정
"영웅이 되기보다(leader) 등역 자기 먼저 되라(follow) 그리고 진정한 리더가 되라!"

어머니가 정리해서 선생님께 드린 추천서 참고문

나는 평소에 잘 알고 지내던 경제 선생님께 추천서를 부탁했는데, 나의 어린 시절부터 현재까지의 삶에 대한 모든 성장 과정과 관련된 자료를 모아 선생님께 드렸다. 나에 대해 제대로 모르시고는 추천서다운 추천서가 나올 수 없다는 생각에서였다. 이처럼 추천서를 부탁할 때는 그 선생님이 나에 대해 자세히 아실 수 있도록 만드는 자발적인 노력이 필요하다. 뿐만 아니라 수시로 찾아가서 상담을 하고, 자기소개서와 추천서가 동떨어지지 않도록 자기소개서에 대한 피드백을 받는 작업이 필요하다. 자기소개서와 추천서를 작성하는 것이 마무리될 때까지는 가장 가깝게 지내야 할 선생님이 바로 추천서를 써주시는 선생님이다.

뿐만 아니라 추천서에는 자기소개서에 미처 담지 못한 내용들을 담을 수 있다. 자기소개서 칸이 부족해 꼭 쓰고 싶었는데도 쓰지 못했거나, 자신을 좀 더 PR할 수 있는 내용들을 선생님께 부탁해 실을 수 있다. 나도 나의 강점인 '도전 정신'이라는 항목을 좀 더 내세우고자 관련된 활동들을 모두 적어 선생님께 이메일로 보냈다. 이 밖에도 이런 부분이 추가되었으면 좋겠다든지, 이런 부분을 특히 강조하고 싶다든지 하는 내용을 담은 이메일을 지속적으로 주고받으면서 메시지를 교환했다.

추천서를 써주시는 분은 학교 선생님이다. 평소에 행실이 바르지 못하거나 생활이 모범적이지 않은 학생이라면, 추천서를 부탁해도 거절당하거나 제대로 된 추천서가 나오지 않을 확률이 높다. 선생님은 최소한 1년, 길게는 고등학교 3년 동안의 모습을 보고 우리를 평가하신다. 좋은 추천서를 받는 것은 바로 매일매일 지나가는 일상 속에서부터 시작된다.

나도 했으니까
너희도 할 수 있다!

: 수능을 준비하는 수험생들에게 :

솔직히 우리나라 고등학생들은 힘듭니다. 특히 학년이 올라갈수록, 입시가 가까워질수록 어깨를 짓누르는 중압감은 커져만 갑니다. 내가 공부 기계인가 하는 회의감이 들기도 하고, 정말 하고 싶은 일을 하지 못하고 오로지 수능에 자신을 맞춰야 하는 처지에 한숨도 나옵니다. 지원 가능 대학은 수능 점수대로 서열화되어 있고, 그마저도 불안정해 안심할 수가 없습니다. 그래서 생활기록부에 한 줄이라도 더 적기 위해 뛰어다니고, 내신을 관리하려고 시험 점수 1점에 매달립니다. 친구들과 모여서는 우리나라의 교육 제도를 욕하면서도, 공부할 시간이 되면 힘없이 책상에 앉아 순응해야만 하는 현실이 안타깝습니다. 고민 끝에 대학교에 원서를 넣고 두세 자리 수를 훌쩍 넘는 경쟁률을 눈으로 확인하고 나면, 입시 지옥이라는 말이 괜히 있는 게 아님을 몸으로 느낍니다.

너무 비관적으로 그린 것 같지만, 이것은 엄연한 현실입니다. 그리고

저 역시 이런 고달픔을 몸으로 느꼈습니다. 공부는 하면 할수록 벅찼고, 어려운 가정 환경은 또 하나의 내려놓을 수 없는 짐이었습니다. 수없이 넘어졌고, 좌절했습니다. 나 자신에 대해 화를 내기도 했고, 하늘을 원망하기도 했습니다. 특히 지독한 슬럼프가 찾아왔을 때는 내가 쌓아왔던 모든 것이 무너져 내리는 듯했습니다. 하루에도 수십 번씩 '할 수 있다'고 외쳤던 건, 어쩌면 절박함에서 우러나온 발악이었을지도 모릅니다.

하지만 모든 것이 지나간 지금 되돌아보니, 땀과 눈물을 쏟았던 지난 3년은 제게 있어 소중한 축복과 같은 시간이었습니다. 앞이 깜깜할 정도의 절망이 무엇인지도 체험했고, 그런 실패를 통해서만 느낄 수 있는 뼈아픈 교훈들도 배웠습니다. 또한 암담한 상황 속에서도 다시 일어설 수 있음을, 결국 극복해낼 수 있음을 경험했습니다. 그 모든 것을 극복한 후에야 제 마음은 더 단단해졌고, 성숙해졌고, 겸손해질 수 있었습니다. '아픈 만큼 성숙해진다'라는 말을 삶 속에서 느낄 수 있었습니다.

성적 때문에, 환경 때문에, 선생님이나 부모님과의 갈등 때문에 좌절하고 있습니까? 앞이 보이지 않는 암담한 상황에 놓여 절망하고 있습니까?

그런 좌절에 무릎을 꿇는다면, 그것은 결국 자신이 그 정도밖에 되지 않음을 인정하는 것입니다. 그런 시련을 디딤돌로 삼아 뛰어넘을 때에야 비로소 당신은 성장할 수 있습니다. 용기를 내십시오. 저도 해냈고, 그러니 여러분도 해낼 수 있습니다. 당신을 좌절시키는, 당신 앞에 놓인 수많은 장애물들이 사실은 당신을 위한 디딤돌임을 경험하기 바랍니다.

당신의 삶은 바로 당신을 위한 것입니다.